Managementwissen für Studium und Praxis

Herausgegeben von
Professor Dr. Dietmar Dorn und
Professor Dr. Rainer Fischbach

Bisher erschienene Werke:

Arrenberg · Kiy · Knobloch · Lange, Vorkurs in Mathematik, 2. Auflage

Baršauskas · Schafir, Internationales Management

Barth · Barth, Controlling

Behrens · Kirspel, Grundlagen der Volkswirtschaftslehre, 3. Auflage

Behrens, Makroökonomie – Wirtschaftspolitik

Bichler · Dörr, Personalwirtschaft – Einführung mit Beispielen aus SAP® R/3® HR®

Blum, Grundzüge anwendungsorientierter Organisationslehre

Bontrup, Volkswirtschaftslehre, 2. Auflage

Bontrup, Lohn und Gewinn

Bontrup · Pulte, Handbuch Ausbildung

Bradtke, Mathematische Grundlagen für Ökonomen, 2. Auflage

Bradtke, Übungen und Klausuren in Mathematik für Ökonomen

Bradtke, Statistische Grundlagen für Ökonomen, 2. Auflage

Bradtke, Grundlagen im Operations Research für Ökonomen

Breitschuh, Versandhandelsmarketing

Busse, Betriebliche Finanzwirtschaft, 5. A.

Camphausen, Strategisches Management

Clausius, Betriebswirtschaftslehre I

Clausius, Betriebswirtschaftslehre II

Dinauer, Allfinanz – Grundzüge des Finanzdienstleistungsmarkts

Dorn · Fischbach, Volkswirtschaftslehre II, 4. Auflage

Dorsch, Abenteuer Wirtschaft ·75 Fallstudien mit Lösungen

Drees-Behrens · Kirspel · Schmidt · Schwanke, Aufgaben und Lösungen zur Finanzmathematik, Investition und Finanzierung

Drees-Behrens · Schmidt, Aufgaben und Fälle zur Kostenrechnung

Ellinghaus, Werbewirkung und Markterfolg

Fank, Informationsmanagement, 2. Auflage

Fank · Schildhauer · Klotz, Informationsmanagement: Umfeld – Fallbeispiele

Fiedler, Einführung in das Controlling, 2. Auflage

Fischbach · Wollenberg, Volkswirtschaftslehre I, 12. Auflage

Fischer, Vom Wissenschaftler zum Unternehmer

Frodl, Dienstleistungslogistik

Götze, Techniken des Business-Forecasting

Götze, Mathematik für Wirtschaftsinformatiker

Götze · Deutschmann · Link, Statistik

Götze · van den Berg, Techniken des Business Mapping

Gohout, Operations Research, 2. Auflage

Haas, Kosten, Investition, Finanzierung – Planung und Kontrolle, 3. Auflage

Haas, Marketing mit EXCEL, 2. Auflage

Haas, Access und Excel im Betrieb

Hans, Grundlagen der Kostenrechnung

Hardt, Kostenmanagement, 2. Auflage

Heine · Herr, Volkswirtschaftslehre, 3. Aufl.

Hildebrand · Rebstock, Betriebswirtschaftliche Einführung in SAP® R/3®

Hofmann, Globale Informationswirtschaft

Hoppen, Vertriebsmanagement

Koch, Marketing

Koch, Marktforschung, 4. Auflage

Koch, Betriebswirtschaftliches Kosten- und Leistungscontrolling in Krankenhaus und Pflege, 2. Auflage

Krech, Grundriß der strategischen Unternehmensplanung

Kreis, Betriebswirtschaftslehre, Band I, 5. Auflage

Kreis, Betriebswirtschaftslehre, Band II, 5. Auflage

Kreis, Betriebswirtschaftslehre, Band III, 5. Auflage

Laser, Basiswissen Volkswirtschaftslehre

Lebefromm, Controlling – Einführung mit Beispielen aus SAP® R/3®, 2. Auflage

Lebefromm, Produktionsmanagement, 5. Auflage

Martens, Betriebswirtschaftslehre mit Excel

Martens, Statistische Datenanalyse mit SPSS für Windows, 2. Auflage

Martin · Bär, Grundzüge des Risikomanagements nach KonTraG

Mensch, Investition

Mensch, Finanz-Controlling

Mensch, Kosten-Controlling

Müller, Internationales Rechnungswesen

Olivier, Windows-C – Betriebswirtschaftliche Programmierung für Windows

Peto, Einführung in das volkswirtschaftliche Rechnungswesen, 5. Auflage

Peto, Grundlagen der Makroökonomik, 12. Auflage

Peto, Geldtheorie und Geldpolitik, 2. Auflage

Piontek, Controlling, 2. Auflage

Piontek, Beschaffungscontrolling, 2. Aufl.

Piontek, Global Sourcing

Plümer, Logistik und Produktion

Posluschny, Controlling für das Handwerk

Posluschny, Kostenrechnung für die Gastronomie, 2. Auflage

Posluschny · von Schorlemer, Erfolgreiche Existenzgründungen in der Praxis

Reiter · Matthäus, Marktforschung und Datenanalyse mit EXCEL, 2. Auflage

Reiter · Matthäus, Marketing-Management mit EXCEL

Reiter, Übungsbuch: Marketing-Management mit EXCEL

Rothlauf, Total Quality Management in Theorie und Praxis, 2. Auflage

Rudolph, Tourismus-Betriebswirtschaftslehre, 2. Auflage

Rüth, Kostenrechnung, Band I

Sauerbier, Statistik für Wirtschaftswissenschaftler, 2. Auflage

Schaal, Geldtheorie und Geldpolitik, 4. Auflage

Scharnbacher · Kiefer, Kundenzufriedenheit, 3. Auflage

Schuchmann · Sanns, Datenmanagement mit MS ACCESS

Schuster, Kommunale Kosten- und Leistungsrechnung, 2. Auflage

Schuster, Doppelte Buchführung für Städte, Kreise und Gemeinden

Specht · Schmitt, Betriebswirtschaft für Ingenieure und Informatiker, 5. Auflage

Stahl, Internationaler Einsatz von Führungskräften

Steger, Kosten- und Leistungsrechnung, 3. Auflage

Stender-Monhemius, Marketing – Grundlagen mit Fallstudien

Stock, Informationswirtschaft

Strunz · Dorsch, Management

Strunz · Dorsch, Internationale Märkte

Weeber, Internationale Wirtschaft

Weindl · Woyke, Europäische Union, 4. Aufl.

Wilde, Plan- und Prozesskostenrechnung

Wilhelm, Prozessorganisation

Wörner, Handels- und Steuerbilanz nach neuem Recht, 8. Auflage

Zwerenz, Statistik, 2. Auflage

Zwerenz, Statistik verstehen mit Excel – Buch mit CD-ROM

Betriebswirtschaftliches Kosten- und Leistungscontrolling in Krankenhaus und Pflege

Von
Diplom-Kaufmann
Joachim Koch

2., überarbeitete Auflage

R. Oldenbourg Verlag München Wien

Bibliografische Information Der Deutschen Bibliothek

Die Deutsche Bibliothek verzeichnet diese Publikation in der Deutschen
Nationalbibliografie; detaillierte bibliografische Daten sind im Internet
über <http://dnb.ddb.de> abrufbar.

© 2004 Oldenbourg Wissenschaftsverlag GmbH
Rosenheimer Straße 145, D-81671 München
Telefon: (089) 45051-0
www.oldenbourg-verlag.de

Gedruckt auf säure- und chlorfreiem Papier
Gesamtherstellung: Druckhaus „Thomas Müntzer" GmbH, Bad Langensalza

ISBN 3-486-57617-8

Inhaltsübersicht

Inhaltsverzeichnis

IV. Kostenstellenrechnung

V. Kostenträgerrechnung

VIII. Die Bedeutung der EDV für die Kostenrechnung

IX. Anhang

Vorwort

In „nicht-ärztlichen Gesundheitsberufen wird immer deutlicher, wie wichtig eine hohe Qualifizierung der Mitarbeiter ist. Das betrifft Pflegeeinrichtungen, geförderte Krankenhäuser und Kur- und Reha-Einrichtungen gleichermaßen. Zukunftserwartungen, wie Entwicklung / Veränderung der Konsumorientierung der NutzerInnen, Finanzmittelknappheit und Sparmaßnahmen im Gesundheitswesen, zunehmende Konkurrenz zwischen Anbietern zeigen die Notwendigkeit einer **betriebswirtschaftlichen** Ausbildung auf, in Verbindung mit technischen Kenntnissen - hier vor allem über die Entwicklungen im EDV- und im Kommunikationstechnik-Bereich".

Mit diesen Worten begann das Vorwort zur ersten Auflage meines Buches „Gesundheitsökonomie – Betriebswirtschaftliche Kosten- und Leistungsrechnung" im Jahr 1998.

Gerade die neue leistungsorientierte Abrechnungstechnik nach dem DRG-Verfahren in den geförderten Krankenhäusern verstärkt die Pflicht zu wirtschaftlichem Handeln, hinzu kommen bei allen Institutionen immer höhere Leistungsstandards und der steigende Kostendruck . Nicht rentabel arbeitende Häuser – hier jetzt auch verstärkt im geförderten Krankenhausbereich – werden schließen müssen.

Wirtschaftliches Handeln erzwingt eine betriebswirtschaftliche Unternehmensstrategie gegenüber den anderen Anbietern am Markt. Diese ist verbunden mit einer entsprechenden Unternehmenslenkung, dem Controlling, auf der Basis eines aussagekräftigen Rechnungswesens. Eine unwirtschaftliche Verwendung der äußerst knappen Leistungsfaktoren kann für die Institution ein existenzgefährdendes Risiko bedeuten. Auf der anderen Seite bietet ein effizienter Umgang mit den Faktoren aber auch hohe unternehmenspolitische Chancen.

Um diesen Lenkungscharakter deutlicher zu machen, wurde im Inhalt dieses Buches noch bewusster auf den Zusammenhang zwischen Controlling und Kosten- und Leistungsrechnung hingewiesen. Hier wird also nicht nur die Technik der Betriebsabrechnung beschrieben. Einen Hinweise darauf soll deshalb auch der neue Titel „Betriebswirtschaftliches Kosten- und Leistungscontrolling in Krankenhaus und Pflege" liefern.

Basis ist weiterhin die Finanzbuchhaltung und Bilanzierung. Hier werden hauptsächlich die Geschäftsbeziehungen zu Externen dokumentiert, und es wird über diese Beziehungen informiert. Die hier erfassten grundlegenden Zahlen werden zum Zweck der Unternehmenssteuerung den weiteren Teilgebieten des Rechnungswesens zur Verfügung gestellt.

Hierzu reichen die in der Krankenhaus-Buchführungsverordnung oder der Pflege-Buchführungsverordnung genannten Anforderungen an Kosten und Leistungen - als aus der Buchführung nachprüfbar abgeleitet (Ausgabenwerte) - nicht aus. Mit diesen Werten sollen u.a. für eine Vielzahl von vergleichbarer Institutionen Wirtschaftlichkeitsvergleiche ermöglicht werden, oder sie sollen Grundlagen für DRG-Fallpauschalen bzw. Pflegesätze sein.

Betriebswirtschaftliche Kosten und Leistungen dagegen beziehen sich auf den eigenen zu Grunde liegenden Betrieb. Hier müssen z.B. individuell auch zukünftige Auszahlungsströme für Investitionen im Sinne einer Substanzerhaltung mit berücksichtigt werden.

Die Darstellungen dieses Buches sollen aber nicht dem betriebswirtschaftlichen Kosten- und Leistungscontrolling als dem einzigen bzw. wichtigsten Lenkungsinstrument für den Betrieb das Wort reden - wie es sehr häufig missverstanden wird.

Mir liegt sehr viel daran, Interessierten dieses Instrument als eine zusätzliche Informationsquelle bei Alternativentscheidungen zugängig zu machen! (Die Entscheidungsfrage könnte nur lauten: Welche Alternativen dienen dem strategischen Unternehmensziel im Einklang mit einem eventuellen Versorgungsauftrag? - Welche Alternative davon ist die kostengünstigste?)

Das Buch liefert damit Interessenten notwendige Kenntnisse über die Kostenrechnung für einen Einsatz im betriebswirtschaftlichen Entscheidungsbereich, aber auch für eine entsprechende Programmierungstätigkeit im Abrechnungsbereich oder aber für die DV-Organisation.

Es ist aufgrund seines Lehrbuchcharakters sowohl einsetzbar im Bereich der Ausbildung - von Berufsfachschulen u.ä. bis zu (Fach-)Hochschulen - als auch in der Fortbildung an Fachschulen. Häufig wird es auch in der Umschulung zum Gesundheitskaufmann eingesetzt. Selbstverständlich bietet sich die Unterlage auch als Nachschlagewerk für den Praktiker an. **Aufgaben und Lösungen zum Buch können im Internet unter der Adresse „http://joko1.bei.t-online.de/jokogesetz.html" abgerufen werden.**

Danken möchte ich an dieser Stelle den Kolleginnen, Kollegen und Studierenden des b.i.b., die an der ersten Auflage des Buches geholfen haben.

Ein besonderer Dank gilt auch meiner Tochter Verena, die mir zur Unterstützung dieses Buches ihre Diplomarbeit (Literaturverzeichnis) überlassen hat.

                                                                                    J. Koch

I. Kosten- und Leistungsrechnung als Steuerungsinstrument in der Betriebswirtschaftslehre

1. Kostenmanagement – ein integratives Steuerungsinstrument des Controlling im Gesundheitswesen

Das klassische betriebswirtschaftliche Controlling befasst sich mit der strategischen und operativen Planung, Kontrolle und Steuerung der Unternehmung. Es ist ein selbst steuerndes kybernetisches Regelsystem mit den Schwerpunkten:

- Umsetzung von Unternehmenszielen in Planzahlen und Budgets,
- Feststellung der Abweichungen,
- Vorschläge für die Regelung von Störgrößen.

Zur Durchführung der operativen und strategischen Unternehmenssteuerung benötigt der Controller umfangreiche betriebswirtschaftliche, planerische und arbeitsmethodische Instrumente.

Aufgabe des operativen Controlling liegt in der Unternehmenssteuerung innerhalb eines Geschäftsjahres; Ziel ist die Sicherung der Existenz- und Überlebensfähigkeit. Hier werden in erster Linie Informationen über geplante und durchgeführte Maßnahmen (Operationen) herangezogen. Das Rechnungswesen mit der Finanzbuchhaltung und der Kosten- und Leitungsrechnung ist hier sicherlich der Schwerpunkt.

Das strategische Controlling beschäftigt sich mit der langfristigen Zukunftssicherung des Unternehmens unter Berücksichtigung der Umwelt. Hier werden Informationsdaten über längere Zeiträume erfasst und interpretiert, um Probleme in der Zukunft rechtzeitig gegen zu steuern. Typische Werkzeuge sind hier die Entwicklung von strategischen Geschäftseinheiten, die Produkt-Matrix, die Zielgruppen-Matrix und die Szenario-Technik.

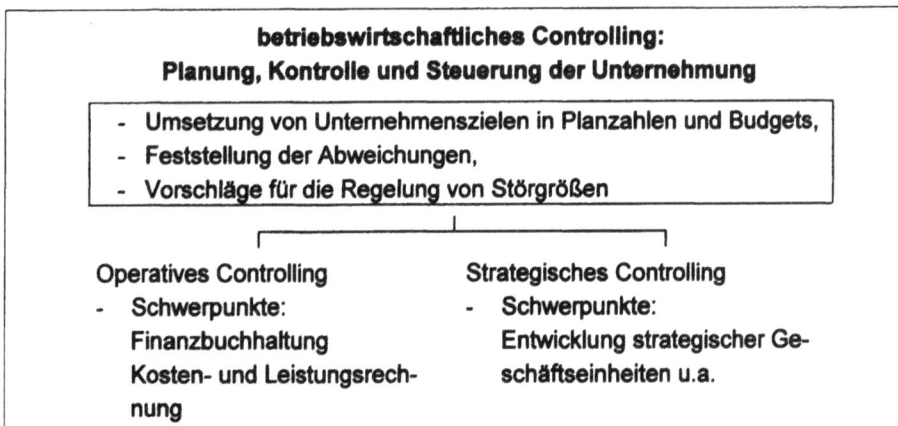

---

betriebswirtschaftliches Controlling:
Planung, Kontrolle und Steuerung der Unternehmung

- Umsetzung von Unternehmenszielen in Planzahlen und Budgets,
- Feststellung der Abweichungen,
- Vorschläge für die Regelung von Störgrößen

Operatives Controlling
- Schwerpunkte:
  Finanzbuchhaltung
  Kosten- und Leistungsrech-
  nung

Strategisches Controlling
- Schwerpunkte:
  Entwicklung strategischer Ge-
  schäftseinheiten u.a.

Eine solche Unternehmensteuerung wird auch im Gesundheitswesen immer wichtiger!

Schon mit dem Gesundheitsstrukturgesetz 1993 sollte ein grundlegender Strukturwandel der ökonomischen Rahmenbedingungen von Krankenhäusern vorgenommen werden. Um Krankenhäuser zu modernen Dienstleitungszentren weiter zu entwickeln, wurden markwirtschaftliche Steuerungselemente eingeführt. Hier ist an erster Stelle das Prinzip der leistungsorientierten Entgelte zu nennen, das mit der Entwicklung des DRG-Systems seine bestimmende Form findet.

Heute werden neben der Weiterentwicklung der pauschalierten Fallentgelte in den Krankenhäusern Qualitätsüberprüfungen der Krankenhausprozesse und Wirtschaftlichkeitsrechnungen mit Wirtschaftlichkeitsvergleichen verlangt. Vorgaben, die auch in anderen Gesundheitsbereichen – z.B. in Pflegeinstitutionen – inzwischen ebenfalls gemacht werden.

Hieraus ergeben sich für die Unternehmen Fragen nach der Ausdehnung und Differenzierung der Leistungsangebote (in geförderten Krankenhäusern eingeschränkt durch die Versorgungsaufträge), nach der Kostenentwicklung bis hin zur Kostenbeobachtung in einzelnen Fällen und nach einem Qualitäts- und Wirtschaftlichkeitsvergleich mit den Mitkonkurrenten.

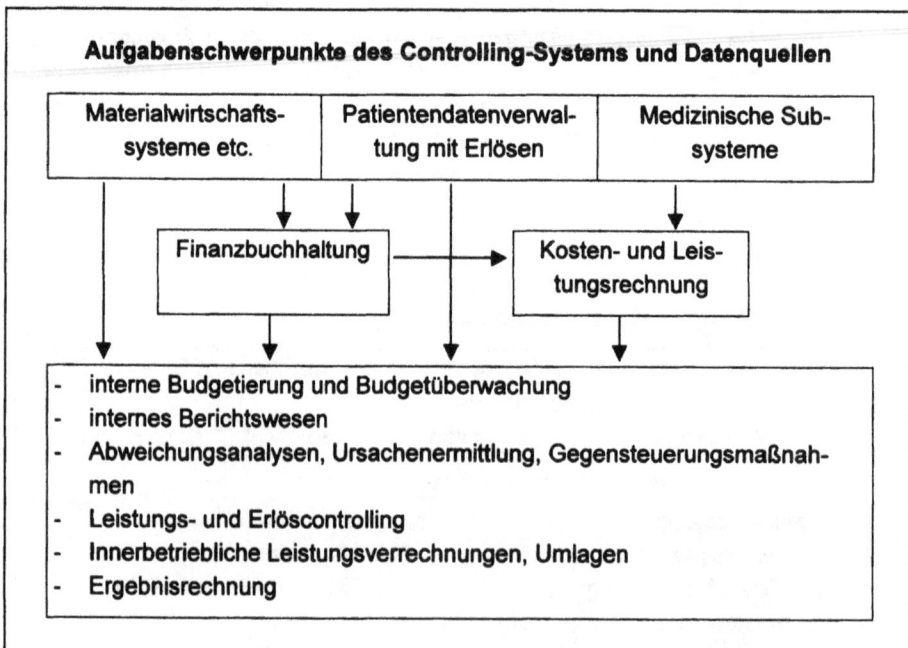

Aufgabenschwerpunkte des Controlling-Systems und Datenquellen

Materialwirtschafts-systeme etc.	Patientendatenverwal-tung mit Erlösen	Medizinische Sub-systeme

Finanzbuchhaltung → Kosten- und Leistungsrechnung

- interne Budgetierung und Budgetüberwachung
- internes Berichtswesen
- Abweichungsanalysen, Ursachenermittlung, Gegensteuerungsmaßnahmen
- Leistungs- und Erlöscontrolling
- Innerbetriebliche Leistungsverrechnungen, Umlagen
- Ergebnisrechnung

Notwendig wird damit eine Transparenz der betrieblichen Prozesse, ein Kostenmanagement in Verbindung mit einem Leistungsmanagement und ein patientenorientiertes Qualitätsmanagement.

Das klassische – oben beschriebene – Controlling mit dem Lenkungsmanagement aus den Informationen des Rechnungswesens wird erweitert um die Bereiche Leistungsprozesse und Ergebnisqualität unter dem Kostenaspekt. Neben das betriebswirtschaftliche Controlling tritt hier ein medizinisches Controlling.

Die Aufgaben des Rechnungswesen-Controllings vermischen sich mit den Controlling-Aufgaben der medizinischen Leistungsdokumentation, der Leistungsangebote, der Prozessoptimierung, des Qualitätsmanagements.

Kern ist hier die Dokumentation der medizinischen Leistungen. Abgebildet werden muss der gesamte Behandlungsprozess im Krankenhaus oder der Versorgungsprozess in Pflegeinstitutionen. Das wird in der Regel nur mit einer entsprechenden EDV-Unterstützung möglich sein. Nur so können anhand von Grundinformationen und Beschreibungen des Leistungsprozesses (z.B. durch DRG-Kennziffern) Prozesse und Qualitäten optimiert werden.

Hierzu werden neben medizinischen Informationen (Art und Menge der Untersuchungen z.B. zur Bildung von Standards, Patientendaten z.B. für Forschungszwecke, Warte- und Leerlaufzeiten in Verbindung mit der Ressourcennutzung usw.) auch administrative Informationen benötigt, z.B. Anzahl und Qualifikation der Mitarbeiter, Dienstzeiten und Anzahl der Untersuchungen in diesen Zeiten, benötigte Raumkapazitäten usw.

Diese große Spanne von unterschiedlichsten Aufgaben wird in Zukunft zu Spezialisierungen führen müssen, z.B. zu Entgeltspezialisten oder DRG-Manager, Qualitätsmanager, Kostenmanager u.a. Diese werden aber eng mit den anderen zusammen arbeiten.

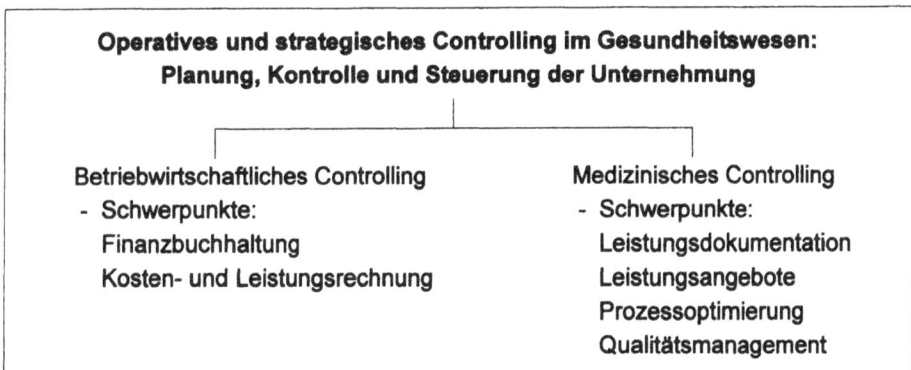

**Operatives und strategisches Controlling im Gesundheitswesen:
Planung, Kontrolle und Steuerung der Unternehmung**

Betriebwirtschaftliches Controlling
- Schwerpunkte:
  Finanzbuchhaltung
  Kosten- und Leistungsrechnung

Medizinisches Controlling
- Schwerpunkte:
  Leistungsdokumentation
  Leistungsangebote
  Prozessoptimierung
  Qualitätsmanagement

Im weiteren soll hier die Betriebswirtschaftliche Kosten- und Leistungsrechnung als Führungsinstrument aufgezeigt werden. Grundsätzlich unterscheidet man die Hauptaufgaben Dokumentation und Information zur Planung und Kontrolle. Im Rahmen von pauschalen Pflegesatzabrechnung kamen bzw. kommen die Gesundheitsinstitutionen häufig mit der reinen Dokumentationsfunktion aus. Zahlenmäßige Bewegungen werden nach ihrer Kostenart und bezüglich des Ortes ihrer Verursachung (Kostenstelle) gesammelt, erschlossen, geordnet und aufbewahrt, so dass sie zu späteren Zeitpunkten als Informationszwecken z.B. bei Budgetverhandlungen zur Verfügung standen.

Durch die neue Gesetzeslage gewinnen Wirtschaftlichkeitskontrollen und Planungsrechnungen an Bedeutung. So benötigen Krankenhäuser Planungsdaten für Kapazitätsentscheidungen: Sollen Abteilungen mit der Notwendigkeit von Spezialisierungen ausgebaut werden, sollen Abteilungen z.B. bei schwerwiegenden Wettbewerbsnachteilen gegenüber Konkurrenten zurückgeführt werden. Diese Informationen können nur patientenorientierte Kostenträgerrechnungen liefern, die erkennen lassen, welche der angebotenen Leistungen im Rahmen der Abrechnungen finanzielle Vor- oder Nachteile erbringen.

2. Einführung in die Problematik der Kosten- und Leistungsrechnung

Kosten und Leistungen sind **primär** Begriffe der **Betriebswirtschaftslehre**. Sie definieren den betriebswirtschaftlich bewerteten Verzehr und Zuwachs, der durch die eigentliche Zwecksetzung (Betrieb) einer Unternehmung aufgrund seiner Leistungserbringung und Leistungsverwertung entsteht.

Als Unternehmen (nach dem Umsatzsteuergesetz) bezeichnet man ein rechtliches Gebilde, das die gesamte gewerbliche und berufliche Tätigkeit umfasst, das also wirtschaftliche Zwecke verfolgt. Im Folgenden sind hier allerdings nur die Institutionen des Gesundheits- und Pflegewesens aufgezeigt mit ihren leistungswirtschaftlichen Zielen, dem Versorgungsauftrag gegenüber der Bevölkerung (z.T. gesetzlich), ihren finanzwirtschaftlichen Zielen (Kostendeckung / angemessener Gewinn) und ihren sozialen Zielen (soziales System in gesellschaftlichem System).

Aufgrund der Leistungserbringung werden Produktions- oder Leistungsfaktoren (Betriebsmittel, Sachgüter, körperliche Arbeit, dispositive Arbeit, Information) ge- und verbraucht, und zwar durch ihre Kombination und Transformation in den Leistungen Pflege, Versorgung, Diagnostik und Therapie hin zur Statusveränderung beim Patienten. Durch die Leistungsverwertung (Absatz - alle Maßnahmen zum Leistungsaustausch mit Umwelt) entsteht dann ein Zuwachs an neuem Geldvermögen.

Sekundärinput

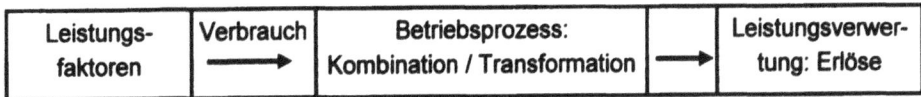

Leistungs-faktoren	Verbrauch →	Betriebsprozess: Kombination / Transformation	→	Leistungsverwer-tung: Erlöse

Sekundäroutput

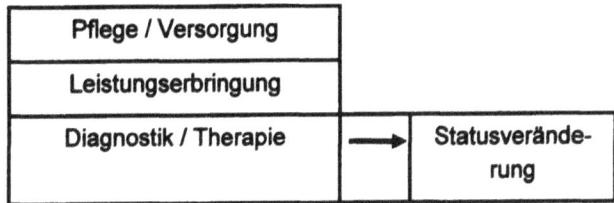

Pflege / Versorgung		
Leistungserbringung		
Diagnostik / Therapie	→	Statusverände-rung

Primärinput **Primäroutput**

Durch **gesetzliche Vorgaben** (KHBV, PBV) sind jedoch die Begriffe **Kosten und Leistungen** auch anders belegt. Kosten sind hier Verbräuche nach rechtlicher Bewertung auf Basis der Finanzbuchhaltung, das heißt, dass alle Verbräuche in ihrer Höhe auf Ausgaben zurückzuführen sind. Es handelt sich um Zweckaufwendungen. Leistungen sind der Output der einzelnen Betriebe als Mengen- und Artbegriff. Den Zweckaufwendungen müssten sie als Betriebserträge gegenüberstehen.

Im Folgenden soll es nun hauptsächlich um die betriebswirtschaftliche Seite gehen. Die Thematik wird gleichermaßen erörtert für geförderte Krankenhäuser, Kur- und Rehakliniken und Pflegeheime; sie ist aber durchaus übertragbar auf andere ähnliche Institutionen.

Zunächst ist es einmal interessant, wo die Kosten- und Leistungsrechnung im betrieblichen Rechnungswesen einzuordnen ist. Wie bereits aus der Finanzbuchhaltung bekannt sein wird, gliedert sich das Rechnungswesen in den internen und den externen Teil.

Das **externe Rechnungswesen**, das ausschließlich aus der Finanzbuchhaltung (Geschäftsbuchhaltung) besteht, hat die Erfassung aller Vorgänge finanzwirtschaftlicher Art zwischen dem gesamten Unternehmen und der Umwelt zur Aufgabe. Es ist dadurch gekennzeichnet, dass es in der Hauptsache (gesetzlich geregelt) Informationen für externe Interessenten zur Verfügung stellt.

Externes Rechnungswesen (vereinfacht)

Verbindungen zum:
1. Beschaffungsmarkt
2. Absatzmarkt
3. Kapitalmarkt
4. Staat
5. Beziehung durch Leistungserstellung

Aktiva	Bilanz	Passiva	Soll	GuV	Haben
1./5. Gebäude		3. Eigenkapital	1. Löhne und		2. Erlöse
1./5. Maschinen		3. Fremdkapital	Gehälter		
1./5. Lebensmittel			5. Lebensmittel-		
1./5. Medikamente			verbrauch		
2. unfertige			5. Medikamen-		
Erzeugnisse			tenverbrauch		
1./2. Kasse			4. Steuern		
			3. Fremdkapital-		
			zinsen		
			5. Gebäude- und		
			Maschinenab-		
			schreibung		

Die Finanzbuchhaltung bezieht sich nur auf mit Zahlungen verbundene Güter- und Dienstleistungsströme. Das ist schon daran zu erkennen, dass für die Bewertung einzelner Wirtschaftsgüter lediglich die Anschaffungskosten und Herstellungskosten als Maximum in Frage kommen. Es darf wertmäßig nicht mehr angesetzt werden, als ursprünglich an Ausgaben geleistet worden ist. Eine solche Darstellung zeichnet für Externe ein möglichst objektives Bild auf, das frei von subjektiven Aspekten einer betriebswirtschaftlichen Betrachtung sein soll.

Der Blick des Unternehmers muss aber zusätzlich auf das innerbetriebliche Geschehen gerichtet sein, auf die Orte der Kombination und Transformation der Leistungsfaktoren und den eigentlichen betrieblichen Prozess im Hinblick auf die erbrachten Leistungen. Diesen **internen Dokumentations- und Informationszwecken** dient unter anderem die Betriebsbuchhaltung.

Um im Betrieb richtig planen, organisieren und kontrollieren zu können, kann es hier sinnvoll sein, sich nicht an handels- und steuerrechtliche Beschränkungen zu halten. Der Unternehmer wird sich dann eher mit der Abbildung des **tatsächlichen** oder **vergleichbaren** innerbetrieblichen Geschehens unter betriebswirtschaftlicher Sicht befassen. Er wird in diesem Teil des Rechnungswesens auch Vermögensverzehre oder Vermögenszuwächse beachten, die für bestimmte betriebswirtschaftliche Entscheidungen und Handlungen von Bedeutung sind, und die nicht unbedingt Ausgaben - zumindest nicht in aufwandsgleicher Höhe - zur Folge haben.

Ein anderer Name für die Betriebsbuchhaltung ist **Kosten- und Leistungsrechnung**. Es erfolgt hier die Erfassung des bewerteten, mengenmäßigen Verzehrs oder der zeitlichen Beanspruchung von Produktionsfaktoren zum Zwecke der Leistungserstellung (Kosten) und deren Gegenüberstellung zum Wert der erzeugten Leistung. Die Bewertung des mengenmäßigen Verbrauchs hat in diesem Zusammenhang lediglich den Zweck, verschiedenartige Größen vergleich- und rechenbar zu machen. Da bestimmte Teile der Kosten- und Leistungsrechnung Grundlagen für die Bewertung der erbrachten Dienstleistungen (Kalkulation) sind, nennt man sie auch **kalkulatorische Rechnung**.

Internes Rechnungswesen: Datenerfassung in der Betriebsbuchhaltung

Löhne und Gehälter, Sachgüterverbrauche, Abschreibungen, Umsatzerlöse

Zielgerichtete Dokumentation und Information für

Planung   Kontrolle

Zur Vervollständigung des Gesamtbildes sollen hier nur noch **kurz** die weiteren Teile des internen Rechnungswesens, **Betriebsstatistik** und **Planungsrechnung** mit **Investitionsrechnung**, beschrieben werden. Aufgabe der Betriebsstatistik ist die Aufbereitung, Verdichtung und Verhältnisbildung des in der Finanzbuchhaltung und in der Kosten- und Leistungsrechnung gewonnenen Zahlenmaterials und deren Darstellung in übersichtlicher Form. Die Planungsrechnung (z.B. Investitionsrechnung) gibt Entscheidungshilfen für langfristige Anschaffungsobjekte durch Diskontierung der Rechengrößen auf einen festgesetzten Zeitpunkt.

3. Aufgaben der Kosten- und Leistungsrechnung

3.1. Allgemeiner Hinweis zu den Aufgaben

Im Laufe der Zeit hat sich herausgestellt, dass die Zahlen der Finanzbuchhaltung zur Entscheidungsfindung betriebswirtschaftlicher Art nicht ausreichten. Der Wunsch nach einem wertneutralen Instrument zur Messung des betrieblichen Erfolgs und zur

Bereitstellung von Daten, die den tatsächlichen oder vergleichbaren Verbrauch und die damit verbundene Wertentstehung darstellen, ließ der Kosten- und Leistungsrechnung zunehmende Bedeutung zukommen. Nunmehr erscheinen betriebswirtschaftliche Entscheidungen in Betrieben - auch schon kleinerer Größen - ohne die Informationen der Kosten- und Leistungsrechnung unmöglich. Aus dieser Erkenntnis ergeben sich folgenden Aufgaben.

3.2. Die Aufgaben der Kosten- und Leistungsrechnung

Als Hauptaufgaben wurden eben herausgestellt die Dokumentation und Information für die Planung und die Kontrolle.

Die Dokumentation übernimmt hier die zahlenmäßige zweckgebundene Erfassung der Betriebsprozesse im Rahmen der Kombination und Transformation der Leistungsfaktoren und der Leistungsverwertung. Dazu gehört nach der Definition des Dokumentationsbegriffes das Sammeln, Erschließen, Ordnen und Aufbewahren von Informationen (oder von Wissen).

Diese Informationen werden im Rahmen der Planung und Kontrolle mit unterschiedlichsten Zielsetzungen genutzt. Einige Beispiele werden im Folgenden näher beschrieben:

a) Kontrolle der Wirtschaftlichkeit

Aus der absoluten Größe „Gewinn" kann keine Aussage über die Wirtschaftlichkeit eines Unternehmens gemacht werden. Erst aus dem internen und externen Vergleich sowie aus der Gegenüberstellung von geplanten Größen (Sollgrößen) und tatsächlichen Größen (Istgrößen) ist eine Aussage über den wirtschaftlichen Einsatz von Leistungsfaktoren möglich. Da ein Vergleich auf Unternehmensebene keinen Aufschluss über das jeweilige Verhalten einzelner Bereiche gibt, geht man mehr und mehr dazu über, abteilungs- (**kostenstellen-**)bezogene Wirtschaftlichkeitskontrollen durchzuführen.

Diese Form der Wirtschaftlichkeitskontrolle wird durch die Kosten- und Leistungsrechnung besonders unterstützt, da sie, wie später noch besprochen wird, in der **Kostenstellenrechnung** ohnehin schon eine Verteilung der Kosten auf die eingerichteten

Kostenstellen vornimmt. Somit ist es möglich, im Einzelnen Kontrollrechnungen durchzuführen, Mängel zu erkennen und abzustellen.

Des weiteren ermöglicht die Kosten- und Leistungsrechnung aufgrund noch näher zu erläuternder Rechenverfahren einen möglichst wirtschaftlichen Einsatz (Verteilung) bei Kapazitätsengpässen.

Durch Bekanntmachung der Kostengrößen an untergeordnete Bereiche wird deren Verständnis und Verantwortung für die Kostenverursachung gefördert.

b) Ermittlung des Periodenerfolges

Bei der Ermittlung des Periodenerfolges wird der Zusammenhang zwischen der Kosten- und Leistungsrechnung deutlich. Leistungsbezogene Kosten und Leistungen einer Periode werden miteinander verrechnet. Das Ergebnis stellt den Erfolg der entsprechenden Leistungsart oder Leistungsgruppe in der Periode dar. Man spricht bei diesem Verfahren auch von der Betriebsergebnisrechnung. Die Summe aller Leistungserfolge bildet das Betriebsergebnis.

Da die Abrechnungsperiode in der Kosten- und Leistungsrechnung grundsätzlich kürzer als ein Wirtschaftsjahr ist, spricht man bei dieser Rechnung auch von der **kurzfristigen Erfolgsrechnung**. Als Periode gilt hier sehr häufig ein Monatszeitraum.

Der Begriff „Erfolgsrechnung" ist jedoch der Finanzbuchhaltung entnommen. Entsprechend sollte man deshalb auch bei einer echten kurzfristigen Erfolgsrechnung nach Ermittlung des Betriebsergebnisses diejenigen Positionen berücksichtigen, die erforderlich sind, das rechtliche Ergebnis darzustellen. Diese Positionen werden häufig als nicht so aussagefähig empfunden und deshalb vernachlässigt. Es ergibt sich mit Berücksichtigung des letzten Absatzes folgendes Schema:

-	Leistungen je Leistungsart differenziert Kosten je Leistungsart differenziert
=	Betriebsergebnis (betriebswirtschaftliches Ergebnis)
+/- +/-	Umbewertungen auf Erfolgsrechnung neutrale Erfolge
=	Gewinn (rechtliches Ergebnis)

c) Basis für betriebswirtschaftliche Entscheidungen

In einem Unternehmen werden Entscheidungen aufgrund von Informationen gefällt, die für bestimmte Aussagen rechnerisch aufbereitet sein müssen. Es werden dazu verschiedenste mathematische und statistische Verfahren eingesetzt. Die Kosten- und Leistungsrechnung liefert das erforderliche Zahlenmaterial. Gerade in der Planungsphase gilt es, Handlungsalternativen abzuwägen. Ein Aspekt des Abwägens liegt im Vergleich der Wirtschaftlichkeit. Somit lassen sich folgende wirtschaftliche Probleme nur in Kenntnis der effektiven Kostensituation erkennen und lösen:

- Verfahrensvergleiche im Bereich der Leistungserbringung;

- Wahl der **optimalen Losgröße** unter Einbeziehung aller relevanten Faktoren (Lager-, Zinskosten etc.);

- Bestimmung des **Break-even-Point** (Ermittlung der Leistungsmenge, ab der mit einem positiven Ergebnis zu rechnen ist. Verfahren zur Beantwortung der Frage: „Wie viele Produkte müssen produziert werden, um **fixe** und **variable** Kosten zu decken, bevor ein Gewinn anfällt ?");

- Wahl zwischen Eigenleistung/ Fremdbezug, Kauf/Miete von Leistungsfaktoren.

d) Basis für die Bewertung von Wirtschaftsgütern

In der Finanzbuchhaltung wurde bisher immer mit Beständen (Anfangs- und Schlussbeständen) operiert. Die eigentliche Problematik hierbei ist jedoch noch nicht berücksichtigt worden. So ergibt sich der Schlussbestand nicht aus der Fortschreibung des Wirtschaftsjahres, sondern aus der Bewertung im Rahmen des Jahresabschlusses (Inventur/ Inventar), in dem für jedes Wirtschaftsgut ein Wert beigemessen werden muss. Für Anlagegüter und Handelswaren, für die Anschaffungskosten (vermindert um die etwaige Abschreibung) angesetzt werden, erscheint die Bewertung nicht sehr problematisch. Für Dienstleitungen oder selbsterstellte Geräte ist es jedoch nicht so einfach. Hier sind die Herstellungskosten - besser Herstellungsaufwand - zuzüglich der **Verwaltungsgemeinkosten** im Bereich der Fertigung - relevant. Ermittelt werden diese auf der Basis der kostenrechnerischen **Herstellkosten**. Aus der Ergebnisrechnung der Finanzbuchhaltung sind die Herstellungskosten jedoch nicht zu ermitteln. Auch hier gehen wesentliche Informationen aus der Kosten- und Leistungsrechnung in die Finanzbuchhaltung ein.

e) Preiskalkulation und Preisbeurteilung

Der Kosten- und Leistungsrechnung als Instrument der Preisbestimmung wird im Gesundheitswesen eine untergeordnete Rolle beigemessen, da die Kostensituation des Betriebes nur wenig Einfluss auf Fallpauschalen und Budgets hat. Vielmehr wird der Preis durch das Zusammenspiel von den jeweiligen Verbänden gebildet. Aufgabe der Kosten- und Leistungsrechnung ist es hierbei vielmehr, eine Preisbeurteilung zu ermöglichen, insbesondere festzustellen, ob sich die **Selbstkosten** unterhalb des erzielbaren Preises befinden. Sie legt somit Preisuntergrenzen in der Leistungsverwertung fest. Andererseits können in der Kosten- und Leistungsrechnung Preisobergrenzen für die Beschaffung einzelner Einkaufsteile (Leistungsfaktoren) festgelegt werden, wenn z.B. der erzielbare Preis und weitere Kosten in ihrer Höhe bekannt sind. Die Kosten- und Leistungsrechnung ermöglicht weiterhin, zwischen Betrieben und Teilbetrieben innerhalb der Unternehmung ausgetauschte Leistungen zu bewerten und eine Grundlage für die innerbetriebliche Preisbestimmung zu bilden (interne Verrechnungspreise).

4. Sachgebiete der Kosten- und Leistungsrechnung

a) Kostenrechnung

Das Sammeln, Erschließen, Ordnen im Rahmen der Dokumentation erfolgt entsprechend ihrer unterschiedlichen Erschließungs- und Ordnungssysteme in den folgenden Sach- oder Teilgebieten – auch als Abrechnungsstufen beschrieben:

1. Kostenartenrechnung

Sie beschäftigt sich mit der Frage, welche Kosten - einschl. ihrer absoluten Höhe - im betrieblichen Leistungsprozess anfallen. Hier werden die unternehmerischen Aufwendungen von den betrieblichen Kosten getrennt. Weiter werden die Kosten in unterschiedliche Gruppen zur weiteren Verrechnung gegliedert.

2. Kostenstellenrechnung

Nachdem die Kosten nach Art und Höhe bekannt sind, müssen sie den entsprechenden Orten der Kostenverursachung (Leistungsbereichen) zugerechnet werden. Dazu dient die Kostenstellenrechnung, in der mittels des ersten Teils des Betriebsabrechnungsbogens (BAB) die Verrechnung der Kosten auf die Kostenstellen vorgenommen werden kann.

3. Prozesskostenrechnung

Um die Kosten besser auf das kommende Sachgebiet verteilen zu können, ist es gerade im Bereich der Dienstleistungen sinnvoll, vor allem die wiederkehrenden Kosten der leistungsunterstützenden Bereiche und Kostenstellen (Verwaltung etc.) vorher betrieblichen Aktivitäten und Prozessen zuzuordnen. Sie sind dann verursachungsgerechter auf die Kostenträger zu verrechnen.

4. Kostenträgerrechnung

Hier werden die Kosten auf die erstellten Leistungen verrechnet. Dabei sind die Kenntnisse, welche Kostenstellen an den Gesamtkosten bei der eigentlichen Erstellung eines Kostenträgers (Dienstleistungen) beteiligt sind, notwendig. Die Kosten pro Kostenträger können als Einheits- oder Periodenrechnung ermittelt werden.

	Kostenartenrechnung →	Kostenstellenrechnung →	Kostenträgerrechnung →
perioden-bezogen	Welche Kosten? Welche Höhe? Abgrenzung Aufwand/Kosten Kostengliederung nach verschiedenen Gesichtspunkten	Wo? Ort: Leistungsbereich mit Kostenverursachung	Wofür? Kostenträgerzeitrechnung Leistungsart z.B. Operationsart XY Pflegeklasse I
einheits- oder auftrags-bezogen			Wofür? Kostenträgerstückrechnung = Kalkulation Patient, evtl. homogene Patienten-/Fallgruppe oder Pflegetag bei Budgetabrechnung
		Prozesskosten-rechnung →	
prozess-bezogen		Überwälzen der Gemeinkosten leistungsunterstützender Kostenstellen über verursachungsgerechte Prozesse	

b) Leistungsrechnung

Der Kostenrechnung steht die Leistungsrechnung, in der der Wertzuwachs aufgrund betrieblicher Tätigkeit (Output des Betriebes) als Einheits- oder Periodenrechnung ermittelt wird, gegenüber.

Betriebsbuchhaltung / -abrechnung				
Kostenrechnung Stufe	Sachgebiete			Leistungsrechnung
1.	Kostenarten-rechnung			
2.	Kostenstellen-rechnung			
3.		Prozesskos-tenrechnung		
4.	Kostenträger-rechnung			
4.1.	Kostenträger-zeitrechnung		periodenbezogen	Erlöse der Periode
4.2.	Kostenträger-stückrechnung		einheits-/auftrags-bezogen	Stückerlöse / Preis
Kalkulatorischer Erfolg oder Kalkulatorisches Ergebnis oder Betriebsergebnis				

5. Kosteneinflussgrößen

Im vorherigen Kapitel ging die Kostenermittlung von den Werten der Finanzbuchhaltung aus und ergab erst im letzten Schritt der Abgrenzung die eigentlichen Kosten. Natürlich ist es auch möglich, die Kosten über **Kostenanalyse** (Stücklisten, Arbeitskarten etc.) zu ermitteln. Ziel ist es, die Gesamtkosten einer Leistungsart (Los, Sorte etc.) fest zu halten.

Folgende Überlegungen sind dazu erforderlich:
- Zunächst werden die Kosten in ihrer Höhe von der Betriebsgröße, welche wiederum Auswirkung auf Leistungsprogramme und Faktorausstattung hat, beeinflusst.
- Unterschiedliche Leistungsprogramme haben unterschiedliche Kosten zur Folge (z.B. Einzeloperationen oder Serienoperationen).
- Natürlich wirkt sich die (Leistungs-)Faktorausstattung oder auch die Faktorqualität auf die für die Erstellung der Leistung erforderlichen Kosten aus.

Die vorgenannten Größen beeinflussen letztlich die folgenden Faktoren:

a) Faktoreinsatzmenge
b) Faktorpreis
c) Beschäftigungsmenge

- Die Faktoreinsatzmenge bezieht sich auf den tatsächlichen Einsatz aller Leistungsfaktoren.

- Faktorpreise sind abhängig von vielen Situationen, so von Abnahmemenge, Marktsituation des Anbieters und des Nachfragers usw. Sie beziehen sich jeweils auf eine Einheit eines Faktoreinsatzes.

- Unter Beschäftigung versteht man die tatsächliche Ausnutzung der Leistungskapazität, ausgedrückt in Form des Kapazitätsausnutzungsgrades (Ist-Ausnutzung : Maximalkapazität in Prozent). Die Beschäftigungsmenge ist die tatsächliche Ausnutzung in absoluten Werten, gemessen in Stunden oder Output etc.

- Die Summe aller Leistungen aus
             Faktoreinsatzmenge * Faktorpreis
aller Einsatzfaktoren ergibt die Kosten pro Leistungseinheit, diese wiederum multipliziert mit der Beschäftigungsmenge ergeben die Gesamtkosten einer Leistungsart.

Die soeben aufgestellte Gleichung

Beschäftigungsmenge $\times$ **Σ(Faktoreinsatzmenge $\times$ -preis) = GESAMTKOSTEN**

findet in der Untersuchung der Ist-, Normal- und Plankosten noch weiter gehende Anwendung.

II. Kostenrechnungssysteme

1. Einführung in die Problematik

Im I. Kapitel (Grundlagen) ist bereits erläutert worden, dass die Dokumentation und Information zur Kontrolle und Planung wichtige Ziele der Kosten- und Leistungsrechnung sind. Bisher sind hierzu Begriffe, Definitionen und Gliederung dieses Teilgebietes des Rechnungswesens erläutert worden.

Nunmehr soll in diesem Kapitel besprochen werden, in welchem **Umfang** die Kosten und Leistungen verrechnet werden und welchen **Zeitbezug** Kontroll- und Planungsoperationen von Kosten und Leistungen haben. Die folgenden Kostenrechnungssysteme sind zwar bestimmt von **Kostenbegriffen**, sie gelten aber ebenfalls für die **Leistungsseite**.

2. Umfang der Kostenverrechnung

Die Kosten- und Leistungsrechnung als Teilgebiet der Betriebswirtschaft beinhaltet auch die verschiedenartigsten Auffassungen über die Kostenberücksichtigung (-verrechnung). In Abhängigkeit von der Aufgabe ergeben sich verschiedene Rechnungssysteme, da **alle** Aufgabenstellungen nicht mit demselben System zu lösen sind.

a) Vollkostenrechnung

Wie dem Namen zu entnehmen ist, werden hier die gesamten („vollen") Kosten verrechnet. Es werden also alle **Kostenarten** berücksichtigt, sowohl fixe als auch variable Kosten. Ausgangspunkt ist die Kostenartenrechnung, von deren Erfassung ab eine „Überwälzung" der Einzelkosten (direkt) und der Gemeinkosten (indirekt über Kostenstellenrechnung) auf den/die Kostenträger erfolgt.

b) Teilkostenrechnung

Im Gegensatz zur Vollkostenrechnung geht die Teilkostenrechnung vom Erlös der einzelnen Leistungen bzw. Produkte aus und verrechnet nur Teile (produktionsabhängige, der Produktion direkt zurechenbare = variable Kosten) der Gesamtkosten.

c) Vergleich von Voll- und Teilkostenrechnung

Aus der unterschiedlichen Rechnung ergeben sich unterschiedliche Ergebnisse, die jedoch jeweils verschiedenen Informationserfordernissen gerecht werden. So ist z.B. für die Frage nach der Höhe der Selbstkosten die Vollkostenrechnung und für die Ermittlung des Bruttoergebnisses (verbleibender Erlös zur Deckung der fixen Kosten) die Teilkostenrechnung relevant.

Ein kurzes Beispiel soll schon jetzt zeigen und ein Gefühl dafür vermitteln, dass nicht alle Kostenarten berücksichtigungsfähig in Bezug auf betriebswirtschaftliche Entscheidungen sind.

Beispiel

Ein Betrieb stellt ein Erzeugnis her:

Kosten, variabel	€ 24,– /Stück
Kosten, fix	€ 10,– /Stück
Selbstkosten	€ 34,– /Stück
Erlös	€ 45,– /Stück

Dem Betrieb wird ein zusätzlicher Auftrag (welcher mit dem Fixkostenpotential realisierbar ist) für € 30,–/Stück angeboten.

Ergebnis:
Für den Vollkostenrechner kann die Entscheidung über die Annahme des zusätzlichen Auftrages nur „NEIN" lauten, da die Selbstkosten unterschritten würden.
Der Teilkostenrechner sieht jedoch nur variable Kosten, die durch die größere Beschäftigung hervorgerufen würden, als maßgeblich an, denn die fixen Kosten würden weiterhin konstant bleiben. Von dem Erlös von € 30,– je Stück verblieben demnach noch € 6,– je Stück als „Mehr"-Gewinn.

3. Zeitbezug der Kosten

Bezüglich des Zeitbezugs werden Ist-, Normal- und Plankosten unterschieden.

a) Istkosten

Istkosten stellen die tatsächlichen Kosten der vergangenen Perioden, die jedoch aufgrund von einmaligen oder zufälligen (außergewöhnlichen) Ereignissen beeinflusst wurden, dar. Sie sind ausschließlich vergangenheitsbezogen und beinhalten die bereits im - Kapitel „Kosteneinflussgrößen" - genannten Faktoren:

Ist-Faktoreinsatz × Ist-Faktorpreis × Ist-Beschäftigung = Istkosten I

Die Istkosten, die sich aus diesem Produkt ergeben, liefern jedoch wenig Möglichkeit des Vergleichs mit Vorperioden, da die Veränderung der Gesamtkosten aufgrund der Veränderungen aller Faktoren gleichzeitig entstanden sein können. Aus diesem Grund versucht man durch Einführung konstanter Größen die Faktoreinsatzmenge (pro Faktor) zu isolieren - sie ist die am ehesten beeinflussbare Größe und für die Produktivität ausschlaggebend -, um dann ihre Beziehung zu den Gesamtkosten pro Faktor zu untersuchen.

Es ergeben sich dadurch die folgenden weiteren Istkostenberechnungen:

Ist-Faktoreinsatz × Verrechnungspreis × Ist-Beschäftigung =
Istkosten zum Verrechnungspreis

Ist-Faktoreinsatz × Verrechnungspreis × verrechnete oder Normalbeschäftigung =
Istkosten zum Verrechnungspreis und zur
verrechneten oder Normalbeschäftigung

Verrechnungspreis ist der Durchschnittspreis mehrerer vergangener Perioden unter Berücksichtigung zukünftiger Erwartungen, der aus Gründen der Vergleichbarkeit für eine oder mehrere Folgeperiode(n) Gültigkeit hat. Die verrechnete oder Normalbeschäftigung entspricht in diesem Zusammenhang der normalen Auslastung.

Mit der isolierten Faktoreinsatzmenge lassen sich dann Kontrollrechnungen bezüglich des Verhältnisses Faktoreinsatzmenge zu Gesamtkosten/Faktor aufstellen, die wiederum Aufschluss darüber geben, ob die Veränderung der Einsatzmenge die Veränderung der Gesamtkosten rechtfertigt.

Die drei Möglichkeiten der Istkostenermittlung erlauben Ist-Ist-Vergleiche mit den Istkosten der Vorperiode(n), beinhalten jedoch immer noch die Zufällig- und Einmaligkeiten; eine Aussage über den wirtschaftlichen Einsatz der Produktionsfaktoren ist aufgrund fehlender Sollgrößen weiterhin unmöglich.

b) Normalkosten

Um die Zufälligkeiten herauszurechnen (besser gesagt, zu glätten) werden in der Normalkostenrechnung Durchschnittsgrößen verwendet, d.h.:

ø-Ist-Faktoreinsatz × ø-Ist-Faktorpreis × ø-Ist-Beschäftigung = Normalkosten

Analog zur Istkostenrechnung können, um ebenfalls bessere Vergleichsmöglichkeiten zu bieten, Verrechnungsgrößen einfließen:

ø-Ist-Faktoreinsatz × Verrechnungspreis × ø-Ist-Beschäftigung =
Normalkosten zum Verrechnungspreis

ø-Ist-Faktoreinsatz × Verrechnungspreis × verrechnete oder Normalbeschäftigung =
Normalkosten zum Verrechnungspreis und zur
verrechneten oder Normalbeschäftigung

Wie man erkennen kann, handelt es sich bei den Normalkosten wie bei den Istkosten um vergangenheitsbezogene Werte, die auch nur den periodeninternen Normal-Ist-Vergleich erlauben. Sie beinhalten weiterhin Unwirtschaftlichkeiten, welche in der zukunftsorientierten Plankostenrechnung durch Ermittlung von Sollkosten und den Soll-Ist-Vergleich aufgedeckt werden können.

c) Plankosten

Die Plankostenrechnung basiert auf dem analytisch ermittelten, erwarteten Werteverzehr einer zukünftigen Abrechnungsperiode (Planungsperiode).

Zur Ermittlung der Plankosten werden Berechnungen, Verbrauchs- und Zeitstudien sowie methodisch gesicherte Schätzungen oder auch lediglich Offertanfragen an die Lieferanten für den kommenden Zeitraum herangezogen. Selbstverständlich gehört zur Mengenplanung auch die Stücklistenauflösung und Arbeitsplanzerlegung, welche zur Plankostenermittlung im Bereich der Einzelkosten sehr gute Ansätze bietet.

Mit Hilfe der Größen der Plankostenrechnung sind Preis-, Verbrauchs- und Beschäftigungsabweichungen ermittelbar. Hierbei werden Überschreitungen der geplanten Kosten als Unterdeckung und Unterschreitungen als Überdeckung bezeichnet. Dazu bedarf es der folgenden Rechenschritte:

Ist-Faktoreinsatz × Plan-Faktorpreis × Ist-Beschäftigung = Istkosten II oder

Istkosten zum Planpreis

\- Ist-Faktoreinsatz × Ist-Faktorpreis × Ist-Beschäftigung = Istkosten I

= Preisabweichung

Istkosten II < Istkosten I = Unterdeckung
Istkosten II > Istkosten I = Überdeckung

Plan-Faktoreinsatz × Plan-Faktorpreis × Plan-Beschäftigung = Plankosten
\- Plan-Faktoreinsatz × Plan-Faktorpreis × Ist-Beschäftigung = Sollkosten

= Beschäftigungsabweichung

Plankosten < Sollkosten = Unterdeckung
Plankosten > Sollkosten = Überdeckung

Plan-Faktoreinsatz × Plan-Faktorpreis × Ist-Beschäftigung = Sollkosten
\- Ist-Faktoreinsatz × Plan-Faktorpreis × Ist-Beschäftigung = Istkosten II

= Verbrauchsabweichung

Sollkosten < Istkosten II = Unterdeckung
Sollkosten > Istkosten II = Überdeckung

Auf diese vorstehend dargestellte Art und Weise ergeben sich vielfältige Möglichkeiten der Kostenkontrolle.

Besonders soll in diesem Zusammenhang auf die Möglichkeit der Budgetierung als Mittel der Kostenkontrolle hingewiesen werden, die auf Basis der Plan- bzw. Sollkosten bestens zur Kostendämpfung geeignet ist.

Beispiel

Gegebene Fakten:

Plan-Faktoreinsatzmenge:	2,8 Liter	Ist-Faktoreinsatzmenge:	3,0 Liter
Plan-Faktorpreis:	2,10 €/Liter	Ist-Faktorpreis:	2,-- €/Liter
Plan-Beschäftigung:	12.000 Stück	Ist-Beschäftigung:	10.000 Stück

Plankosten:	2,8×2,10×12.000 =	70.560,– €
Istkosten I:	3,0×2,– ×10.000 =	60.000,– €
Plankosten - Istkosten I:	=	10.560,– €

Gesamtabweichung = Überdeckung

Sollkosten:	2,8×2,10×10.000 =	58.800,– €
Istkosten II:	3,0×2,10×10.000 =	63.000,– €
Sollkosten - Istkosten II:	=	- 4.200,– €

Verbrauchsabweichung = Unterdeckung

Plankosten - Sollkosten:	=	11.760,– €

Beschäftigungsabweichung = Überdeckung

Istkosten II - Istkosten I:	=	3.000,– €

Preisabweichung = Überdeckung

	Verbrauchsabweichung	- 4.200,– €
+	Preisabweichung	3.000,– €
+	Beschäftigungsabweichung	11.760,– €
=	Gesamtabweichung	10.560,– €

4. Systemzusammenhang

Nachdem die Einzelheiten der Kostenrechnungssysteme erläutert wurden, soll nun noch abschließend auf den Systemzusammenhang eingegangen werden:

Jedem der beiden oben benannten Verrechnungsverfahren lassen sich die Verfahren der Zeitbezüge zuordnen. Ein Verrechnungsverfahren lässt sich nur unter einem Zeitbezug betrachten. So gibt es Istkosten auf Vollkostenbasis oder Plankosten auf Teil- oder Vollkostenbasis.

Der Anwender der Kosten- und Leistungsrechnung kann zudem in Abhängigkeit von der Aufgabe und Fragestellung alle Elemente des Systems nutzen; jedenfalls schließt die Anwendung der Vollkostenrechnung nicht die Teilkostenrechnung aus, und auch nicht umgekehrt.

Das nachstehende Schema soll noch einmal die vorhergegangenen Ausführungen auf einen Blick verdeutlichen:

Kostenrechnungssysteme				
Zeitbezug			Umfang der Verrechnung	
Istkosten	Normalkosten	Plankosten	Vollkosten	Teilkosten
tatsächlicher Wertverzehr	Durchschnitts-werte aus Ver-gangenheit	erwarteter Wertverzehr	überwälzen aller Kosten	Verrechnung produktions-abhängiger Kosten - variable Kosten
Ist-Ist-Vergleich 2 Perioden	Normal-Ist-Vergleich 1 Periode	Plan-Ist-Vergleich 1 Periode mit Sollkosten	Vollkosten-information	Teilkosten-information

III. Kostenartenrechnung und Erfassung von Leistungen

1. Einführung in die Problematik

Die Erfassung der Kosten und Leistungen beruht auf dem Verständnis für **betriebs-wirtschaftliche** Vorgänge, auf dem Wissen um den Werteverzehr bzw. Wertezuwachs und auf der richtigen Einordnung der Fälle im kostenrechnerischen Sinn. Dazu soll im folgenden das Handwerkszeug geliefert werden, obwohl es für den kostenrech-nerischen Ansatz keine rechtsgültigen Regelungen gibt. Die genannten Verfahren stel-len lediglich eine Zusammenfassung vorherrschender Methoden dar.

Unter **Kosten** versteht man daher genauer definiert sämtlichen Verzehr bzw. die zeitli-che Beanspruchung von Leistungsfaktoren einer Periode zum Zwecke der Leistungs-erstellung, mengenmäßig erfasst, bewertet zu **betriebswirtschaftlichen Ansätzen**.
Leistungen sind sachzielorientierte Zuwächse aufgrund betrieblicher Tätigkeit (Leis-tungserbringung) einer Periode, mengenmäßig erfasst, bewertet zu **betriebswirt-schaftlichen Ansätzen**.
In der neueren Literatur wird Leistung häufig als Mengenzuwachs (Output) verstanden. Der Wertzuwachs wird dann Betriebsertrag genannt.

Ziel der **Kostenrechnung** ist die genaue Ermittlung dieses betrieblichen Werteve-zehrs, dessen Zuordnung zu einzelnen (betrieblichen) Orten der Kostenentstehung und die möglichst genaue Verrechnung auf die einzelnen Kostenverursacher (Kosten-träger) unter Berücksichtigung wirtschaftlicher Gesichtspunkte. Dieser Zuordnung in der Kostenstellenrechnung und Verrechnung in der Kostenträgerrechnung muss die Erfassung logisch vorausgehen. Daher bildet die Kostenartenrechnung, deren Aufgabe die Erfassung aller Kostenarten ist, die erste Stufe der Abrechnungsfolge:

1. Kostenartenrechnung
       → 2. Kostenstellenrechnung bzw.
              → 3. Kostenträgerrechnung

Der Grad der Genauigkeit, Vollständigkeit und Aktualität ist eng an die Informationsbe-dürfnisse geknüpft. Er unterliegt der Wirtschaftlichkeit, welche die genaueste Erfassung jedes einzelnen Verbrauchs (Verzehrs) in einigen Fällen nicht rechtfertigt. In diesen Fällen, oder auch, wenn der Verbrauch im Einzelnen nicht messbar ist, erfolgt die Festlegung von Erfahrungs- bzw. Durchschnittswerten.

Die **Kostenartenrechnung** beschäftigt sich mit der Fragestellung: „Welche Kosten sind angefallen?". Ausgangspunkt der Überlegungen sind die Aufwendungen der Finanzbuchhaltung. Aus diesen werden die Kosten ausgegrenzt, und diese werden dann gegebenenfalls unter betriebswirtschaftlichen Aspekten ergänzt. Zudem wird die betriebswirtschaftlich sinnvolle Höhe der Verbrauche ermittelt.
In einem zweiten Schritt werden dann die Kosten nach verschiedenen Gesichtspunkten in sinnvolle Gruppen zur weiteren o.a. Zuordnung auf Kostenstellen usw. aufgeteilt.
Die **Erfassung der Leistungen** beschäftigt sich mit der Fragestellung: „Welche Leistungen sind angefallen?". Ausgangspunkt sind die Erträge der Finanzbuchhaltung. Aus diesen werden die Leistungen ausgegrenzt und gegebenenfalls ergänzt. Weiter wird die betriebswirtschaftlich sinnvolle Höhe ermittelt.
Eine Gruppierung der Leistungen nach Produktarten wurde in der Regel ebenfalls von der Finanzbuchhaltung vorweggenommen.

Eine Umwandlung von den finanzbuchhalterischen Erfolgsgrößen in betriebswirtschaftliche hat zwei wesentliche Gründe:

Da, z.B. wegen der Ungewissheit zukünftiger Vorfälle, ein sachlich und zeitlich auf die Lebensdauer der Unternehmung gerichtetes Planen nicht möglich ist, muss ein sachlich und zeitlich begrenztes Planen erfolgen. Durch das Unternehmensgeschehen ist es jedoch nicht zu vermeiden, dass Maßnahmen und Konsequenzen periodenübergreifend anfallen, z.B. Zahlungen nach der betrachteten Periode vorliegen. Das führt in der Konsequenz dazu, dass bei einer Periodenbetrachtung des Unternehmensergebnisses die Erfolge der Finanzbuchhaltung aussagekräftiger sind als noch zu erwartende Zahlungen. In Abhängigkeit von ihrer Aufgabe gilt es, die entsprechenden Vermögensmassen und ihre Veränderungen durch Strömungsgrößen darzustellen.

Während **Auszahlung, Ausgabe, Einzahlung und Einnahme** vor allem auf die Ebene der Investition, Finanzplanung und Liquiditätsrechnung beziehen, wird der **Aufwand** und **Ertrag** der Unternehmung in der Finanzbuchhaltung erfasst. Diese Erfassung erfolgt zur Information Dritter einheitlich aufgrund gesetzlicher Bestimmungen.

Die Periode der Information über betriebliche Dinge ist jedoch noch kurzfristiger. Außerdem steht hier zur eigenen genauen Information das betriebswirtschaftliche Empfinden im Vordergrund. Aufwendungen und Erträge müssen also in die Strömungsgrößen **Kosten** und **Leistungen** umdefiniert bzw. um weitere ergänzt werden, die die genannten Aspekte berücksichtigen.

Die Periode in der Kosten- und Leistungsrechnung kann aufgrund kurzfristig benötigter Informationen ein Vierteljahr, besser einen Monat betragen. Man findet auch schon Perioden von jeweils vier Wochen (durchschnittlich hat der Monat 4,33 Wochen).

2. Abgrenzung zwischen Finanzbuchhaltung und Betriebsbuchhaltung

2.1. Aufwendungen und Kosten

Ausgangspunkt für diese Untersuchung sind die Auszahlungen der Periode (diese muss nicht identisch mit dem Wirtschaftsjahr der Finanzbuchhaltung sein). Diese Auszahlungen sind, um die Ausgaben der Periode zu erhalten, wie folgt zu korrigieren:

AUSZAHLUNGEN DER PERIODE	A U S G A B E D E R P E R I O D E

- Auszahlungen für Ausgaben der Vor- und Folgeperiode
 	
  z.B. - Begleichung von Verbindlichkeiten der Vorperiode
  - Anzahlungen auf erwartete Leistungen in der Folgeperiode	

+ Geldwert für Güterzugänge der laufenden Periode, die jedoch in der Vor- bzw. Folgeperiode zur Auszahlung führten, bzw. führen.
 	
  z.B. - Kauf von Lebensmitteln auf Ziel
  - geleistete Anzahlungen in der Vorperiode	

In den Ausgaben der Periode sind jedoch noch Aufwendungen enthalten, die die betrachtete Periode nicht betreffen bzw. **keine** Auswirkung auf den Erfolg haben (rein finanzwirtschaftliche Ausgaben). Um die Aufwendungen der lfd. Periode zu isolieren, ergibt sich das nun dargestellte Schema:

AUSGABEN DER PERIODE	A U F W A N D D E R P E R I O D E
- a) transitorische Rechnungsabgrenzungsposten auf Folge- periode (Ausgabe jetzt, Aufwand später) b) Ausgaben ohne Auswirkungen auf den Erfolg (rein finanzwirtschaftlich) z.B. a) Mietvorauszahlung für Folgeperiode b) Darlehensrückzahlung oder Kauf von nicht abnutzbaren Gütern	
+ a) transitorische Rechnungsabgrenzungsposten der Vorperiode (Ausgabe Vorperiode, Aufwand laufende Periode) b) antizipative Rechnungsabgrenzung auf die Folgeperiode z.B. a) Mietvorauszahlung für laufende Periode in Vorperiode b) Mietaufwand der laufende Periode, für den die Ausgabe erst in der Folgeperiode erfolgt	

Diese eben aufgeführten Strömungsgrößen sind schon im Rahmen der Finanzbuchhaltung erläutert worden. Die eigentliche Kosten-Abgrenzung soll mittels des bekannten Balkendiagramms erfolgen:

Neutraler Aufwand a) betriebsfremd b) periodenfremd c) außerordentlich Konten-Gr. 90 - IKR Konten-Gr. 87 - An- lage 4 KHBV/PBV	Als Kosten verrech- neter Zweckauf- wand Konten- Gr. 92 - IKR Konten-Gr. 89 [*) - An- lage 4 KHBV/PBV	Nicht als Kosten verrechneter Zweck- aufwand Konten-Gr. 91 - IKR Konten-Gr. 87 - An- lage 4 KHBV/PBV	
	Grundkosten Konten- Gr. 92 - IKR Konten-Gr. 89 [*) - An- lage 4 KHBV/PBV	Anderskosten Konten- Gr. 92 - IKR Konten-Gr. 88 - An- lage 4 KHBV/PBV	Zusatzkosten Konten- Gr. 92 - IKR Konten-Gr. 88 - An- lage 4 KHBV/PBV
		KALKULATORISCHE KOSTEN	

[*) Als freie Gruppe in den Anlagen vordefiniert, aber verfahrenstechnisch später sinnvoll.

Wichtig ist hierbei, und deshalb soll es noch einmal wiederholt werden, dass der Begriff „Aufwand" in der Finanzbuchhaltung Anwendung findet und der Begriff „Kosten" zur Kostenrechnung gehört.

In der Finanzbuchhaltung teilen sich die Aufwendungen zunächst in

neutrale Aufwendungen

Zweckaufwendungen

Die **neutralen Aufwendungen** sind entweder nicht für die Realisierung des Betriebszweckes entstanden oder verzerren das „normale", vergleichbare Betriebsergebnis. Sie werden somit nicht in der Kostenrechnung berücksichtigt. Man teilt sie noch in drei verschiedene Arten ein:

außerordentlicher Aufwand

periodenfremder Aufwand

betriebsfremder Aufwand

Die **außerordentlichen Aufwendungen** grenzen zusätzlich zu den außerordentlichen Erfolgen der Kapitalgesellschaften für unübliche Geschäftsvorfälle einer Unternehmung weitere aus.

Diese können zwar durch den Betriebszweck entstanden sein, sie können jedoch insoweit keiner bestimmten Leistung zugerechnet werden bzw. sie würden das normale Betriebsergebnis erheblich beeinflussen, z.B. Verluste aus Anlageverkäufen, Währungsverluste aus betrieblichen Forderungen.

Dagegen sind **periodenfremde Aufwendungen** betriebsbedingte, in ihrer Entstehung nicht in das betreffende Wirtschaftsjahr gehörende Aufwendungen. Es sind die Aufwendungen wie z.B. Gewerbesteuernachzahlungen (Differenz zwischen Rückstellungsbetrag und tatsächlicher Steuerfestsetzung), die entstehungsbedingt im letzten Wirtschaftsjahr liegen. Aufgrund des Bilanzrichtlinien-Gesetzes sind bei den Kapitalgesellschaften diese Aufwendungen nicht mehr von den anderen Aufwendungen getrennt, die entsprechenden Erträge aber in der Kontengruppe „sonstige betriebliche Erträge", zu buchen.

Das „periodenfremde" der periodenfremden Aufwendungen bezieht sich auf die Periode der Finanzbuchhaltung (bei abweichender Kostenrechnungsperiode muss eine weitere rechnerische Verteilung auf die entsprechenden Zeiträume vorgenommen werden. - Diese folgt im Anschluss an die Gegenüberstellung von Aufwand und Kosten). Ein Beispiel hierzu sind Versicherungsbeiträge, die als ein Betrag für das ganze Jahr gezahlt werden, jedoch kostenrechnerisch mehrere Perioden betreffen.

Betriebsfremde Aufwendungen sind, wie der Name schon sagt, Aufwendungen, die nicht dem eigentlichen Betriebszweck der Leistungserstellung dienen und damit auch kostenrechnerisch nicht berücksichtigungsfähig sind. Hierunter fallen z.B. Spenden, Verluste aus Finanzanlagen, Abschreibungen für die vermietete Fabrikhalle etc.

Die **Zweckaufwendungen** werden folgendermaßen unterteilt:

als Kosten verrechneter Zweckaufwand
nicht als Kosten verrechneter Zweckaufwand

Als Kosten verrechnete Zweckaufwendungen – Grundkosten

Als Kosten verrechnete Zweckaufwendungen stimmen in Art und Höhe mit den **Grundkosten** der Kostenrechnung überein.

Anderskosten

Die oben aufgeführten Zweckaufwendungen entsprechen zwar der Art nach den **Anderskosten** der Kostenrechnung, in der Höhe jedoch nicht. Hier kommt die Bewertung zu betriebswirtschaftlichen Ansätzen zum Tragen. Der tatsächliche Verbrauch entspricht in der Höhe oft nicht den aufgrund gesetzlicher Bestimmung ansetzbaren Größen. Um für die Kostenermittlung eine Angleichung an die tatsächlichen Gegebenheiten vorzunehmen, werden Anderskosten erfasst. Anderskosten sind Bestandteil der kalkulatorischen Kosten. Auch hier kann eine periodengerechte (Kostenrechnungsperiode) Abgrenzung erforderlich werden, z.B. bei den kalkulatorischen Abschreibungen.

Zusatzkosten

Während den o.g. Größen noch Ausgaben zu Grunde liegen, handelt es sich bei den so genannten **Zusatzkosten** um kalkulatorische Kosten **ohne** Ausgabe. Ihrer Erfassung liegt der Gedanke zugrunde, dass bei Wahrnehmung günstigerer Gelegenheiten (engl.: opportunity) ein Erfolg erwartet werden kann. Aus dem Entgang dieses Erfolgs leiten sich die Zusatzkosten ab (Opportunitätskosten). Typische Beispiele für Zusatzkosten sind der kalkulatorische Unternehmerlohn (Einsatz der Arbeitskraft für andere Gelegenheiten würde eine Bezahlung zur Folge haben) oder kalkulatorische Eigenkapitalzinsen (eine anderweitige Anlage des in die Unternehmung investierten Kapitals würde Zinsen bringen). Die Gründe für die Berücksichtigung von Zusatzkosten liegen zum einen darin, das Unternehmen mit anderen vergleichen zu können, die für diese Kosten Ausgaben zu leisten haben (z.B. Geschäftsführergehalt bei der GmbH). Zum anderen liegen sie darin, überhaupt einen Gewinnanteil erwirtschaften zu können. Alle Kosten, außer den Zusatzkosten, haben in irgendeiner Form Ausgaben verursacht. Würde der Verkaufspreis (Selbstkosten) lediglich auf Basis der Grund- und Anderskosten kalkuliert, wären lediglich die Ausgaben gedeckt; die Substanzerhaltung der Unternehmung wäre gesichert. Es soll jedoch auch etwas verdient werden. Das folgende Beispiel soll zeigen, dass dieses nur über Zusatzkosten realisierbar ist:

	Grundkosten:	10,– €/ Stück
+	Zusatzkosten:	5,– €/ Stück
=	Stückkosten (k):	15,– €

	Verkauf:	1000 Stück
	Preis:	Stückkosten (k)

	Erlöse:	15.000,– €	
-	Zweckaufwand:	10.000,– €	
=	Gewinn:	5.000,– €	= Zusatzkosten * Menge

Das obige Schema kann jetzt vervollständigt werden:

AUFWENDUNGEN DER PERIODE	K O S T E N D E R P E R I O D E

- neutrale Aufwendungen
   a) betriebsfremd
   b) periodenfremd
   c) außerordentlich
 	
- kostenrechnungsperiodenfremde Aufwendungen	

+/- Anderskosten, d.h. Umbewertung des Verzehrs von Produktionsfaktoren nach betriebswirtschaftlichen Ansätzen + Kosten, die in anderer Kostenrechnungsperiode Aufwand waren	
+ Zusatzkosten, d.h. Kosten ohne Ausgabe	

2.2. Erträge und Leistungen

Im Folgenden soll nun, analog zum Begriff „Kosten", das Schema zwecks Korrektur der Einzahlungen der Periode bis hin zum Betriebsertrag (=Leistung) entworfen werden. Da es sich hierbei im Wesentlichen um eine der Kostenabgrenzung ähnliche Form handelt, wird auf einen weiter gehenden Kommentar verzichtet und nur auf Unterschiede hingewiesen.

EINZAHLUNGEN DER PERIODE	E I N N A H M E D E R P E R I O D E
- a) Einzahlungen der Periode für Forderungen aus der Vorperiode b) erhaltene Anzahlungen für Güterlieferungen der Folgeperiode	
+ Geldwert für Dienstleitungen der laufenden Periode, die erst in der Vor- bzw. Folgeperiode zur Einzahlung führten bzw. führen z.B. - In-Rechnung-Stellung einer Behandlung - erhaltene Anzahlung in Vorperiode	

Erhebliche Unterschiede zu den bei der Abgrenzung Aufwand und Kosten dargestellten Korrekturen ergeben sich lediglich bei den Einnahmen der Periode, wobei die Patienten in Behandlung und aktivierten Eigenleistungen (z.B. medizinische Geräte) einbezogen werden.

EINNAHMEN DER PERIODE	E R T R A G
+ a) Geldwert (Herstellungskosten) aktivierter Eigen- leistungen (medizinische Greäte - keine Einnahme) b) Zugänge an unfertigen Erzeugnissen (Patienten in Behandlung - bei Bestandsmehrung)	D E R
- a) rein finanzwirtschaftliche Einnahmen b) Abgänge an unfertigen Erzeugnissen (Patienten in Behandlung - bei Bestandsminderung)	P E R I O D E

Auch hier wieder zur weiteren Erläuterung das Balkendiagramm:

Neutraler Ertrag a) betriebsfremd b) periodenfremd c) außerordentlich Konten-Gr. 90 IKR Konten-Gr. 86 An- lage 4 KHBV/PBV	Als Leistung ver- rechneter Betriebs- ertrag Konten-Gr. 92 IKR Konten- Gr. 89[*) An- lage 4 KHBV/PBV	Nicht als Leistung verrechneter Be- triebsertrag Konten-Gr. 91 IKR Konten- Gr. 86 An- lage 4 KHBV/PBV	
	Betriebsertrag = „Grund"-Leistung z.B. Erlöse Konten-Gr. 92 IKR Konten- Gr. 89[*) An- lage 4 KHBV/PBV	Betriebsertrag = „Anders"- Leistung z.B. Lagerzugänge Konten-Gr. 92 IKR Konten- Gr. 88[*) An- lage 4 KHBV/PBV	„Nur-„ Betriebsertrag = „Zusatz"-Leistung z.B.originäre imma- terielle Güter Konten-Gr. 92 IKR Konten-Gr. 88[*) An- lage 4 KHBV/PBV

[*) Als freie Gruppe bzw. Zuordnung nicht vordefiniert, aber verfahrenstechnisch im Zweikreissystem sinnvoll.

Wie zu sehen ist, entsprechen sich die Abgrenzungen Aufwand / Kosten und Ertrag / Leistung sowohl in der Betrachtung der neutralen als auch der betriebsbedingten Erfolgskomponenten.

Der Vollständigkeit halber wird nunmehr das Schema komplettiert:

ERTRAG DER PERIODE	B E T R I E B S E R T R A G	L E I S T U N G
- neutrale Erträge a) betriebsfremd b) periodenfremd c) außerordentlich	=	
+/- Umbewertungen aufgrund betriebswirtschaftlicher Ansätze		
	d. Periode	

2.3. Gesetzlicher Kostenbegriff und gesetzliche Stellung der Kosten- und Leistungsrechnung im Rechnungswesen

Der in der KHBV und PBV genutzte Kostenbegriff weicht allerdings von der oben dargestellten betriebswirtschaftlichen Definition ab.

Nach § 8 KHBV und PBV sind die Kosten nachprüfbar aus der (Finanz-)Buchhaltung herzuleiten. Dieser Kostenbegriff entspricht also z.B. im Bereich der Krankenhäuser - bis auf wenige Ausnahmen bei der Ermittlung der pauschalierten Entgelte und krankenhausindividuellen Basispflegesätze, oder bei nicht bzw. nur teilweise geförderten Institutionen - den **Zweckaufwendungen.**
Er ist nur insoweit mit unseren Grundkosten identisch, wie es sich um betriebswirtschaftliche Verzehre in Zahlungshöhe handelt (Zweckaufwand = Grundkosten). Man nennt diese Kosten auch **pagatorische Kosten.**

Abrechnungstechnisch ist hier noch zu unterscheiden zwischen den **pflegesatz- bzw. pflegevergütungsrelevanten** Kosten und den nicht zu berücksichtigenden Kosten, wie z.B. Investitionsausgaben oder über den normalen Betrieb hinausgehende Kosten für wissenschaftliche Forschung und Lehre bei Krankenhäusern. Zu den pflegesatzfähigen gehören die Aufwendungen (Kosten) der Kontenklassen 6 und 7; letztere allerdings ohne die Investitionskosten der Kontengruppen 75 bis 77.

Die rechtlich vorgegebenen Zwecke der Kosten- und Leistungsrechnungen ergeben sich aus § 8 KHBV und PBV.

Für beide Institutionsarten gilt als ein Zweck die betriebsinterne Steuerung, wobei keine näheren Angaben über die Art dieser Steuerung gemacht werden.

Ebenfalls für beide Institutionen gilt als Zweck die Beurteilung der Wirtschaftlichkeit und Leistungsfähigkeit.

Während für Krankenhäuser weiter die Ermittlung der pflegesatzfähigen Kosten und die Erstellung der Leistungs- und Kalkulationsaufstellung nach der Bundespflegesatzverordnung mittels der Kosten- und Leistungsrechnung verlangt wird, gilt für Pflegeeinrichtungen als Zweck eine Differenzierung und Abgrenzung der Kosten nach den jeweiligen Betriebszweigen, z.B. bei gemischten (Pflege- / Jugendhilfe) oder mehrgliedrigen Einrichtungen (Pflegeheim / Sozialstation).

Außerdem sollen Kosten und Leistungen Grundlage für die Leistungsnachweise der Pflegeeinrichtungen und der Kur- und Reha-Kliniken sein, die für die Vergütungsverhandlungen Basis sind. Im geförderten Krankenhausbereich dagegen können sie Lenkungsinstrument bezüglich der vorgegebenen DRG-Fallpauschalen - und deren aus der Kostenrechnung zu ermittelnden Zu- und Abschläge - sein.

2.4. Buchungstechnik der Aufwendungen und Kosten

Nach dem Grundprinzip des **Industriekontenrahmens** (IKR) wird die Finanzbuchhaltung getrennt von der Kosten- und Leistungsrechnung in einem ersten Buchungskreislauf abgeschlossen. Die Aufwendungen und Erträge werden dann zur Abgrenzung der Kosten und Leistungen im zweiten Kreislauf der Betriebsbuchhaltung auf gleicher Kontenseite nochmals auf Konten gebucht. Die Gegenbuchung erfolgt auf dem „Betrieblichen Eröffnungskonto". Diese Technik kann auch nach den Kontenrahmen der KHBV und PBV so vorgenommen werden. (Die Vorteile dieser Technik werden später erläutert.)

Wie beim Eröffungsbilanzkonto der Finanzbuchhaltung als Spiegelbild des letzten Schlussbilanzkontos zu Beginn einer Periode ist das betriebliche Eröffnungskonto für alle Erfolge das Spiegelbild der Gewinn- und Verlustrechnung im zweiten Kreislauf.

Anschließend wird die Abgrenzung durchgeführt.

Die Konten werden dann, soweit sie nur die Finanzbuchhaltung berühren (neutrale Erfolge - Kontengruppe 90 IKR / Gruppe 87 Anlage 4 KHBV und PBV - nicht als Kosten oder Leistungen verrechnete Zweckaufwendungen - Kontengruppe 91 IKR / Gruppe 87 Anlage 4 KHBV und PBV - bzw. Erträge - ebenfalls Kontengruppe 90 und 91 IKR / Gruppe 86 Anlage 4 KHBV und PBV) über das **(Betriebs-)Neutrale Ergebniskonto** als Sammelkonto für abzugrenzende, auszugrenzende Erfolge (früher besser: Abgrenzungssammelkonto) abgeschlossen, Kosten und Leistungen über das **Betriebsergebniskonto**. Beide Abschlusskonten wiederum werden auf einem **Gesamtergebniskonto** gesammelt. Der Gewinn oder Verlust dieses Kontos muss dann mit dem Gewinn oder Verlust auf dem Gewinn- und Verlustkonto übereinstimmen.

Bei der Erfassung muss auch darauf geachtet werden, dass Überschneidungsfreiheit und Eindeutigkeit bei der Zuordnung zu einzelnen Konten gegeben ist. Dieses muss durch gezielte und sachgerechte Planung bei der Erstellung des Kontenplanes erfolgen. Außerdem sollte die Kostenerfassung in jedem Fall **vollständig** sein.

Grundkosten werden in der Kontengruppe 92 IKR gebucht oder bei tabellarischer Ermittlung direkt in den Kosten- und Leistungsbereich übernommen. Nach Anlage 4 KHBV und PBV bietet sich hier die nicht vordefinierte Gruppe 89 an.

Sollte zwischen Zweckaufwand und Kosten eine Differenzierung aus betriebswirtschaftlicher (kostenrechnerischer) Sicht erforderlich sein, werden in der Kontengruppe 92 die **Anderskosten** und die bilanziell ansetzbaren Zweckaufwendungen in der Kontengruppe 91 (z.B. bilanzmäßige Abschreibungen) gebucht; entsprechend nach Anlage 4 KHBV und PGV in den Gruppen 88 (kalkulatorische Kosten) und 87 (abgegrenzte Aufwendungen). Diese „Bruttobuchung" ist übersichtlicher als eine „Nettobuchung" (Verrechnung). Der Buchung der Kosten steht das Gegenkonto **des entsprechenden Aufwandes** (hier: bilanzmäßige Abschreibungen) gegenüber. Auch hier ist eine tabellarische Verrechnung in den Spalten „Kostenrechnerische Korrekturen" und „Kosten- und Leistungsbereich" möglich.

Genau wie die Anderskosten werden die **Zusatzkosten** gebucht. Allerdings wird hier für die Gegenbuchung wegen des fehlenden Aufwandskontos ein Verrechnungskonto eingeführt. Aufgrund der gleichen Buchung fasst man Anders- und Zusatzkosten als kalkulatorische Kosten zusammen.

Buchungsbeispiel

Folgendes Buchungsbeispiel soll die vorstehenden Grundsätze noch einmal verdeutlichen:

| Anfangsbestände: | Kasse | € 10.000,– |
| | Einrichtung und Ausstattung | € 10.000,– |

Geschäftsvorfälle:		
	a) Gehaltszahlung bar	€ 6.000,–
	b) Leistungsverwertung bar	€ 30.000,–
	c) bilanzielle Abschreibung	€ 7.000,–
	d) Spende bar	€ 2.000,–
	e) Zinsertrag bar	€ 1.000,–
	f) kalkulatorische Abschreibung	€ 8.000,–
	g) kalkulatorischer Unternehmerlohn	€ 5.000,–

S	Kasse		H		S	Einrichtung und Ausstattung		H
AB	10.000,–	a)	6.000,–		AB	10.000,–	c)	7.000,–
b)	30.000,–	d)	2.000,–				SB	3.000,–
e)	1.000,–	SB	33.000,–			10.000,–		10.000,–
	41.000,–		41.000,–					

S	Gehälter		H		S	Erlöse		H
a)	6.000,–	S	6.000,–		S	30.000,–	b)	30.000,–

S	Abschreibung		H		S	Spenden		H
c)	7.000,–	S	7.000,–		d)	2.000,–	S	2.000,–

S	Zinserträge		H		S	GuV		H
S	1.000,–	e)	1.000,–		Ge	6.000,–	Erl	30.000,–
					Ab	7.000,–	Zi	1.000,–
					Sp	2.000,–		
					EK	16.000,–		
						31.000,–		31.000.–

S = Salden der einzelnen Konten; EK = Eigenkapital

Für die Kosten- und Leistungsrechnung ergibt sich folgende Buchung:

```
S      Betriebliches Eröffnungskonto      H
Erl      30.000,–    Ge          6.000,–
Zi        1.000,–    Ab          7.000,–
                     Sp          2.000,–
                     Gewinn     16.000,–
         ─────────               ─────────
         31.000,–               31.000,–
```

```
S        Gehälter (Gr.92)        H       S         Erlöse (Gr.92)         H
          6.000,– │ S    6.000,–          S   30.000,– │       30.000,–
```

```
S  bilanzielle Abschreibung (Gr.91)  H   S         Spenden  (Gr.90)      H
          7.000,– │ f)     8.000,–                2.000,– │ S     2.000,–
S         1.000,– │
          ─────────        ─────────
          8.000,– │        8.000,–
```

```
S       Zinserträge  (Gr.90)     H       S  kalkulatorische  Abschreibung (92)  H
S         1.000,– │       1.000,–         f)    8.000,– │ S     8.000,–
```

```
S     Unternehmerlohn (Gr.92)    H       S  verrechn.kalkulat.Untern.(Gr.91)  H
g)        5.000,– │ S     5.000,–         S     5.000,– │ g)    5.000,–
```

```
S              NEK               H       S               BEK              H
Sp        2.000,– │ Ab    1.000,–         Ge     6.000,– │ Erl   30.000,–
S         5.000,– │ Zi    1.000,–         Ab     8.000,– │
                  │ verr UL 5.000,–       ULI    5.000,– │
          ─────────        ─────────      S     11.000,– │
          7.000,– │        7.000,–               ─────────        ─────────
                                                 30.000,– │       30.000,–
```

```
S   Betriebliches Abschlusskonto   H
Gewinn   16.000,– │ NEK    5.000,–
                  │ BEK   11.000,–
         ─────────         ─────────
         16.000,– │        16.000,–
```

| | FIBU | | BEBU | | | | (in tausend) | |
	Aufwand	Ertrag	neutral. Aufwand	neutral. Ertrag	Zweckaufwand	Betrieb. Ertrag	Kosten	Leistung
Tabelle								
Gehält.	6						6	
Erlöse		30						30
Spend.	2		2					
Zinsen		1		1				
Abschr.	7				7	8	8	
Unt.Lo.						5	5	
	15	31	2	1	7	13	19	30
Gewinn	16			1	6		11	
	31	31	2	2	13	13	30	30
Gewinn	16		16					

2.5. Zeitliche Abgrenzung der Kosten

Als es in der vorhergehenden Erläuterung der Abgrenzung Kosten und Aufwand erforderlich wurde, auf die Notwendigkeit der zeitlichen Abgrenzung der Kosten auf die entsprechenden Kostenrechnungsperioden hinzuweisen, ist die nun folgende Thematik angekündigt worden:

Genau wie Aufwendungen und Erträge zeitlich aufgrund des Verursachungsprinzips bezüglich einer Finanzbuchhaltungsperiode abzugrenzen sind (transitorische und antizipative Abgrenzung), erfahren Kosten eine ähnliche Behandlung, um der Definition von Kosten als periodenbezogene Größe gerecht zu werden.

Auch hierbei ist der Zeitpunkt der Zahlung entscheidend für die Form der Abgrenzung:

a) Erfolgt die Auszahlung zu Beginn der abzugrenzenden Perioden, werden die entsprechenden Anteile an den einzelnen Perioden mittels interner Verteilungsbelege **nachverteilt** (Nachverteilung):

Beispiel:

a) periodenfremder Aufwand (Gr. 91 IKR, Gr. 87 Anlage 4 KHBV/PBV)

       an Betriebliches Eröffnungskonto

b) Kosten (Gr. 92 IKR, Gr. 89 Anlage 4 KHBV/PBV)

     an verrechnete Anteile periodenfremder Aufwand

       (Gr. 91 IKR, Gr. 87 Anlage 4 KHBV/PBV)

b) Wenn dagegen die Auszahlung am Ende des Verteilungszeitraumes erfolgt, wird entsprechend eine Vorverteilung erforderlich:

Beispiel:

a) Kosten (Gr. 92 IKR, Gr. 89 Anlage 4 KHBV/PBV)

an verrechnete Anteile periodenfremder Aufwand

(Gr. 91 IKR, Gr. 87 Anlage 4 KHBV/PBV)

b) periodenfremder Aufwand (Gr. 91 IKR, Gr. 87 Anlage 4 KHBV/PBV))

an Betriebliches Eröffnungskonto

c) Es kommt jedoch auch vor, dass die Auszahlung innerhalb des Verteilungszeitraumes erfolgt ist / erfolgen wird. Dann sind die Anteile vor der Ausgabe im Wege der Vor- und die Anteile nach der Ausgabe als Nachverteilung zu buchen.

Grundsätzlich muss jedoch noch folgendes zu diesen zeitlichen Kostenabgrenzungen gesagt werden:

1. Wie Ihnen ja bereits bekannt ist, unterscheiden sich Grund- und Anderskosten nur in ihrer Höhe. Aufgrund dieser Tatsache werden aus Grundkosten, die periodengerecht aufgeteilt wurden / werden und damit nicht mehr in ihrer Höhe übereinstimmen, **Anderskosten**. Die **Summe** der einzelnen Anteile entspricht wieder den Grundkosten.
Diese Überlegung ist nur zum Verständnis wichtig, da sie buchungstechnisch und kostenrechnerisch nicht berücksichtigt wird.

2. Bei der Vorverteilung kann der Fall auftreten, dass die Summe der vorverteilten Anteile nicht mit der tatsächlich zu tätigenden Ausgabe übereinstimmt. Hierbei ist es wichtig zu wissen, dass eine nachträgliche Verteilung der Differenz in kostenrechnerischer Hinsicht nicht erfolgt, da vergangene Kostenrechnungsperioden nicht mehr - im Gegensatz zur Finanzbuchhaltung - geändert werden. Diese Differenzen, die auf Planungsfehler (verschuldet oder unverschuldet) zurück zuführen sind, können lediglich für spätere Plankostenermittlungen berücksichtigt werden, die weiterhin auf der Kostenrechnungsperiode (z.B. Monat) basieren und aufgrund dessen ja auch die Veränderung entsprechend berücksichtigen.
Dieses erscheint zunächst für die Kalkulation nachteilig, da ja die **Selbstkostenermittlung** auf Basis unrichtiger Zahlen erfolgte. Aber letztendlich lässt sich für die Verkäufe vergangener Kostenrechnungsperioden nachträglich an den Erlösen sowieso nichts mehr ändern, so dass eine Rückrechnung nur das tatsächliche (vergleichbare) Ergebnis verfälschen würde.

3. Da den Zusatzkosten keine Ausgabe vorausgeht oder folgt, trifft das vorstehende
    Verfahren der periodischen Verteilungsbuchungen nicht zu. Sie werden rein rech-
    nerisch periodengerecht ermittelt und sodann wie bekannt gebucht.

3. Einteilungsgesichtspunkte der Kostenarten

Betrachtet man einmal die Liste der aus der Finanzbuchhaltung entstandenen bzw.
ergänzten Kosten, so fällt auf, dass diese Kosten wie die Aufwendungen nach den
Schwerpunkten „Personal, Sachgüter oder Material, Fremdleistungen, Betriebsmittel
und sonstige" gegliedert sind. Im Vordergrund steht also der **Verbrauch der Leistungsfaktoren** als ursprünglicher Einteilungsgesichtspunkt.

Die so ermittelten Kosten werden wegen dieses ursprünglichen Entstehens als ver-
brauchte Produktionsfaktoren auch als **primäre Kosten** bezeichnet.

Nach dieser Ersterfassung lassen sich die Kosten dann nach der Art der Verrechnung
auf bestimmte Bezugsgrößen oder nach ihrem Verhalten bei Beschäftigungsschwankungen weiter zuordnen. Werden sie aber entsprechend einer betrieblichen Aufgabe
(Funktion) umverteilt und zusammengefasst, entstehen damit andere neue Kostengrößen, bezeichnet als **sekundäre Kosten**. So werden z.B. aus dem Gehalt des Be-
triebsarztes und den Kosten der Arzneimittel usw. sekundäre Sozialkosten.

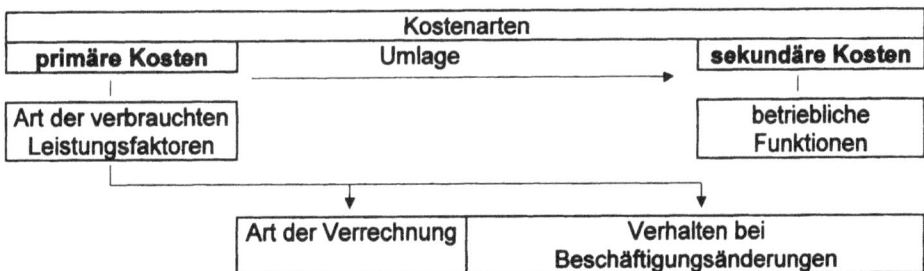

Kostenarten		
primäre Kosten	Umlage ───────────▶	**sekundäre Kosten**
Art der verbrauchten Leistungsfaktoren		betriebliche Funktionen
	Art der Verrechnung	Verhalten bei Beschäftigungsänderungen

Die einzelnen Einteilungsgesichtspunkte werden im Folgenden näher erläutert.

3.1. Art der Verrechnung

a) Direkte Verrechnung

Einzelkosten / Unechte Gemeinkosten

Vom Grundsatz her werden Kosten aufgrund der Verursachung direkt verrechnet. Diese Kosten nennt man **Einzelkosten**, weil die Kostenarten **als einzelne Verzehre** (jede für sich) auf eine Basis berechnet werden. Es handelt sich bei ihnen i.d.R. um ihrer Höhe nach wesentliche Kostenfaktoren. Die Zuordnung der Kostenarten zu den Einzelkosten unterliegt nicht in erster Linie der **Zurechenbarkeit**, sondern der aufgrund der **Wirtschaftlichkeit gerechtfertigten Zuordnung**. Zurechenbare, aber nicht zugerechnete Einzelkosten werden indirekt als **unechte Gemeinkosten** verrechnet.

Sondereinzelkosten

Eine Sonderform der Einzelkosten sind die **Sondereinzelkosten**, bei der sich die direkte Zurechenbarkeit auf den die zusätzlichen Kosten verursachenden Auftrag bezieht. Die Kostenverursachung ist in der individuellen Auftragsbearbeitung begründet, z.B. eine besondere, sonst nicht übliche Leistung für einen Privatpatienten. Wesentliches Merkmal ist, dass Sondereinzelkosten zwar auf den speziellen Verursacher direkt verrechenbar sind, aber grundsätzlich nicht auf den eigentlichen Kostenträger (Leistung, Leistungsart). Einzelkosten sind sie nur für den speziellen Auftrag.

Zu beachten ist jedoch, dass die Bezeichnung „Sonder" bei den Sondereinzelkosten nicht unbedingt mit Begriffen wie z.B. „Sonder-"modell in Übereinstimmung gebracht werden darf.

b) Indirekte Verrechnung

Alle Kosten, die keine Einzelkostenarten sind, werden unter dem Begriff der Gemeinkosten zusammengefasst. Wie der Name schon sagt, werden sie „allgemein - gemeinsam" auf eine Basis bezogen. Die Zuweisung dieser Gemeinkosten als zusammengefasste Gruppen auf Bezugsgrößen erfolgt mit Hilfe von Schlüsseln (indirekt).

Sie sind dadurch gekennzeichnet, dass sie nicht der Basis, z.B. einer einzelnen Leistung, zugerechnet werden können (echte Gemeinkosten). Im weiteren Sinne gehören auch jene Kostenarten dazu, deren Zurechenbarkeit zwar gegeben, aber wirtschaftlich kaum vertretbar ist (s. auch unter Einzelkosten). Hierbei spricht man dann von unechten Gemeinkosten.

Beispiel

Operation am Herzen: kostenträgerbezogen

Einsatzstoffe:
    a) Herzklappe,
       wesentlicher Kostenfaktor der Leistung (Operation: Patient X oder Fallgruppe Y) zurechenbare Größe → **Einzelkosten**

    b) Tupfer und ähnliche Einsatzstoffe,
       unwesentliche Kostenfaktoren, aufgrund wirtschaftlicher und rationaler Überlegungen wird auf die direkte Verrechnung verzichtet → **unechte Gemeinkosten**;

       oder
       Personalkosten, Faden und ähnliche Einsatzstoffe, praktisch kaum zurechenbare Kostengrößen → **echte Gemeinkosten**;

Energie:
       Strom, praktisch kaum zurechenbare Kostengröße, → **echte Gemeinkosten**;

Besonderes
Herzklappenmodell:
    → **Sondereinzelkosten**.

Anmerkung: In der **rechtlichen** periodischen Kosten- und Leistungsrechnung der Krankenhäuser nach KHBV - nicht nach PBV - werden alle Kosten über die Kostenstellen verrechnet, so dass hier Leistungsart-Einzelkosten nicht besonders berücksichtigt werden.

c) Zusammenfassung

In Abhängigkeit von der Zuordnung der Kosten auf das Verrechnungsobjekt kann sich die nebenstehende Systematik ergeben, wobei die Zurechnung nach dem Prinzip des Leistungsbezuges, soweit wirtschaftlich sinnvoll, beim Kostenträger als erster Stufe beginnt und beim Betrieb als letzter Stufe endet. Wie zu erkennen sein wird, ist eine eindeutige Zuordnung der Begriffe Einzelkosten und Gemeinkosten nicht möglich und auch nicht sinnvoll. Vielmehr ist die Beziehung zum Objekt der Verrechnung ausschlaggebend. Zur Ermittlung der Kosten, die durch eine Abteilung verursacht wurden, erscheint es unsinnig, das Gehalt des Abteilungsleiters zuvor auf die Kostenstellen der Abteilung umzulegen, um sie später bei der Addition wieder zusammenzuführen.

	direkte Verrechnung	Beispiele	Mögliche Zuordnung von weiteren Beispielen (Pflege)			
Kostenträger	Kostenträgereinzelkosten	- Implantat	EINZELKOSTEN	GEMEINKOSTEN		
			Personalkosten pro Krankenpflege (Pflegeleist.)	Einwegspritzen	Kfz-Kosten	Miete
Leistungsart	Leistungsarteinzelkosten	- Babynahrungskosten für Säuglingspflege	↓	EINZELKOSTEN	GEMEINKOSTEN	
			↓	Einwegspritzen / häusl. Krankenpflege	Kfz-Kosten	Miete
Kostenstellen (-bereiche)	Kostenstellen einzelkosten	- Personalkosten für ärztlichen Leiter	↓	↓	EINZELKOSTEN	GEMEINKOSTEN
			↓	↓	Kfz-Kosten / KstSt Häusl. Pflege	Miete
Betrieb	Betriebseinzelkosten	- Kosten des Betriebsgebäudes	↓	↓	↓	EINZELKOSTEN
			↓	↓	↓	Miete/Betrieb

3.2. Verhalten bei Beschäftigungsschwankungen

Kosten verhalten sich unterschiedlich zur Variation der Beschäftigung. Im Groben kann man **variable** und **fixe** Kosten unterscheiden.

a) Fixe Kosten

Bei den fixen Kosten besteht im Allgemeinen keine Beziehung zur Beschäftigung. Sie entstehen, um betriebliche Kapazitäten aufzubauen und diese für eine gewisse Zeit aufrechtzuerhalten; man nennt sie auch Bereitschaftskosten, da sie solange in gleicher Höhe bestehen, bis eine Kapazitätsveränderung erfolgt.

Äußerlich sind fixe Kosten in der Regel daran zu erkennen, dass ihre Dimension einen Zeitbezug aufweist (z.B. Versicherungen, Steuern, große Teile der Personalkosten, Instandhaltung und Geräteüberwachung, Miete in **€/Monat**).

Beispiel

Drei Angestellte in einer Abteilung (Dienstleistungsbetrieb)

Gehalt insgesamt:	€ 10.000,–
Leistungen Monat Mai:	für 100 Patienten
Leistungen Monat Juni:	für 10 Patienten
Kosten Monat Mai:	€ 10.000,–
Kosten Monat Juni:	€ 10.000,–

b) Variable Kosten

Variable Kosten sind durch ihre direkte Beziehung zur Beschäftigung (Leistungsmenge etc.) gekennzeichnet. Die Gesamthöhe ist abhängig von der Beschäftigungsmenge. Umgekehrt sind variable Kosten durch Beschäftigungsverringerung direkt abbaubar.
Typische Beispiele hierfür sind Arznei- Heil- und Hilfsmittel, Lebensmittel und Präparate für Laboruntersuchungen oder auch Inkontinenzartikel in der Pflege.
Nach dem Ausmaß der Reaktion der variablen Kosten auf die Beschäftigungsänderung kann man unterschiedliche Verläufe der Kostenfunktion erkennen, wie z.B. degressive, progressive und proportionale oder lineare Kurvenverläufe, die jedoch aus Gründen der sachlichen Zugehörigkeit im später folgenden Bereich der Kostenauflösung behandelt werden.

c) Mischkosten

Mischkosten enthalten sowohl variable als auch fixe Anteile. Z.B. liegt der Stromabrechnung ein Grundbetrag (fix) sowie ein beschäftigungsabhängiger Teil (Verbrauchseinheiten) zugrunde.

d) Zusammenhang

Ob ein Zusammenhang zwischen Einzelkosten und variablen Kosten bzw. Gemeinkosten und fixen Kosten besteht, bedarf einer weiteren Überlegung.

Logisch und auch rein gefühlsmäßig wird sich ein Zusammenhang zwischen Einzelkosten und variablen Kosten bzw. Gemeinkosten und fixen Kosten ohne Schwierigkeiten herstellen lassen.

Jedoch kann durchaus auch ein Zusammenhang zwischen Gemeinkosten und variablen Kosten existieren, z.B. wenn man die unechten Gemeinkosten betrachtet oder den steigenden Stromverbrauch bei höherer Leistung.

Stellt man sich einen Betrieb vor, der nur eine Leistung in Mengen erbringt, dann sind die fixen Kosten, z.B. die Einrichtungs- und Ausstattungsmiete, auch direkt als Einzelkosten (aber als Leistungsart-Einzelkosten) verrechenbar.

Als Grafik stellt sich dieser Zusammenhang bei einer Kostenträgerzuordnung folgendermaßen dar:

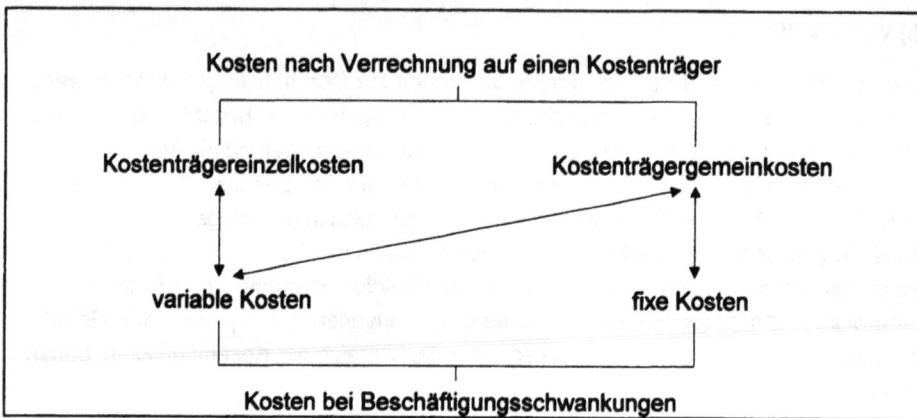

3.3. Art der verbrauchten Leistungsfaktoren

Dieser Verbrauch von Produktions- oder Leistungsfaktoren lässt sich in vier Gruppen (Personalkosten, Sachgüter- oder Materialkosten, Fremdleistungskosten, Betriebsmittelkosten und sonstige) einteilen.

Die Kosten können fast alle Grundkosten, aber auch kalkulatorische Kosten sein. Kalkulatorisch sind i. d. R. häufiger die Betriebsmittelkosten. Sie werden deshalb später auch unter diesem Aspekt erläutert.

Zunächst ist es jedoch wichtig, darauf hinzuweisen, dass es sich bei allen Kostenarten um so genannte **primäre** Kosten handelt. Sie werden deshalb als primär (ursprünglich) bezeichnet, weil sie durch den Verbrauch der von „außen" (von den Beschaffungsmärkten) bezogenen Produktionsfaktoren entstehen.

3.3.1. Personalkosten

Als sehr kostenintensiven Faktor der unternehmerischen Tätigkeit sollen nachfolgend die Personalkosten untersucht werden. Diese machen als Aufwendungen z.B. in Krankenhäusern aufgrund von Statistiken ca. 67% der pflegesatzfähigen Zweckaufwendungen aus. Die Untersuchung erstreckt sich zum einen auf die Analyse des Kostenfaktors sowie auf die kostenrechnerische Sicht der Verrechnungstechnik.

Personalkosten umfassen: **- Löhne und Gehälter**
- gesetzliche Sozialabgaben
- Kosten für die Altersversorgung
- Kosten für Beihilfen und Unterstützungen
- sonstige Personalkosten

Den Löhnen und Gehältern rechnet man auch alle weiteren leistungsbedingten Entgelte wie Überstunden-, Bereitschafts-, Rufbereitschaftsvergütungen, Zeitzuschläge und Vergütungen in Form freier Unterkunft und Verpflegung (Sachbezüge) - auch Gestellungsgelder für Angehörige der Ordensgemeinschaften - zu.

Gehälter und Löhne fallen zum einen im Bereich der **eigentlichen Leistungserbringung** (Patientenversorgung in den Pflegefachbereichen) an. Entsprechend ihrer Beteiligung an dieser eigentlichen Leistungserstellung unterscheidet man **patientenorientierte Gehälter und Löhne** (in der Industrie als Fertigungslöhne bezeichnet). Hierbei wird es sich um wesentliche Kostengrößen handeln, die man dann als **Kostenträger-Einzelkosten** verrechnen sollte.

Die Erfassung der pflegebezogenen Entgelte im Krankenhausbereich lassen über die Abgrenzungen der Pflegepersonalregelung (PPR – 1996 als Pflege-Personalverordnung ausgesetzt) ermitteln. Zur Ermittlung des Bedarfs an Fachpersonal wurden die Leistungen im allgemeinen und speziellen Pflegebereich in Kategorien Grundleistungen, erweiterte Leistungen und besondere Leistungen eingeteilt, mit Zuordnung von durchschnittliche Zeiteinheiten. Die Erfassung erfolgt täglich zur gleichen Zeit im Hauptpatientenbogen. Eine weitere Möglichkeit bietet die Pflegeleistungsmessung mittels LEP®. Es handelt sich hierbei um ein handlungsbezogenes Instrument – Orientierung an den bedürfnisorientierten Pflegemodellen –, dem in der Beschreibung der einzelnen Variablen jeweils Zeitwerte hinterlegt sind (120 Variable in Gruppen von Tätigkeiten). Die kumulierten Pflegezeiten sind dann mit dem entsprechenden Verrechnungssätzen zu multiplizieren.

Für ärztliche Gehälter und Gehälter in Pflegeinstitutionen gibt es keine solchen Vorgaben. Hier müssen die Zeiten selbst erfasst und gemittelt werden, sowie dann mit den Verrechnungssätzen der Ärzte bzw. des Pflegepersonals bewertet werden.

Im Dienstleistungsbereich wird aber auf diese Zurechnung aber auch häufig verzichtet. Grundsätzlich ist jedoch im Einzelfall zu prüfen, ob es sinnvoll ist, Einzelkosten direkt auf Kostenträger zu verrechnen.

Alle anderen Personalkosten, einschließlich der so genannten **Hilfslöhne bzw. -gehälter,** werden als Kostenträger-Gemeinkosten behandelt. Letztere fallen z.B. im Rahmen von Verwaltung, Versorgung (Wäsche und Lebensmittel), Röntgen, Labor, Raumpflege, Hausmeistertätigkeiten an. Sie dienen damit nur mittelbar der Patientenversorgung in den Pflegefachbereichen.

Die folgende Übersicht liefert weitere Informationen zu den Personalkosten.

PATIENTENORIENTIERTE GEHÄLTER UND LÖHNE		HILFSGEHALT BZW. -LOHN	SOZIALKOSTEN UND SONSTIGE PERSONAL-KOSTEN			
PATIENTEN-ORIENTIERTER LOHN	PATIENTEN-ORIENTIERTES GEHALT		GESETZ-LICHE SOZIAL-ABGABEN	WEITERE VERSOR-GUNGEN	FREIWILLI-GE SOZIAL-LEISTUN-GEN	SONSTIGE
aufgrund unmittelbarer Beteiligung am Leistungsprozess	aufgrund unmittelbarer Beteiligung am Leistungsprozess	Vergütungen an Arbeiter bzw. Entgelte an Angestellte aufgrund nur mittelbarer Beteiligung am Leistungsprozess	Grundlage durch Gesetz, Tarif o.ä.	Grundlage sind systemtypische Versorgungsansprüche zur Altersversorgung oder Unterstützungen	Grundlage sind entsprechende Vereinbarungen oder Absprachen in Arbeitsverträgen	liegen meist Veränderungen im Personalbereich zugrunde
Bsp.: - Pflegehelferin	Bsp.: - Pfleger - Ärzte	Bsp.: - Buchhalter - Pförtner - Putzfrau	Bsp.: - AG-Anteile zur Renten-, Kranken-, Arbeitslosen- und Pflegeversicherung - Unfallversicherung	Bsp.: - Beiträge zu Ruhegehalts- und Zusatzkassen, etc. - Ruhegegehälter - Beihilfen, sonstige Unterstützungen	Bsp.: - Anwerbungskosten - Abfindungen
		Akk.-Lo / Zeitlohn			primär / sekundär	
		-Stückakkord -Zeitakkord -Stückprämie / -Lohnsatz ohne Leistungsbezug			-an AN direkt / - an AN indirekt	
					Bsp.: Verpflegungszuschus s / Bsp.: Kindergarten	

**************** G E M E I N K O S T E N *************

***** EINZELKOSTEN *****

Überschneidung: - Wahlmöglichkeit zwischen EK und GK

In der Industrie-Praxis werden häufig unter verrechnungstechnischer Sicht die Begriffe des Fertigungslohnes und des Hilfslohnes verwendet. Zu den Fertigungslöhnen zählen ausschließlich die oben als Einzelkosten gekennzeichneten Löhne und Gehälter, während für die Gemeinkostenlöhne der Begriff des Hilfslohnes verwendet wird.
Innerhalb der o.a. Gruppierungen sind die Personalkosten weiter aufzuteilen nach den **Dienstarten.** Nach Anlage 4 der KHBV sind das unter anderem die Ärztlichen Dienste,

Pflegedienste, Medizinisch-technische Dienste, Wirtschafts- und Versorgungsdienste, Verwaltungsdienste etc.; nach Anlage 4 der PBV unterscheidet man unter anderem die Leitung der Pflegeeinrichtung, Pflegedienste, Hauswirtschaftliche Dienste, Verwaltungsdienste etc.

Wichtig für eine Steuerung des Betriebsgeschehens ist auch eine weitere Trennung der Dienstarten in Kosten der Regelarbeitszeit, Überstunden und Bereitschaftsdienste. So werden Bereitschaften durch die vorhandenen Mitarbeiter geleistet und zusätzlich vergütet. Sie wirken sich also nicht als Personaleinsatz, sondern nur als Wertgröße aus. Da Bereitschaftsdienste (nach Tarifrecht) aber auch durch Freizeit aufgeglichen werden können, ist diese **Unterteilung** für inner- und zwischenbetriebliche Vergleiche und Personalbedarfsrechnungen im Rahmen von Wirtschaftlichkeitskontrollen von großer Bedeutung.

Buchungstechnik:
Bei der Buchung der Personalkosten ist zum einen die oben erläuterte Unterscheidung sowie die zeitliche Abgrenzung der Personalkosten zu berücksichtigen. Entsprechend den zeitlichen Abgrenzungen der vorhergehenden Kapitel sind periodenfremde Kostenanteile in der Kontengruppe 91 IKR - Gr. 87 Anlage 4 KHBV/PBV - (periodenfremde Anteile ...) mit anschließender auflösender Gegenbuchung in der gleichen Gruppe und Kostenerfassung (Gr. 92 IKR, Gr. 88 Anlage 4 KHBV/PBV) in den entsprechenden Perioden zu buchen. Dieses trifft vor allem auf gezahlte Urlaubs- und Weihnachtsgelder zu.

Beispiel

Stationshilfe A: € 3.000,–;   Urlaubsgeld   € 1.200,–
Stationsarzt B: € 4.000,–;   Urlaubsgeld   € 2.400,–
Stationspfleger C: € 3.500,–;   Urlaubsgeld   € 1.200,–
        Abzüge: Lohnsteuer 20 %
              Kirchensteuer 9 % v. Lohnsteuer

	Bruttoentgelt	Steuern	Soz.-Vers.	Nettolohn	Einzelkost.	Gemeink.	zeitant. GK
A	4.200,–	916,–	714,–	2.570,–		3.000,–	1.200,–
B	6.400,–	1.395,–	1.088,–	3.917,–	4.000,–		2.400,–
C	4.700,–	1.025,–	799,–	2.876,–	3.500,–		1.200,–
Ges.	15.300,–	3.336,–	2.601,–	9.363,–	7.500,–	3.000,–	4.800,–

Buchungssätze:

1.   Gehälter:
         Ärztlicher Dienst (Gr. 89 - EK) 4.000,– €
   +   Pflegedienst (Gr. 89 - EK) 3.500,– €
   +   Pflegedienst (Gr. 89 - GK) 3.000,– €
   +   periodenfremder Aufwand - zeitanteilige Gehälter (Gr. 87) 4.800,– €
                          an Betriebliches Eröffnungskonto 15.300,– €

2.   Nicht zurechenbare Gehälter (Gr. 88 - GK) 400,– €
                          an verr. Anteile periodenfremder Aufwand -
                              zeitanteilige Gehälter (Gr. 87) 400,– €
         Diese Buchung muss in jeder Periode erfolgen!

3.   Sozialkosten:
         Ärztlicher Dienst (Gr. 89 - GK) 680,– €
   +   Pflegedienst (Gr. 89 - GK) 595,– €
   +   Pflegedienst (Gr. 89 - GK) 510,– €
   +   periodenfremder Aufwand - zeitanteil. Sozialkosten (Gr. 87) 816,– €
                          an Betriebliches Eröffnungskonto 2.601,– €

4.   Nicht zurechenbare Sozialabgaben (Gr. 88) 68,– €
                          an verrechnete Anteile periodenfremder Aufwand -
                              zeitanteil. Sozialkosten (Gr. 87) 68,– €
         Diese Buchung muss in jeder Periode erfolgen!

3.3.2. Sachgüter- oder Materialkosten

Unter den Bereich der Sachgüterkosten oder Materialkosten ordnet man je nach Art der Institution die Gegenstände ein, die von ihrer Bestimmung her von vornherein dem Verbrauch als Teile des Umlaufvermögens zu zuordnen sind.

In diese Gruppierung gehören sowohl

- die **geborenen Verbrauchsgüter**, die
  - •• aufgezehrt werden: z.B. Lebensmittel,
  - •• unverwendbar werden: z.B. Einwegspritzen,
  - •• beim Patienten verbleiben: z.B. Herzschrittmacher.
- wie auch die **gekorenen Verbrauchsgüter**, deren Wert einundfünfzig Euro nicht übersteigt.

In der KHBV und der PBV sind die einzelnen Güter nicht in jedem Fall von den Fremdleistungen getrennt. Hier deshalb eine Einteilung der **wichtigsten** Sachgüter:

Sachgüter oder Materialien	
nach Anlage 4 KHBV	nach Anlage 4 PBV
Lebensmittel - auch Getränke, Kindernährmittel, Muttermilch Medizinischer Bedarf - Arzneimittel, Heil- und Hilfsmittel, Blut, Blutkonserven, Blutplasma, Verbandsmittel, Verbrauchsmaterial und Instrumente, Bedarf an Röntgen- und Nuklearmedizin, Laborbedarf, weitere spezielle Bedarfe an medizinischen Dingen, Implantate, Transplantate Wasser, Primärenergie, Brennstoffe Wirtschaftsbedarf - Reinigungs- und Desinfektionsmittel, Wäsche, Wäschereinigung und -pflege, Haushaltsverbrauchsmittel, Geschirr, Gartenpflege Verwaltungsbedarf - Büromaterialien und Druckarbeiten, Briefmarken Ausbildungsbedarf	Lebensmittel - auch Getränke, spezielle Seniorennährmittel Wasser, Primärenergie, Brennstoffe Wirtschaftsbedarf - Reinigungs- und Desinfektionsmittel, Wäsche, Wäschereinigung und -pflege, Haushaltsverbrauchsmittel, Geschirr, Gartenpflege Verwaltungsbedarf - Büromaterialien und Druckarbeiten, Briefmarken Ausbildungsbedarf

Je nach Bedeutung der Güter können sie als **Einzelkosten** oder als **Gemeinkosten** - bezogen auf Kostenträger, Kostenstellen oder Leistungsarten, wie schon oben dargestellt, abgerechnet werden.

Relativ kostenintensive Verbrauche, wie z.B. Herzschrittmacher, TEPs, bestimmte Medikamente wird man auf der unteren Ebene als Kostenträgereinzelkosten erfassen, andere Sachgüter, wie z.B. Nähmaterial, Pflaster, werden den Kostenträgergemeinkosten zugeordnet.

Diese Sachgüter- oder Materialkosten werden nun zuerst **mengenmäßig** ermittelt und **dann** bewertet.

Methoden der Verbrauchsmengenermittlung

1. Skontration

    Die Skontration ermittelt anhand der tatsächlichen Materialentnahme aufgrund von Materialentnahmescheinen die Verbrauchsmengen durch Fortschreibung:

    Endbestand = Anfangsbestand + Zugänge - Verbrauch

    Diese direkte Methode ist ein sehr genaues Instrument, Mengen zu erfassen. Sie hat weiter den Vorzug, gleichzeitig die Zurechnung auf Kostenstellen / -träger zu ermöglichen. Den Materialentnahmescheinen kann die Bezeichnung (Nummer) der Kostenstelle entnommen werden. Jedoch sollte hierbei beachtet werden, dass bei den kurzen Abrechnungsperioden der Kostenrechnung die Schnelligkeit des Belegflusses von hoher Bedeutung ist. Ein weiterer Vorteil ist, dass die gesetzliche Inventur als permanente Inventur durchgeführt werden kann und nicht am Stichtag erfolgen muss.

2. Befundrechnung

    Im Gegensatz zur Skontration wird bei der Befundrechnung als indirekte Methode der Verbrauchsmengenermittlung der Verbrauch nicht während, sondern am Schluss der Kostenrechnungsperiode folgendermaßen berechnet:

    Verbrauch = Anfangsbestand + Zugänge - Endbestand

    Der Verbrauch lässt sich auf die Weise sehr einfach ermitteln, obwohl auch hierbei verschiedene Nachteile zu beachten sind:
    -   Nicht bestimmungsgemäßer „Verbrauch" durch Schwund, Diebstahl, Verderb etc. wird mit erfasst und lässt somit die Möglichkeit der Gegenüberstellung von Soll- und Istkosten kaum oder nur in begrenztem Umfang über Korrektur mit Erfahrungswerten zu.
    -   Der im Wege der gesetzlichen Inventur ermittelte Endbestand weicht in dem Periodenbezug von der Kostenrechnung ab, so dass kostenaufwändige, zusätzliche Zählungen in kürzeren Abständen erforderlich werden.
    -   Die Zuordnung des Verbrauchs auf Kostenstellen/ -träger ist i.d.R. direkt nicht möglich.

    Der Befundrechnung ist auch **die neuere Methode der Sachgüter- und Material-erfassung als Aufwand** mit Korrektur durch die Bestandsmehrungen oder Bestandsminderungen am Ende einer Periode zuzurechnen:

    Verbrauch = Aufwand bei Kauf ± Bestandskorrektur zwischen Anfang/Ende

3. Rückrechnung (retrograde Methode)

   Die Rückrechnung geht von den erbrachten Leistungen aus, für die jeweils zu Beginn exakt die Verbrauchsmengen der einzelnen Einsatzstoffe ermittelt werden müssen:

   Verbrauch = Leistungsmenge * Stoffverbrauch/Einheit

   Nachteile:
   - Nicht bestimmungsgemäßer Verbrauch kann nicht bzw. erst später ermittelt werden.
   - Sachgüter- und Materialkosten durch Rückrechnung sind in erster Linie verrechnete Kosten, bei denen die tatsächlichen Abweichungen nicht offensichtlich werden.

Die vorgestellten Methoden sind jeweils mit Vor- und Nachteilen behaftet, so dass sich eine Methode **allein** nur in bestimmten Fällen anwenden lässt. Besser ist es, eine Kombination der einen mit der anderen Methode zu Vergleichs- und Kontrollzwecken zu realisieren, z.B.:

- bei wesentlichen Wirtschaftsgütern
  Skontration mit Befundrechnung
  oder eventuell
  Rückrechnung mit Befundrechnung
 - bei unwesentlichen Wirtschaftsgütern
  i.d.R. nur Befundrechnung (hier wäre eventuell bei nicht ganz unwesentlichen Wirtschaftsgütern Rückrechnung mit Befundrechnung angebracht)

Methoden der Wertermittlung

Wie bei der bilanziellen Bewertung können auch in der Kostenrechnung unterschiedliche Wertansätze zum Ansatz kommen. Grundsätzlich muss jedoch gesagt werden, dass die tatsächlichen Gegebenheiten und nicht bilanzpolitische Gesichtspunkte maßgebend sind. Die so von den Zweckaufwendungen abweichenden Kosten können wieder Anderskosten sein.

1. Wertermittlung auf Basis der Anschaffungs-/Herstellungskosten

   Die Bewertung jedes einzelnen Wirtschaftsgutes zu den angefallenen Anschaffungs- oder Herstellungskosten kann bzw. sollte nur bei sehr hochwertigen Gütern oder auch bei solchen Wirtschaftsgütern, deren Wert starken Schwankungen unterliegt, erfolgen. Auch bietet sich diese Möglichkeit unter Umständen an, wenn die beschafften Güter sofort in die Leistung eingehen.

2. Wertermittlung auf Basis der durchschnittlichen Anschaffungs-/Herstellungskosten

   a) statisch:
   Die unter 1. genannte aufwändige Bewertung versucht man durch Ansatz des gewogenen Durchschnitts der Anschaffungs-/Herstellungskosten der Periode zu begegnen. Bei starken Wertschwankungen sollte jedoch der Grundsatz der Substanzerhaltung im Auge behalten werden.

   b) dynamisch:
   Die Methode wird wie unter a), jedoch nach dem Verfahren der laufenden Mittelwerte (Trendberechnung) durchgeführt.

3. Verrechnungspreis

   Aus Vergleichbarkeits-, Substanzerhaltungs- und Vereinfachungsgründen wird der Ansatz von Verrechnungspreisen, d.h. Durchschnittspreisen mehrerer vergangener Perioden unter Berücksichtigung zukünftiger Erwartungen, die für eine oder mehrere Folgeperioden Gültigkeit haben, für zweckmäßig gehalten.

4. Wiederbeschaffungswert, Tagespreis

   Dem Grundsatz der Substanzerhaltung Folge leistend, müsste der auf die Zukunft gerichtete Wiederbeschaffungspreis in Ermangelung der detaillierten Verbrauchstermine als Tagespreis angesetzt werden.

5. Weitere Wertansätze

   Ebenfalls wären andere Verfahren, wie aus der Finanzbuchhaltung (LIFO, FIFO, HIFO, Festbewertung) bekannt, bei entsprechendem Nachweis der Entnahme denkbar. Jedoch würde der Ansatz solcher Werte die Vergleichbarkeit und Konstanz der Kosten negativ beeinflussen.

Die Buchung aufgrund des Wiederbeschaffungspreises ist die o.a. Buchung von Anderskosten.

Beispiel

Lebensmittellieferung: Anschaffungskosten € 5.446,--
Wiederbeschaffungspreis (insgesamt)   € 5.665,--

FIBU

S Lebensmittelaufwand (6000) H		S	Bank	H
1)	5.446,-		1)	5.446,-

BEBU

S Lebensmittelaufwand (Gr.91) H		S	Lebensmittelkosten (92)	H
2) 5.446,-	3) 5.665,-	3)	5.665,--	

3.3.3. Fremdleistungskosten

Fremd- oder Dienstleistungskosten entstehen durch Verzehr von Leistungsfaktoren anderer Unternehmen, welche die Dienstleistung erbringen und dafür entlohnt werden. Folgende Dienstleistungskosten können in einem Krankenhaus oder einer Pflegeein-richtung in der Regel anfallen:

Fremdleistungen	
nach Anlage 4 KHBV	nach Anlage 4 PBV
Bezogene Leistungen im Bereich Lebens-mittel z.B. Catering Bezogene Leistungen im Bereich Medizin - Kosten der Lieferapotheke, Unter-suchungen in fremden Instituten, Kosten für Krankentransporte, Hono-rare für nicht im Krankenhaus ange-stellte Ärzte Bezogene Leistungen im Bereich Wirt-schaft - Wäschereinigung und Pflege, Über-wachungen Bezogene Leistungen im Bereich Ver-waltung	Bezogene Leistungen im Bereich Lebens-mittel z.B. Catering Bezogene Leistungen im Bereich Wirt-schaft - Wäschereinigung und Pflege, Über-wachungen Bezogene Leistungen im Bereich Ver-waltung - Bankgebühren, Frachten, Fremd-lager, Gebühren für Fernsprech-, Fernschreibanlagen, für Rundfunk und Fernsehen, Prozess- und Bei-treibungskosten, Beratungskosten, Prüfungs-, Gerichts- und Anwalts-

- Bankgebühren, Frachten, Fremd-
  lager, Gebühren für Fernsprech-,
  Fernschreibanlagen, für Rundfunk
  und Fernsehen, Prozess- und Bei-
  treibungskosten, Beratungskosten,
  Prüfungs-, Gerichts- und Anwalts-
  gebühren, Beiträge an Organisa-
  tionen, Repräsentations- und (EDV-)
  Organisationskosten, Reisekosten
  Versicherungsprämien, Mietkosten
Zentrale Dienstleitungen einer der
  Trägerverwaltung für mehrere
  „eigene" Krankenhäuser (für Ver-
  waltung, Personal, EDV, Leis-
  tungsabrechnung, Druckerei etc.)
  bzw. Gemeinschaftsdienst (Leis-
  tungen i.V. mit überwiegender
  Warenlieferung) z.B. fertige Speisen,
  Zentralapotheke
Sonstige zentrale Dienstleistungen, die
  nicht o.a. zugeordnet werden
  können, wie z.B. vertraglich verein-
  barte Inanspruchnahme des
  Anästhesiedienstes
Instandhaltung
- Medizintechnik, sonstiges
Steuern, Abgaben, Versicherungen
- auch weitere öffentliche Abgaben wie
  Gebühren, Beiträge
	gebühren, Beiträge an Organisa-
	  tionen, Repräsentations- und (EDV-)
	  Organisationskosten, Reisekosten
	  Versicherungsprämien, Mietkosten
	Zentrale Dienstleitungen einer der
	  Trägerverwaltung für mehrere
	  „eigene" Pflegeheime (für Ver-
	  waltung, Personal, EDV, Leis-
	  tungsabrechnung, Druckerei etc.)
	  bzw. Gemeinschaftsdienst (Leis-
	  tungen i.V. mit überwiegender
	  Warenlieferung) z.B. fertige Speisen
	Sonstige zentrale Dienstleistungen, die
	  nicht o.a. zugeordnet werden
	  können, wie z.B. vertraglich verein-
	  barte Inanspruchnahme des ange-
	  stellten Wachmanns für mehrere
	  Häuser
	Steuern, Abgaben, Versicherungen
	- auch weitere öffentliche Abgaben wie
	  Gebühren, Beiträge
	Zusatzleistungen

Steuern sind dadurch gekennzeichnet, dass ihnen keine direkte Leistung des Fiskus gegenübersteht. Es darf sich jedoch hierbei nur um betriebliche Steuern handeln, da nur sie kostenrechnerisch relevant sind (Beispiele: Gewerbe-, Grund-, Kfz-Steuern) Zweckbetriebe sind bei gemeinnützigen, mildtätigen oder kirchlichen Körperschaften, Personenvereinigungen und Vermögensmassen z.B. von den Grundsteuern und Gewerbesteuern befreit.

Die Beitragspflicht entsteht i.d.R. aus einer Mitgliedschaft, z.B. Berufsgenossenschaft, IHK. Gebühren sind Entgelte für eine direkte Leistung der öffentlichen Hand, z.B. Müllabfuhrgebühren, Kfz-Anmeldegebühren.

Steuern, Gebühren und Beiträge werden wie die eigentlichen Fremdleistungen als Kosten erfasst, wenn sie der Aufrechterhaltung der Betriebs- und Absatzbereitschaft bzw. der unmittelbaren Leistungserstellung dienen. Schwierigkeiten in Form von Umbewertungen und Ansatz von Anderskosten treten hierbei in der Regel nicht auf.

Verrechnungstechnisch werden Dienstleistungskosten i.d.R. als Kostenträger-Gemeinkosten behandelt, sie sind von ihrem Umfang und ihrer Zuordnungsmöglichkeit her eher unbedeutend.

3.3.4. Betriebsmittelkosten und weitere typische kalkulatorische Kosten

Kalkulatorische Kosten sind bereits behandelt worden, als es um den Kostenbegriff ging.

Zusammenfassend kann man zu den kalkulatorischen Kosten - zu ihnen gehören ja Anders- und Zusatzkosten - sagen, dass sie durch die Abweichung der Kosten von den Zweckaufwendungen definiert sind. Zusatzkosten liegen keine Aufwendungen im bilanzbuchhalterischen Sinne zugrunde.

Kalkulatorische Kosten weichen in der Höhe ihres Ansatzes von den Zweckaufwendungen der Finanzbuchhaltung ab, weil bei ihrer Erfassung auch diejenigen Wertverzehre herangezogen werden, die handels- und steuerrechtlich - sowie auch förderungsspezifischen (KHG, SGB XI) - Beschränkungen unterliegen. Auf diese Art und Weise stellt der um die kalkulatorischen Kosten berichtigte Wert einen vergleichbareren und die Wirklichkeit eher wiederspiegelnden Faktor dar. Er ist von Zufälligkeiten und Unregelmäßigkeiten befreit und dient in erhöhtem Maße dem Zweck der Vergleichbarkeit und dem Prinzip der Gewinnmaximierung (s. Beispiel zu Zusatzkosten III.2.1.3).

Typische kalkulatorische Kostenarten sind:

1. Kalkulatorische Abschreibung

Abschreibungen sind der verursachungsgerechte Werteverzehr für materielle und immaterielle Gegenstände des Anlagevermögens, verteilt auf die Jahre der Nutzungsdauer.

Im förderungsspezifischen Recht (KHG, SGB XI) sind Abschreibungen ein Teil der **Vorhaltekosten** (Kosten der Nutzung der Betriebsmittel). Sie gehören damit, soweit sie durch öffentliche Mittel gefördert werden, nicht zu den pflegesatzfähigen Kosten. Wenn jedoch z.B. später die Fallpauschalen alle Leistungen der Krankenhäuser abgelten sollen, sind Abschreibungen mit zu berücksichtigen. (Aber auch heute schon können Abschreibungen bei nicht geförderten Häusern im Budget berücksichtigt werden.) Pflegesatzfähig dagegen sind die Abschreibungen der „Gebrauchsgüter" (AbgrV), der Rationalisierungsinvestitionen und der in der Nutzung/Mitnutzung benachbarter Krankenhäuser abgestimmten Großgeräte.

Abschreibungen werden im betrieblichen Rechnungswesen gebildet, um eine Wiederbeschaffung der Anlagegüter zu Gewähr leisten. Dies geschieht dadurch, dass durch die Abschreibungsbeträge lediglich der Wert des Sachvermögens geringer wird, ohne dass hierfür eine Ausgabe erfolgt. Auf diese Art und Weise wird die ursprünglich geleistete Ausgabe bei der Anschaffung des Anlagegutes stufenweise in den einzelnen Abschreibungsperioden als Verbrauch gebucht, denn Gegenstände des Anlagevermögens unterliegen einem Wertverlust. Die Ursachen für diesen Wertverlust können verbrauchsbedingt (Zeitverschleiß, Substanzverringerung, echter technischer Verschleiß), wirtschaftlich (Wertminderung aufgrund technischen Fortschritts, Nachfrageverschiebung, sinkende Wiederbeschaffungskosten) oder zeitlich (zeitlich befristete Nutzungsdauer aufgrund von Schutzrechten) bedingt sein. Indem in die Preise der Leistungen die Kostengrößen dieses Wertverlustes (-verzehrs) eingerechnet werden, steigt das Geldvermögen über den Umsatz dieser Leistungen. Aus der Differenz zwischen niedrigerem Sach- und höherem Geldvermögen ergibt sich ein „angesparter" Betrag zur Wiederbeschaffung des Anlagegutes.

Die handels- und steuerrechtlichen Vorschriften über die bilanzielle Abschreibung lassen jedoch nur eine **nominelle** Kapitalerhaltung zu, denn als Basis für die Abschreibung wird lediglich der Anschaffungs- bzw. Herstellungsaufwand zugelassen. Diese gleiche Abschreibungsberechnung gilt auch nach Förderungsrecht. Ein etwaiger Anstieg der Wiederbeschaffungskosten bleibt somit unberücksichtigt.
Weiterhin werden die Abschreibungsbeträge durch Einschränkungen in der Festlegung der Nutzungsdauer und der Abschreibungsmethode sowie durch bilanzpolitische Aspekte beeinflusst. Letztlich stellen sie dann nicht mehr den exakten Wertverzehr dar.

Bei dem Bestreben der Kostenrechnung, eine genaue Ermittlung des betrieblichen Verzehrs zu ermöglichen, kann die nominelle Abschreibung somit nicht Grundlage sein. Ziel ist vielmehr die **substanzielle** Kapitalerhaltung, welche durch die kalkulatorische Abschreibung ermöglicht werden soll. Sie unterliegt dem Grundsatz der Genauigkeit, um den verursachungsgerechten Wertverzehr, bezogen auf die Reinvestition des Gutes, zu ermitteln. Ihr liegt der Wiederbeschaffungswert zugrunde, der etwaige Preissteigerungen bereits berücksichtigt. Unter dem Verzicht auf Genauigkeit findet man in den Betrieben aus Vereinfachungsgründen jedoch auch noch kalkulatorische Abschreibungen von den Anschaffungs- oder Herstellungskosten.

Auch wenn es keinerlei Beschränkungen bezüglich der Wahl der Abschreibungsmethode gibt, wird in der Praxis häufig die lineare Abschreibung und nicht die Leistungsabschreibung gewählt. Die lineare Abschreibung bietet den Vorteil, ein sehr einfaches und damit kostengünstiges Verfahren zu sein. Mit ihren konstanten Abschreibungsbeträgen wird eine bessere Vergleichbarkeit erzielt. Der Anspruch der Leistungsabschreibung, die Belastung genau zu erfassen, wird häufig dadurch widerlegt, dass die genaue Erfassung schwierig und teuer ist, und daher häufig Schätzwerte angesetzt werden.

Die eigentliche Berücksichtigung der effektiven Beanspruchung des Anlagegutes findet in der Festlegung einer von der Schätzung abweichenden Restnutzungsdauer statt. Hier sind drei Möglichkeiten der Verrechnung zu benennen.

- Verfahren 1 verteilt den Restwert auf die Restlaufzeit.

- Verfahren 2 ignoriert eine Abschreibungsänderung und benutzt weiterhin die alten Abschreibungssätze bezogen auf die geänderte Nutzungsdauer.

- Verfahren 3 ermittelt nach Bekanntwerden der Nutzungsdaueränderung die Abschreibungssätze, mit denen bei richtiger Schätzung der Nutzungsdauer gearbeitet worden wäre und führt die Abschreibung in der Restlaufzeit mit diesen Abschreibungsbeträgen fort. Hierbei handelt es sich für die Kostenrechnung um die günstigste Möglichkeit, da Fehler durch die Festlegung der Nutzungsdauer in den vergangenen, abgeschlossenen Perioden weder korrigiert noch weitergeführt werden.
Zu beachten ist in diesem Zusammenhang noch einmal, dass die Kostenrechnung periodenorientiert ist, und eine Verrechnung von Änderungen in Vorperioden nicht erfolgt. (Es gibt in der Kostenrechnung keine Bilanzkontinuität, da keine Bestandsgrößen, sondern Verbrauchsgrößen zugrunde gelegt werden).

Durch diese Verfahren wird es möglich, über den Null-Wert hinaus abzuschreiben. Das hat jedoch in der Betriebsbuchhaltung ebenfalls keine Auswirkung, da keine Bestandsgrößen verarbeitet werden.

Beispiel

Für eine Anlage mit dem Ausgangswert € 18.000,– wurde die voraussichtliche Nutzungsdauer auf 8 Jahre geschätzt. Nach 4 Jahren stellt sich heraus, dass die Nutzungsdauer der Anlage nur 6 Jahre betragen wird.

	Verfahren 1	Verfahren 2	Verfahren 3
AK/HK *)	18.000,–	18.000,–	18.000,–
AfA 1. Jahr	2.250,–	2.250,–	2.250,–
Restbuchwert	15.750,–	15.750,–	15.750,--
AfA 2. Jahr	2.250,–	2.250,--	2.250,–
Restbuchwert	13.500,–	13.500,–	13.500,–
AfA 3. Jahr	2.250,–	2.250,–	2.250,–
Restbuchwert	11.250,–	11.250,--	11.250,--
AfA 4. Jahr	2.250,–	2.250,–	2.250,–
Restbuchwert	9.000,–	9.000,–	9.000,–
AfA 5. Jahr	4.500,–	2.250,--	3.000,–
Restbuchwert	4.500,–	6.750,–	6.000,–
AfA 6. Jahr	4.500,–	2.250,--	3.000,–
Restbuchwert	0,–	4.500,–	3.000,–

*) Vorausgesetzt wird eine stabile Preissituation, d.h. Wiederbeschaffungspreis = Anschaffungskosten. Würde das Anlagegut Preisschwankungen unterliegen, müsste die Abschreibung von dem jeweiligen Wiederbeschaffungswert vorgenommen werden.

←——————→

Als Anregung soll hier noch auf eine Methode der Ermittlung des Wiederbeschaffungswertes hingewiesen werden. Über die Indexrechnung kann die Wertsteigerung eines Wirtschaftsgutes in Indexfaktoren, d.h. Verhältnis von Wiederbeschaffungspreis zu Anschaffungskosten, ermittelt werden. Um diesen Indexfaktor ist die ursprüngliche Abschreibung von den Anschaffungs-/Herstellungskosten zu korrigieren.

Beispiel

Anschaffung einer Anlage zum Preis von € 12.000,– (inkl. aller Beschaffungskosten) mit beabsichtigter Nutzungsdauer von 10 Jahren. Lineare Abschreibung wird durchgeführt. Nach dem 2. Jahr der Nutzung beträgt der Wiederbeschaffungspreis der Technische Anlage lt. Preisliste des Herstellers € 12.720,–.

$$\text{Indexfaktor (2. J)} = \frac{\text{Wiederbeschaffungswert}}{\text{Anschaffungskosten}} = \frac{12.720,-}{12.000,-} = 1,06$$

Mögliche Indexfaktorveränderungen im Laufe von 10 Jahren:

Jahr	1.	2.	3.	4.	5.	6.	7.	8.	9.	10.
Index	1,00	1,06	1,12	1,18	1,09	1,08	1,05	1,08	1,11	1,19

Anmerkung: Anstelle selbsterrechneter Indexzahlen kann auch der branchenspezifische Preissteigerungsindex verwendet werden.

2. Kalkulatorische Zinsen

Werteverzehr an bzw. durch eingesetzte Kapitalien wird als Zins bezeichnet.

Das im Unternehmen eingesetzte Kapital ist aus der Passivseite der Bilanz zu ersehen. Es setzt sich zusammen aus Eigen- und Fremdkapital und dient der Finanzierung des Gesamtvermögens der Unternehmung.

Gebucht werden in der Finanzbuchhaltung nur die Fremdkapitalzinsen. Diese können sich beziehen auf betrieblich eingesetztes (Zweckaufwand) und nicht betrieblich eingesetztes Kapital (neutraler Aufwand). Nach förderungsspezifischen Recht (KHG, SGB XI) können ebenfalls Fremdkapitalzinsen entstehen (z.B. durch Überbrückungskredite). Soweit es sich aber um Betriebsmittelkreditzinsen handelt, sind sie nur zu berücksichtigen, wenn sie zu den pflegesatzfähigen Kosten gehören.
Wenn jedoch z.B. später die Fallpauschalen alle Leistungen der Krankenhäuser abgelten sollen, sind auch Zinsen mit zu berücksichtigen. (Aber auch heute schon können Zinsen bei nicht geförderten Häusern - sogar als Fremd- und Eigenkapitalzinsen s.u. - im Budget berücksichtigt werden.) Pflegesatzfähig dagegen sind die Zinsen bei „Gebrauchsgütern", bei Rationalisierungsinvestitionen und bei in der Nutzung/Mitnutzung benachbarter Krankenhäuser abgestimmten Großgeräten.

In der **Betriebsbuchhaltung** werden auch Eigenkapitalzinsen berücksichtigt (allerdings nur auf das betriebsnotwendige Kapital). Dabei liegt der Grundgedanke der Opportunitätskosten zugrunde, welcher in diesem Zusammenhang die alternative Anlage des Eigenkapitals in andere Vermögensbildungsformen vorsieht. Bei einer derartigen Anlage, z.B. als Wertpapiere, wäre eine Verzinsung des Kapitals zu erwarten. Dieser

Nutzenentgang wird in der Betriebsbuchhaltung verrechnet. Es handelt sich hierbei um reine Zusatzkosten, da ihnen keine Aufwendungen gegenüberstehen.

Da sich aus der Bilanz nicht errechnen lässt, wie sich Eigen- und Fremdkapital auf die Vermögensteile verteilen, wird eine Ermittlung des betriebsnotwendigen Eigen- bzw. Fremdkapitals unmöglich (schwierig).

Man behilft sich damit, dass man eine Unterscheidung von Fremdkapital- und Eigenkapitalzinsen unterlässt, und auf das **gesamte** betriebsnotwendige Kapital die marktüblichen Zinsen berechnet. Die Festsetzung der Notwendigkeit des Kapitals lässt sich nur über die betriebsnotwendige Mittelverwendung der Aktivseite vornehmen. Zur Ermittlung des betriebsnotwendigen Kapitals wird dann folgendes Schema angewandt:

> betriebsnotwendiges Anlagevermögen
> + betriebsnotwendiges Umlaufvermögen
> = betriebsnotwendiges Vermögen ↔ betriebsnotwendiges Kapital
> - Abzugskapital
> = zu verzinsendes
> betriebsnotwendiges Kapital

Abzugskapitalien sind grundsätzlich alle Kapitalien, die auch vergleichbaren Unternehmen zinsfrei zur Verfügung gestellt werden:
- Sonderposten aus Fördermitteln
- Umsatzsteuer,
- zinslose Lieferantenkredite (Verbindlichkeiten aus Lieferungen und Leistungen),
- erhaltene Anzahlungen.

Um diesen Zinsvorteil auch im Preis der Leistung zu berücksichtigen, werden Abzugskapitalien „abgezogen", also subtrahiert; d.h. die Zinsen (Kosten) werden geringer.

Wie bereits erwähnt, werden die kalkulatorischen Zinsen zu marktüblichen Zinssätzen berechnet. Wie jetzt sicherlich zu erkennen ist, beinhalten die kalkulatorischen Zinsen sowohl Opportunitäts- (Zusatz-), Anders- (soweit erforderlich) und Grundkosten (Fremdkapitalzinsen). Diese Komponenten gehen jedoch aus den gebuchten Zahlen nicht hervor, sind auch nicht relevant.

Bei der Wahl des anzusetzenden Zinssatzes (lang- oder kurzfristig; risikofrei etc.) ist die jeweilige Finanzsituation des Unternehmens zu berücksichtigen. Anwendung findet häufig ein durchschnittlicher Zinssatz, in dem Zinssätze für kurz- und langfristige Kredite eingerechnet sind oder der Diskontsatz zuzüglich eines (ministeriell für die Kalkulation öffentlicher Aufträge abgesegneten) Mindestaufschlages.

Bei der Ermittlung des betriebsnotwendigen Vermögens muss nunmehr die eigentliche Problematik des Wertansatzes erörtert werden. Es gibt auch hier mehrere Methoden, die in der Praxis (Theorie) zu finden sind. Diese sollen kurz vorgestellt werden:

a.) Durchschnittswertmethode

Betriebsnotwendiges Umlaufvermögen und **Abzugskapital** werden mit dem durchschnittlich im Unternehmen gebundenen Wert angesetzt

(Anfangsbestand + Endbestand) ÷2

oder bei saisonalen Schwankungen zwecks Berücksichtigung monatlicher Höhen und Tiefen nach folgender Formel:

(Anfangsbestand + 12 Endbestände) ÷13

Beim **Anlagevermögen** wird der Durchschnitt aus der Summe von Anschaffungskosten und Liquidationserlös (auch bei nicht abnutzbarem Anlagevermögen) oder Anschaffungskosten und Restwert (Schrottwert) gebildet. Häufig wird der Restwert in der Praxis wegen möglicher Schätzfehler mit 0,-- € angesetzt. Bei der Durchschnittswertmethode geht man bei abnutzbarem Anlagevermögen davon aus, dass, unter der Annahme der linearen Abschreibung, durchschnittlich der halbe Anschaffungs-/Herstellungskosten-Wert gebunden ist.

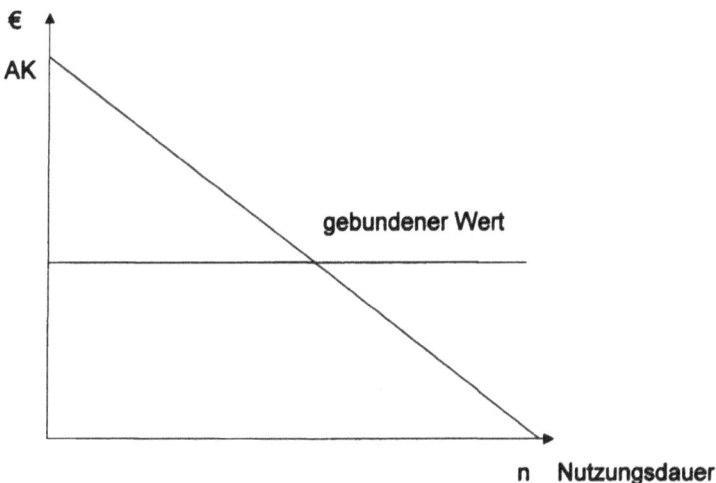

Bei der Zugrundelegung der Durchschnittswertmethode ergeben sich gleich bleibende kalkulatorische Zinsen, die allerdings mit dem tatsächlichen Zinsverlauf nicht übereinstimmen. Dabei wären die Zinsen zu Beginn höher und zum Ende niedriger. Auf die gesamte Laufzeit gleichen sich diese Differenzen jedoch aus. Die konstanten Zinsen begünstigen in der Istkostenrechnung den Periodenvergleich. Da mit Hilfe der Durchschnittswertmethode kostenrechnerische Werte ziemlich einfach zu ermitteln sind, findet dieses Verfahren in der Praxis häufig Anwendung.

b.) Restwertmethode

Die Restwertmethode bezieht sich grundsätzlich auf die Verzinsung der Restwerte der Wirtschaftsgüter zum Ende der Periode. Allerdings wird hierbei, um die durchschnittliche Kapitalbindung innerhalb eines Jahres zu berücksichtigen, ein Jahresmittelwert gewählt. Es wird der halbe Abschreibungsbetrag zugrunde gelegt:

Anfangsbestand der Periode - 1/2 AfA

Auch hierbei wird eine annähernd gleichmäßige Zinsbelastung erreicht, wenn man das gesamte Anlagevermögen betrachtet und einen gleichmäßigen Zu- und Abgang der Wirtschaftsgüter voraussetzt.

Bei beiden Verfahren werden Anschaffungs- bzw. Herstellungskosten angesetzt, da nur diese Mittel gebunden sind, und nur diese eine Basis für die Verzinsung sein können und sollen. Die Zinsesverzinsung ergibt sich über die Erlöse, die Guthabenzinsen bringen oder investiert werden können.

Beispiel

VORGABEN	WERTANSATZ
Gebäude AK 300.000,-- Durchschnittswertmethode	150.000,--
Technische Anlagen AK 30.000,-- BND 10 Jahre Restwertmethode für 5. Jahr	16.500,--
Kraftfahrzeuge AK 24.000,-- BND 4 Jahre Restwertmethode für 2. Jahr	15.000,--
Einrichtung/Ausstattung AK 40.000,-- Durchschnitts- wertmethode	20.000,--
Finanzanlagen AK 65.000,-- Durchschnitts- wertmethode	./.
Lebensmittel AB 30.000,-- EB 50.000,--	40.000,--

Kasse	AB	15.000,--	EB	15.000,--	15.000,--
Langfristiges Fremdkapital	AB	50.000,--	EB	50.000,--	./.
Lieferantenverbindlichkeiten	AB	80.000,--	EB	40.000,--	- 60.000,--
Umsatzsteuer	AB	3.000,--	EB	4.000,--	- 3.500,--
Zu verzinsendes betriebsnotwendiges Kapital					193.000,--

Zinssatz: 10 % --- Kalkulatorische Zinsen: € 19.300,--

3. Kalkulatorische Wagnisse

Wagnisse sind die mit jeder unternehmerischen Tätigkeit verbundenen Gefahren, die das eingesetzte Kapital bedrohen. Dabei sind Höhe und Zeitpunkt der Verluste unbestimmt.

Zwei Arten von Wagnissen sind zu unterscheiden:

a) Das **allgemeine** Unternehmerwagnis bezieht sich auf das Unternehmen als Ganzes und bietet von daher schon nicht die Voraussetzung als Kostenansatz. Mangels einer direkten Beziehung zur betrieblichen Leistungserstellung finden diese Risiken bei der Festlegung des kalkulatorischen Wagnisses keine Anwendung. Zu diesen zählen: allgemeine Behandlungsveränderungen, Patienten-Nachfrageveränderungen, technische Veränderungen, Schwankungen aufgrund geänderter Gesetze.

b) Demgegenüber sind die **speziellen** Wagnisse (Einzelwagnisse) betrieblich und werden daher kostenrechnerisch berücksichtigt. Hierzu gehören:

- Bestandsrisiken   Lagerverluste bei den Sachgütern
- Risiken der Leistungserbringung   Behandlung, Pflege, Betreuung
- Vertriebsrisiken   Forderungsausfälle
- Entwicklungsrisiken   fehlgeschlagene Forschungen.

Versicherungsprämien zur Deckung von Einzelwagnissen, werden als Dienstleistungskosten (s. dort), also als Grundkosten in der Betriebsbuchhaltung erfasst. Bei Versicherungen auf der Basis von Selbstbeteiligungen handelt es sich in Höhe der Beiträge um Zweckaufwendungen, denen zum vollen Risikoausgleich höhere Anderskosten gegenüberstehen.

Falls bestimmte Wagnisse nicht versicherbar sind oder aus Gründen der Wirtschaftlichkeit (Versicherungsprämien sind höher als die durchschnittlich eintretenden Verluste) nicht versichert werden, gehen diese als kalkulatorische Wagniskosten (Zusatzkosten) in die Kostenrechnung ein.

Mit der Berücksichtigung von im groben vorhersehbaren, außergewöhnlichen Ereignissen will man eine gleichmäßige Verteilung der Verluste auf alle Perioden erreichen. Im Abschnitt „Neutrale Aufwendungen" wurde erläutert, dass außerordentliche Aufwendungen keine Kosten sind, um das „normale", vergleichbare Betriebsergebnis nicht zu verzerren. Hier wurden nun die entsprechenden Kosten dieser mit Ausgaben verbundenen Aufwendungen dargestellt.

Grundlage für die Bemessung der Wagnisse sind i.d.R. Vergangenheitswerte, die sich statistisch mit geeigneten Verfahren (Mittelwert, Wahrscheinlichkeit etc.) ermitteln lassen. Dabei wählt man die Relationen, die verursachungsgemäß für den Eintritt des Verlustes am ehesten repräsentativ erscheinen. Als Prozentsatz dieser Bezugsgröße werden kalkulatorische Wagnisse verrechnet.

4. Kalkulatorischer Unternehmerlohn

Die Gesellschaftsform eines Unternehmens entscheidet über den Ansatz eines kalkulatorischen Unternehmerlohns. Während in Kapitalgesellschaften die mit der Führung des Unternehmens beauftragten Organe aus gehaltsempfangenden Mitgliedern bestehen (Gehaltszahlungen gehen als Personalkosten in die Betriebsbuchhaltung ein) erhalten der Einzelunternehmer oder die geschäftsführenden Gesellschafter in Personengesellschaften (OHG, KG etc.) ihre Gehälter durch den Gewinn, den das Unternehmen erwirtschaftet.

Aus diesem Grund sind Vergleiche der Betriebsergebnisse zwischen Unternehmen mit unterschiedlicher Gesellschaftsform nicht möglich, denn die Erfolge der Unternehmen sind aufgrund unterschiedlicher Basen entstanden. Abhilfe schafft der Ansatz des kalkulatorischen Unternehmerlohns in Gesellschaften, die eben die oben beschriebenen Gehälter nicht in der Finanzbuchhaltung ausweisen dürfen. Wertmäßig wird der Betrag angesetzt, den der Unternehmer bei anderweitiger Verwendung seiner Arbeitskraft erzielen würde (Opportunitätskosten).

Im Kapitel „Zusatzkosten" wurde mittels eines Beispiels bewiesen, dass ohne die Einbeziehung dieser Zusatzkosten in die Preisbestimmung kein Gewinnanteil für die unternehmerische Tätigkeit ohne Substanzverringerung zu erzielen ist. Jede Privatentnahme würde dann einen Abbau der Substanz bedeuten.

5. Kalkulatorische Miete

Der soeben vorgestellte Gedankengang liegt auch dem Ansatz der kalkulatorischen Miete für Räumlichkeiten und anderen Gegenständen, die der Unternehmer nach freier Wahl dem Unternehmen betrieblich zur Verfügung stellt, zugrunde. Auch hierbei werden Opportunitätskosten in Form einer **Ertragsmiete** verrechnet. Die Ertragsmiete umfasst den tatsächlichen Kostenanteil zuzüglich den Ertrag aus der Kapitalbindung.

Ein weiterer Ansatzgrund von kalkulatorischen Mietkosten entsteht aufgrund der Opportunitätskostenberücksichtigung als Kostenmiete, indem so getan wird, als ob der Betrieb seine eigenen Geschäftsräume mietet. Im Gegensatz zur Ertragsmiete beinhaltet die Kostenmiete keinen Kapitalbindungsanteil, da dieser bereits bei den kalkulatorischen Zinsen berücksichtigt wurde. Als Lösungsvorschlag zur vereinfachten Ermittlung könnte die Ertragsmiete aus den Mietspiegeln dienen, wenn bei der Errechnung der kalkulatorischen Zinsen diese Gegenstände außer Acht gelassen werden.

Grundsätzlich lässt sich auch der Wert des durch die betriebliche Nutzung entgangenen Einnahmeüberschusses ansetzen.

3.4. Betriebliche Funktion

Wie schon zu Beginn dieses Abschnittes erwähnt, können primäre Kosten für zusätzliche Informationen entsprechend ihrer betrieblichen Funktion (Aufgabe) umverteilt und zusammengefasst werden. Es entstehen damit andere neue Kostengrößen, bezeichnet als **sekundäre Kosten**. So werden z.B. aus dem Gehalt des Kochs und den Kosten des Lebensmittelverbrauchs usw. sekundäre Versorgungskosten (Speisen).

Diese Aufgaben werden in der Regel an bestimmten Orten im Betrieb erfüllt. Für diese Orte lassen sich Kosten besser zurechnen als für abstrakte Aufgaben, da ein Bezug zum Bereich der Kostenentstehung deutlicher wird. Der Übergang zur damit verbundenen Kostenstellenrechnung (zu o.a. Beispiel: Kostenstelle Speisenversorgung) ist also sehr fließend.

IV. Kostenstellenrechnung

1. Grundsätzliches

Bisher ist die Frage nach der Art und Höhe der angefallenen Kosten beantwortet worden. Für die Zwecke der Kostenrechnung ist es aber auch wichtig, zu sehen, **wo** die einzelnen Kostenarten verursacht wurden.

Daher erfolgt im zweiten Abrechnungsschritt der Kostenrechnung die Verteilung der Kostenarten auf die Kostenstellen, die verursachungsgemäß am Verzehr des Leistungsfaktors beteiligt sind bzw. waren. Kostenstellen sind damit Orte, betriebliche Teilbereiche, in denen Kosten dadurch entstehen, dass zur Leistungserstellung Güter und Dienstleistungen verbraucht werden. Diese Orte werden kostenrechnerisch selbstständig abgerechnet.

Die Fragestellung der Kostenstellenrechnung lautet also:
„Wo sind die Kosten angefallen ?"

Auch nach KHBV und PBV sind Kostenstellen (Kostenstellenrahmen für den grundsätzlichen Aufbau sind in den Anlagen aufgeführt) zu bilden und Kostenstellenrechnungen mit den pflegesatzfähigen **(pagatorischen) „Kosten"** durchzuführen. Neben den Kosten sind allerdings **auch die (pagatorischen) „Leistungen"** verursachungsgerecht den Kostenstellen zuzurechnen.
Diese **Zurechnung von Leistungen auf Kostenstellen** wird in anderen **Dienstleistungsunternehmen** ebenfalls sehr häufig genutzt. Da Leistungsarten und die erbringenden Kostenstellen häufig kosten- und leistungsbelastet identisch sind, wird die Betriebsabrechnung (siehe Kapitel „Kostenträgerzeitrechnung") dann häufig als Abrechnung über die Kostenstellen vorgestellt, nicht als Abrechnung über die Leistungsarten.

2. Aufgaben der Kostenstellenrechnung

Die Kostenstellenrechnung erfasst die Kosten und Leistungen am Ort ihrer Entstehung zur Lösung folgender Aufgaben:

1. Die Kontrolle der Wirtschaftlichkeit kann an den Stellen durchgeführt werden, an denen die Kosten und Leistungen entstanden sind. Diese Wirtschaftlichkeitskontrolle ist effektiver als die Betrachtung der Wirtschaftlichkeit eines gesamten Betriebes.

2. Die Kostenstellenverantwortlichen können über die relevanten Kosten- und Leistungsdaten informiert werden, außerdem werden Budgetvorgaben zur Lenkung ermöglicht.

3. Die Genauigkeit der Kostenträgerzeitrechnung bzw. der Kostenträgerstückrechnung wird erhöht. Die unterschiedliche Beanspruchung einer Kostenstelle durch die verschiedenen Leistungsarten verursacht einen unterschiedlichen Kostenanteil. Dieser kann erst durch die Kostenstellenrechnung in der Kostenträgerrechnung richtig zugeordnet werden.

Um allerdings diese Aufgaben erfüllen zu können, bedarf es einer zweckmäßigen Einteilung des Betriebes in Kostenstellen.

Bei der Einrichtung der Kostenstellen sind folgende Grundsätze zu berücksichtigen:

1. Eine Kostenstelle soll ein **selbstständiger Verantwortungsbereich** sein und eine **räumliche Einheit** darstellen. So sollen Kompetenzüberschneidungen vermieden, werden, und eine bessere Kontrolle der Stelle Gewähr leistet werden.
   Wird z.B. innerhalb eines Raumes eine Anlage von zwei Stellen mehr oder weniger gleichmäßig genutzt, so wäre die Einrichtung von zwei Kostenstellen für diese Anlage i.d.R. nicht vertretbar. Besser wäre es, den Maschinenbereich als **eine** Kostenstelle anzusehen und einen Verantwortungsträger zu bestimmen.

2. Die Höhe der Kosten- und Leistungsverursachung muss **messbar** sein, um fehlerhafte Kostenkontrollen bzw. Ermittlungen von Kostenzuschlägen zu vermeiden. Es muss also eine eindeutige Beziehung zwischen Kosten und Leistungen bestehen.
   Hierbei gilt der Grundsatz: Wenn die Kostenerfassung schlecht möglich ist, dann soll auch keine Kostenstellenabgrenzung erfolgen.
   Wenn z.B. zwei Anlagen über einen Stromzähler abgerechnet werden, fehlt die genaue Maßgröße für beide.

3. Es muss Gewähr leistet sein, dass die Belege über den Kosten- und Leistungsanfall **zeitnah** und **korrekt erfasst** und zum Periodenabschluss **gebucht** werden. Gleichwohl müssen die angefallenen Kosten eindeutig zugeordnet werden können. Häufige Zweifel in der Zuordnung bei der Buchung lassen auf eine ungenaue Gliederung der Kostenstellen schließen.

Diese drei Grundsätze lassen sich nicht gleichzeitig realisieren, da zwar die Feinstgliederung in Kostenplätze die größtmögliche Genauigkeit Gewähr leistet, jedoch die Einhaltung von selbstständigen Verantwortungsbereichen weit gehend ausschließt. Außerdem würde ein so genaues Abrechnungsverfahren selbst erhebliche Kosten mit sich bringen.

Somit ergibt sich das Problem der Optimierung bei der Kostenstelleneinteilung, welches von Fall zu Fall anders gelöst werden muss. Es gelten hier die Prinzipien der Übersichtlichkeit und Wirtschaftlichkeit. Nutzen und Aufwand müssen in einem Verhältnis stehen.

Insgesamt gesehen hängt die Gliederungstiefe des Betriebes in Funktionsbereiche (sinnvolle größte Kostenstellen) oder bis hin zu Kostenplätzen (kleinste Kostenstelle - nicht weiter untergliederbar) von folgenden Faktoren ab:

      - Betriebsgröße und Betriebsorganisation
      - Angestrebte Kalkulationsgenauigkeit
      - Angestrebte Kostenkontrollmöglichkeit etc.

Bei der Erstellung des Kostenstellenplans sind somit viele Kriterien zu berücksichtigen, und es finden sich die unterschiedlichsten Gesichtspunkte in kombinierter Form wieder.

3. Arten von Kostenstellen und Primärkostenverteilung

Kostenstellen unterscheidet man nach funktionalen und nach abrechnungstechnischen Gesichtspunkten.

3.1. Einteilung der Kostenstellen in Funktionsbereiche

In den Erläuterungen der Kostenartenrechnung wurde bereits auf eine Gliederung der Kostenarten nach der Funktion hingewiesen.

Dieses Kriterium wird in den Anlagen 5 KHBV und PBV bei Darstellung des Kostenstellenrahmens aufgegriffen. (Nach KHBV gilt die Einteilung als Mindestanforderung; Gliederungsabweichungen sind umzuschlüsseln. Nach PBV ist der Kostenstellenrahmen lediglich ein Muster.)

Die Funktionen lassen sich in Abhängigkeit der Institutionen nach KHBV und PBV zu folgenden betrieblichen Bereichen zusammenfassen, aus denen individuelle Kostenstellenpläne zu entwickeln sind:

Anlage 5 nach KHBV	Anlage 5 nach PBV
Gemeinsame Kostenstellen von der Verwaltung der Gebäude/Außen-anlagen über die Leitung und Verwaltung, Werkstätten, unerlässliche Personalein-richtungen, Bildung bis hin zum Sozial-dienst	Allgemeine Kostenstellen von der Verwaltung der Gebäude/Außen-anlagen über die Leitung und Verwaltung, Werkstätten, Bildung, Personaleinrichtun-gen
Versorgungseinrichtungen Speise-, Wäscheversorgung, Reinigungs-dienst, Versorgung mit Energie/Wasser/Brennstoffe, Transporte, Apotheke, Sterili-sation	Versorgungseinrichtungen Speise-, Wäscheversorgung, Transporte, Sterilisation, Reinigungsdienst, Versor-gung mit Energie/Wasser/Brennstoffe, sonstige
Medizinische Institutionen von Röntgen, Nuklear über Laboratorien, OP-Einrichtungen bis Pathologie und Am-bulanzen	Häusliche Pflege nach Pflegestufen I - III-Härtefälle
Pflegefachbereich - Normalpflege von Allgemeiner Innerer Medizin bis zur Zahnmedizin	Teilstationäre Pflege (Tagespflege) nach Pflegestufen I - III-Härtefälle
Pflegebereich - abweichende Pflegeinten-sität von Intensivüberwachung über Nachsorge bis Halbstationäre Leistungen	Teilstationäre Pflege (Nachtpflege) nach Pflegestufen I - III-Härtefälle
Sonstige Einrichtungen nicht unerlässliche Personaleinrichtungen, Ausbildung, Forschung und Lehre	Vollstationäre Pflege nach Pflegestufen I - III-Härtefälle
Ausgliederungen Ambulanzen, Hilfs- und Nebenbetriebe	Kurzzeitpflege nach Pflegestufen I - III-Härtefälle

Bei der vorstehend aufgeführten Gliederung der Kostenstellen in den Bereichen han-delt es sich nicht um eine vollständige Aufzählung nach Kostenstellenrahmen.
Kostenstellen lassen sich weiter untergliedern, z.B. nach
- der Art der Tätigkeit (Nähen, Verbinden)
- der räumlichen Aufteilung (Labor 1, Labor 2)
- der Verantwortung (Chefarzt, Oberarzt)
- der Art der Abrechnung auf Leistungsarten (Röntgendiagnose, -therapie).

Exkurs: abgestufte Pflege im Krankenhaus

Wie schon im Bereich der Kostenartenrechnung beschrieben, entstehen in den normalen Pflegestationen sehr hohe Personalkosten. Diese Kosten sind eine Folge der e-
normen Personalbindungen durch die Überwachung von den Patienten außerhalb der
Intensivpflege. Hier lässt sich neben dieser klassischen Organisationsstruktur und der
damit eben beschriebenen Kostenstelleneinteilungen eine abweichende Organisations-
und Abrechnungsform finden, die „abgestufte Pflege". Nach einer interdisziplinären,
fachärztlichen Diagnostik schließt sich im Rahmen eines „Fluss-Prinzips" für die
Patienten – je nach Notwendigkeit – ein vierstufiges Pflegekonzept an:

- Intensivpflege
- Intermediate-Care-Pflege
- Normalpflege
- Low-Care-Pflege.

Nach der Aufnahme erfolgt eine Zuweisung nicht bettlägeriger Patienten auf die Low-
Care-Station. Im Rahmen der Diagnostik werden die entsprechenden Fachabteilungen
aufgesucht. Hauptaufgabe des Pflegepersonals ist nur noch die Koordination der Untersuchungen, nicht der eigentliche Pflegeaufwand – es ist im Gegensatz zur klassischen Abteilung weniger Pflegepersonal notwendig.

Nach Operationen und anderen schweren Behandlungen werden Patienten, die nach
der Intensivpflege noch überwacht werden müssen, auf interdisziplinären Intermediate-
Care-Stationen betreut.

Erst nach der Überwachungsphase werden sie auf die Normalstationen verlegt.

Vor der Entlassung erfolgt dann wieder im Rahmen der Abschlussuntersuchungen eine
erneute Verlegung auf die Low-Care-Station.

Durch die Schaffung von „Patientenhotels" auf Basis der Low-Care-Pflege lassen sich
Personalbindung und damit Personalkosten senken. Außerdem wird die gewünschte
Eigeninitiative und -aktivität der Patienten (Versorgung) unterstützt.

3.2. Weitere Einteilungen von Kostenstellen

In abrechnungstechnischer Hinsicht finden sich unterschiedliche Lehrmeinungen, die
im Folgenden kurz vorgestellt werden sollen.

3.2.1. Leistungstechnische Einteilung

In **leistungstechnischer** Hinsicht erfolgt in Einteilung in:

Hauptkostenstellen

In diesen Kostenstellen erfolgt die eigentliche Leistungsverwertung der Institution. Bei der stationäre Krankenhausbehandlung handelt es sich um die Kostenstellen der Kontengruppen 93 bis 96 der Anlage 5 KHBV; in der Pflege gelten die Kontengruppen 92 bis 96 der Anlage 5 PBV als Hauptkostenstellen. Sie führen den Leistungsprozess unmittelbar durch (Pflege in den verschiedenen Fachabteilungen der Krankenhäuser; Pflege nach den unterschiedlichen Arten der Pflegeeinrichtungen etc.).

Nebenkostenstellen

Nebenkostenstellen erbringen Leistungen, die nicht zum eigentlichen Leistungsprogramm gehören.

Bei Krankenhäusern handelt es sich um die Kontengruppen 97 und 98. Hier kann es sich um **sonstige Einrichtungen** (97) handeln, um nicht unerlässliche Personaleinrichtungen, wie z.B. Wohnheime und Kindertagesstätten, um Ausbildungsstätten, Lehr- oder Forschungsstätten u.a. **Ausgliederungen** (98) dagegen werden aus abrechnungstechnischen Gründen eingerichtet. Z.B. werden in der Ambulanz stationäre und ambulante Leistungen vom Krankenhaus und ambulante Leistungen (Nebentätigkeiten) der Ärzte erbracht. Hier wird es notwendig, den Kosten die aus der Ambulanz erzielten Erlöse gegenüberzustellen.

Bei Pflegeeinrichtungen kann es sich ebenfalls o.a. Personaleinrichtungen handeln oder z.B. um den Verleih von Pflegehilfsmitteln.

Hilfskostenstellen

Sie dienen dem Leistungsprozess nur mittelbar (Kontengruppen 90 bis 92 Anlage 5 KHBV: Gemeinsame Kostenstellen, Versorgungseinrichtungen, Medizinische Institutionen; (Kontengruppen 90 bis 91 Anlage 5 PBV: Allgemeine Kostenstellen, Versorgungseinrichtungen).

3.2.2. Abrechnungstechnische Einteilung

Die abrechnungstechnische Einteilung gliedert nach:

Vorkostenstellen

Vorkostenstellen geben ihre Leistungen an andere Kostenstellen ab. Die Kosten dieser Kostenstellen müssen deshalb auch auf andere (Teil-)Bereiche oder Kostenstellen umgelegt werden. Zu den Vorkostenstellen gehören die o.a. Hilfskostenstellen. Autoren nutzen hier auch z.T. abrechnungstechnisch den Begriff „**Hilfskostenstellen**".

Endkostenstellen
Hierbei handelt es sich um die Kostenstellen, die ihre Leistungen direkt über Schlüssel in die Kostenträgerrechnung abgeben zur späteren Abrechnung mit den Leistungsträgern. Somit können Hauptkostenstellen und Nebenkostenstellen Endkostenstellen sein. Autoren nutzen hier auch z.T. abrechnungstechnisch den Begriff „**Hauptkostenstellen**".

3.3. Verteilung der Primärkosten auf die Kostenstellen

Die eigentliche Problematik der Kostenstellenrechnung liegt jedoch nicht in der Begriffsbestimmung, sondern in der Verteilung der Primärkostenarten nach Verursachung als Kostenarten auf Kostenstellen. Kostenstelleneinzelkosten werden direkt der Kostenstelle zugeordnet. Die Tabelle zeigt einige Beispiele auf:

Kostenart	Verteilungsgrundlage
Gehälter	Gehaltslisten
Hilfslöhne	Stempelkarten bzw. Lohnlisten
Arzneibedarf und sonstige Sachgüterbedarf	Entnahmescheine; Lagerbuchhaltung;
Fremdreparaturkosten	Rechnungen von außen
Portokosten	Postausgangsbuch
kalkulatorische Abschreibung	Werte der Anlagekosten
kalkulatorische Zinsen	dto.
Kraftstrom	Leistungsaufnahme lt. Zähler

Anders ist es bei den Kostenstellengemeinkosten. Gemeinkosten sind ja gerade dadurch gekennzeichnet, dass sie verursachungsgemäß nicht direkt zugeordnet werden können. Es müssen Schlüssel gefunden werden, die die Beziehung der Verursachung möglichst genau darstellen. Dabei werden Wert- oder Mengenschlüssel gebildet. Eine Aufstellung möglicher bestands- und bewegungsgrößenbezogener Schlüssel zeigt die nächste Abbildung:

	Mengenschlüssel	Wertschlüssel
Bestandsgrößenbezogene Gemeinkostenschlüssel	- Raumfläche - installierte Energiever- braucher - Zahl der Beschäftigten	- Wert der Anlagen - Wert des Lagerbestandes
Bewegungsgrößenbe- zogene Gemeinkosten- schlüssel	- Maschinenstunden; gefah- rene km bei Kfz - Anzahl von Patienten - Pflegetage - kg (trockene) Schmutz- wäsche	- Lohn- und Gehaltskosten - Arzneimittel-, Lebensmit- telumsatz

Beispiel

Laut Abrechnung der Stromversorgungsbetriebe sind insgesamt 150.000 kWh verbraucht worden. Der Strom wurde

   a) zur Beleuchtung der Verwaltung und der Schulräume,

   b) zum Betrieb der Pflegestationen,

   c) zum Betrieb der Heizungsanlage

benötigt. Ein Verbrauchszähler befindet sich lediglich bei den Pflegestationen.

Der Rechnungsbetrag der Versorgungsbetriebe in Höhe von € 10.000,– ist verursachungsgerecht auf die Kostenstellen

   a) Verwaltung (Gemeinsame/allgemeine Kostenstellen),

   b) Pflegestationen,

   c) Heizung (Versorgungseinrichtungen)

zu verteilen.

Es fällt gleich auf, dass die Verteilung ohne weitere Angaben unmöglich ist. Lediglich den gemessenen Verbrauch der Pflegestationen kann man direkt zuordnen.

4. Betriebsabrechnungsbogen (BAB)

Im BAB werden die Kostenstellenrechnung (BAB Teil I) und die später zu erläuternde gesamte Betriebsabrechnung (Teil II) tabellarisch dargestellt (Kapitel „Kostenträgerzeitrechnung"). Eine Abrechnung erfolgt in der Regel monatlich.

Grundsätzlich werden im BAB (Teil I) nur die **Kostenträgergemeinkosten im Hinblick auf eine spätere Kostenträgerstückrechnung bzw. die Leistungsartgemeinkosten im Hinblick auf eine Kostenträgerzeitrechnung** auf Kostenstellen zwecks Weiterverrechnung erfasst. Die Kostenträgereinzelkosten bzw. Leistungsarteinzelkosten werden zu diesem Zwecke nur rein informatorisch und zur Ermittlung der Kalkulationssätze aufgenommen. Andererseits sollten sie aber zur Wirtschaftlichkeitskontrolle und Kostenkontrolle mit in die Kostenstellenrechnung einbezogen werden.
Nach KHBV und PBV sind sie als pagatorische Größen im BAB mit einzubeziehen!

Den Kostenstellenkosten werden dann die **Erlöse** - differenziert nach Krankenhausleistungen und sonstigen in Krankenhäusern; differenziert nach Pflegeleistungen u.a. bei Pflegeinstitutionen - gegenübergestellt.

Im Bereich der Dienstleistungen - das Gesundheitswesen ist hier einzuordnen - verzichtet man sehr häufig wegen der geringeren Bedeutung der Materialien und deren aufwändigen Feststellung auf eine **Materialeinzelkostenerfassung** auf Kostenträger bzw. Leistungsarten. Sollten jedoch wesentliche Materialien (z.B. Herzklappen) in Kostenstellen unterschiedlich stark verbraucht werden, empfiehlt sich eine Erfassung dieser Kostenträger-Einzelkosten bzw. Leistungsart-Einzelkosten und der damit verbunden Verwaltungs- und sonstigen Gemeinkosten (Bestellung, Rechnungsprüfung, Lagerung, Ausgabe etc.) in einer gesonderten **Endkostenstelle „Material"**; zumal auch die Abrechnung der Materialgemeinkosten über Schlüssel, verursachungsgemäß den Materialeinzelkosten eher zugerechnet werden kann als den leistungsabhängigen Gehältern (siehe Themen „Kalkulationssätze" und „Zuschlagskalkulationen").
Eine noch genauere Verrechnung der Materialeinzel- und -gemeinkosten ist gerade im Krankenhausbereich aufgrund der geforderten genauen Leistungsdokumentation möglich: den **Endkostenstellen(-Bereichen) zugerechnete, von den Pflegekosten jedoch getrennte Materialkosten** (s.u.).
Eine weitere – von den Verordnungen abweichende – Alternative ist die Erfassung aller Arztkosten auf einer **Vorkostenstelle „Ärztlicher Dienst"**. Die ärztlichen Kosten können dieser Kostenstelle als Kostenstellen-Einzelkosten direkt zugerechnet werden. Von hier aus lassen sie sich dann auf die Kostenstellen verteilen, die ärztliche Leistungen bezogen haben, wie Medizinische Institutionen und Stationen. Schlüssel für die Verteilung ist der jeweilige Personalbedarf. Diese Methode führt nicht nur zu einer sachgerechteren Verteilung der Kosten, sondern auch zu einem wirtschaftlicheren Personaleinsatz.
Außerdem ist es ratsam, wenn im Leistungsverwertungsbereich bei ausgewählten Leistungen erhebliche Kosten anfallen - z.B. in einer Kurklinik: Fahrdienste für nur bestimmte Patienten einer speziellen Kur etc. - diese als **Sondereinzelkosten des Vertriebs** nur dieser Leistungsart und den entsprechenden Patienten zuzurechnen.

4.1. Aufbau des BAB

Der BAB ist in Form einer Matrix (Tabelle) aufgebaut. Die Vertikale stellt die Kosten-stellenzurechnung dar, die Horizontale die Kostenartenverteilung. Die jeweiligen Tabel-lenfelder enthalten die Anteile der Kostenstellen an den Kostenarten.

Das folgende Schema zeigt den formalen Aufbau eines BAB:

	Vorkostenstellen	Endkostenstellen	
Primäre Kosten	Verteilung der Kosten nach Verursa-chung als Kostenstelleneinzel- oder -gemeinkosten nach Mengen- und Wert-schlüsseln		Dimension eines Matrixelementes: Kostenart pro Kos-tenstelle z.B. X € Gehälter der Kostenstelle Y
Innerbetriebliche Leistungsabrech-nung	Verteilung der sekundären Gemeinkos-ten nach Inanspruchnahme von Leis-tungen durch andere Kostenstellen (Durchführung der innerbetrieblichen Leistungsverrechnung)		
	Gegenüberstellung von Erlösen - ge-trennt nach Leistungsarten - und Kosten		
	Ermittlung von Kalkulationssätzen - soweit erforderlich		

4.2. Aufgaben des BAB

Die Hauptaufgabe der Kostenstellenrechnung, Verteilung der Kostenarten als Kosten-trägereinzelkosten / -gemeinkosten bzw. Leistungsarteinzelkosten / -gemeinkosten, findet im ersten Teil des BAB, der primären Kostenverteilung (I. in nachfolgender Übersicht) statt. Darauf folgt die innerbetriebliche Leistungsverrechnung (iL / ibL) (II.). Im dritten Schritt - soweit erforderlich - Kalkulationssätze für die Zurechnung der Ge-meinkosten auf die Kostenträger bzw. Leistungsarten ermittelt (III.). Und schließlich werden die Erlöse den Kosten gegenüber gestellt.

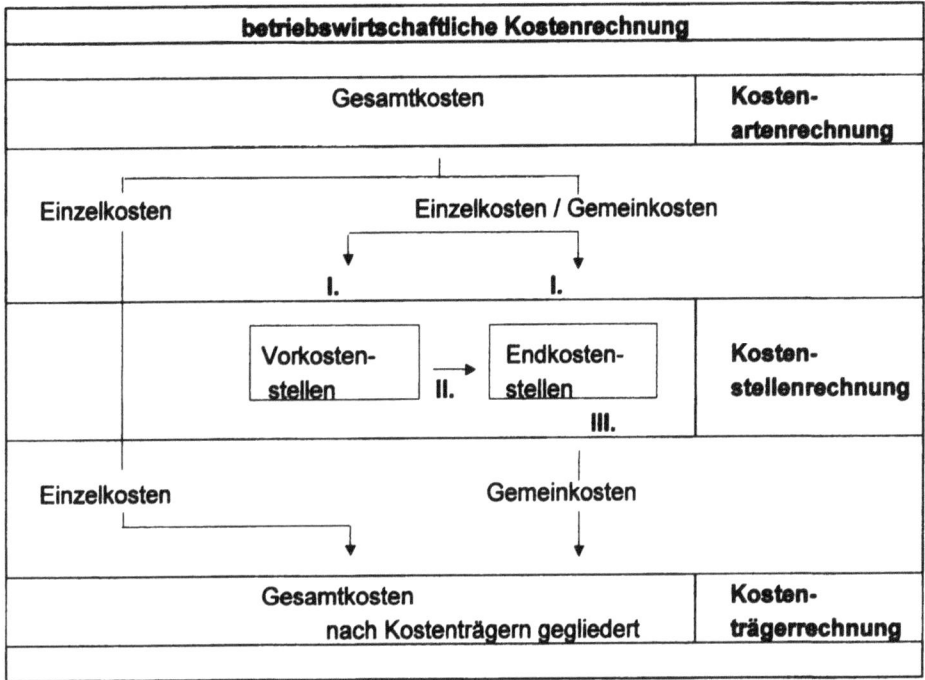

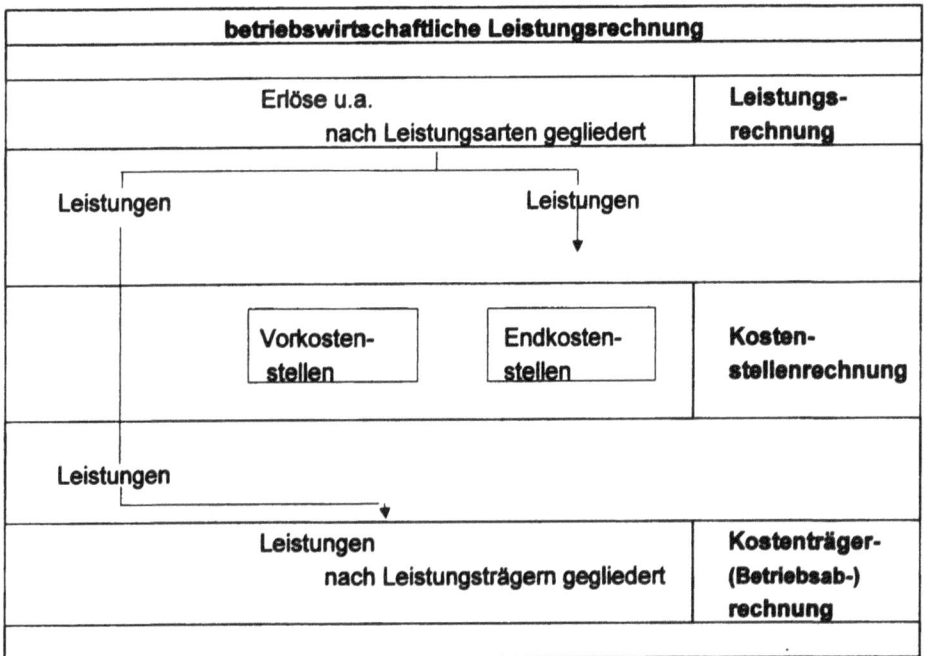

1. Beispiel: Kostenstellenrechnung - BAB Teil I

		Verteilungsgrundlage	Gemeinsame Kostenstellen	Vorkostenstellen		Endkostenstellen			Nebenkostenstellen
				Versorgungseinrichtungen	Medizinische Institutionen	Hauptkostenstellen			
			Verwaltung ...	Speise ...	Röntgen ...	Innere	Chirurgie ...	Material	Ambulanz
Sachgüterverbrauch	1.000.000	Entnahmescheine						1.000.000	
patientenorientierte Gehälter	4.000.000	Gehaltsliste				1.500.000	2.200.000		300.000
so. PersK.	1.000.000	Löhn/Geh.	280.000	180.000	50.000	90.000	190.000	60.000	150.000
Sozialabga.	1.200.000	Löhne/Geh.	60.000	40.000	10.000	412.000	530.000	18.000	130.000
Lebensmit.	500.000	direkt		500.000					
Energie	100.000	Zähler	7.000	11.000	18.000	20.000	29.000	5.000	10.000
Instandhalt.	50.000	direkt	4.000	6.000	10.000	9.000	15.000	2.000	4.000
Abschreib.	600.000	direkt	48.000	60.000	180.000	120.000	120.000	12.000	60.000
sonst.Kost.	1.000.000	...	100.000	130.000	200.000	170.000	250.000	100.000	50.000
prim. Gk	4.450.000		499.000	927.000	468.000	821.000	1.134.000	197.000	404.000
Umlagen - Verwalt.		Mitarbeiter	↑	45.000	74.000	140.000	150.000	30.000	60.000
- Speise		Beköstigung.		↑	54.000	530.000	314.000	40.000	34.000
- Röntgen		Untersuchung.			↑	200.300	265.100		130.600
sek. GK	4.450.000					1.691.300	1.863.100	267.000	628.600
sek. Kost.	9.450.000					3.191.300	4.063.100	1.267.000	928.600
Erlöse (nach Leistungen)	9.680.000					3.300.000	4.100.000	1.300.000	980.000
Ergebnis	230.000					108.700	36.900	33.000	51.400
Basisgrößen						1.500.000	2.200.000	1.000.000	300.000
Kalkulationssatz						112,75%	84,69%	26,7%	209,53%

2. Beispiel: Kostenstellenrechnung - BAB Teil I

	Verteilungsgrundlage		Vorkostenstellen wie 1. Beispiel			Endkostenstellen – Hauptkostenstellen					Nebenkostenstellen
			Gemeinsame Kostenst.	Versorgungseinrichtungen	Medizinische Institutionen	Innere Pflege	Innere Material	Chirurgie Pflege	Chirurgie Material	...	Ambulanz
			...	...	...					...	
Sachgüterverbrauch patientenorientierte	Entnahmescheine	1.000.000					0		1.000.000		
Gehälter	Gehaltsliste	4.000.000				1.500.000		2.200.000			300.000
so. PersK.	Löhn/Geh.	1.000.000				90.000		190.000	60.000		150.000
Sozialabga.	Löhne/Geh.	1.200.000				412.000		530.000	18.000		130.000
Lebensmit.	direkt	500.000				20.000		29.000	5.000		10.000
Energie	Zähler	100.000				9.000		15.000	2.000		4.000
Instandhalt.	direkt	50.000									
Abschreib.	direkt	600.000				120.000		120.000	12.000		60.000
sonst.Kost.	...	1.000.000				170.000		250.000	100.000		50.000
prim. Gk		4.450.000				821.000		1.134.000	197.000		404.000
Umlagen											
- Verwalt.	Mitarbeiter					140.000		150.000	30.000		60.000
- Speise	Beköstigung.					530.000		314.000	40.000		34.000
- Röntgen	Untersuch.					200.300		265.100			130.600
sek. GK		4.450.000				1.691.300		1.863.100	267.000		628.600
sek. Kost.		9.450.000				3.191.300		4.063.100	1.267.000		928.600
Erlöse (nach Leistungen)		9.680.000				3.300.000		4.100.000	1.300.000		980.000
Ergebnis		230.000				108.700		36.900	33.000		51.400
Basisgrößen						1.500.000		2.200.000	1.000.000		300.000
Kalkulationssatz						112,75%		84,69%	26,7%		209,53%

4.2.1. Primäre Kostenverteilung

Bei der primären Einzel- und Gemeinkostenverteilung handelt es sich lediglich um die verursachungsgerechte Verteilung der Kostenarten (Verbrauch von Leistungsfaktoren) aus der Kontengruppe 92 - IKR - (Konten-Gr. 88/89 - Anlage 4 KHBV/PBV). So weit Belege vorhanden sind, die Kostenstellen als Verursacher angeben, ist die Verteilung kein Problem (Kostenstelleneinzelkosten). Wenn diese nicht vorliegen, muss mit den bereits erläuterten Schlüsseln eine möglichst genaue Verteilung vorgenommen werden. Hierbei kann kein Schema angeboten werden; lediglich der Hinweis auf die Wirtschaftlichkeit der Kostenrechnung ist hier wieder angebracht.

4.2.2. Innerbetriebliche Leistungsabrechnung

Zurzeit beschäftigen wir uns mit der Vollkostenrechnung, deren Ziel es ist, alle Kostenarten auf die Endkostenstellen zu verteilen. Ein Schritt hierbei ist die Primärkostenverteilung. Häufig jedoch werden innerhalb des Betriebes Leistungen ausgetauscht, d.h. **primären Gemeinkosten**, die auf einzelne Kostenstellen verteilt wurden, haben andere Stellen mitverursacht, und sie müssen diese dementsprechend belasten. Durch Einführung von Vorkostenstellen lässt sich dieser Verbrauch genauer ermitteln. Des weiteren müssen die Kosten der Vorkostenstellen auf die Endkostenstellen weiterverteilt werden, um die spätere Kostenträgerrechnung möglich zu machen.

Beispiel

In den Endkostenstellen E1 und E2 sind je 10.000,– € Gemeinkostenlöhne entstanden. Ferner sind 10.000,– € Gemeinkostenlöhne für Reparaturen in E1 und E2 angefallen. Da kein genauer Nachweis darüber besteht, welche Leistungsstellen, welche Reparaturleistungen in Anspruch genommen haben, kann man die Gemeinkostenlöhne für die Reparaturen nur im gleichen Verhältnis auf die Leistungsstellen verteilen:

	primäre GK	E1	E2
Gemeinkostenlöhne	30.000	15.000	15.000

Richtet man für die Reparaturen eine eigene Vorkostenstelle ein, so wird man Aufzeichnungen darüber erhalten, in welcher Endkostenstelle die Reparaturleistungen angefallen sind: z.B.:

E1= 1 Std., E2= 9 Std.

	primäre GK	Reparatur	E1	E2
Gemeinkosten-löhne	30.000	10.000	10.000	10.000
Umlage Rep.			1.000	9.000
Summe	30.000		11.000	19.000

Die Aufzeichnung der Istkosten in der Vorkostenstelle „Reparaturen" ermöglicht also eine genauere Verteilung nach Inanspruchnahme der Leistungen. In der Praxis jedoch muss eine Vielzahl von Kostenarten auf alle Vorkostenstellen und von den Vorkostenstellen auf die Endkostenstellen verteilt werden.

Diese weiter gehende Verfeinerung der Kostenverrechnung erfolgt in der so genannten **innerbetrieblichen Leistungsabrechnung oder Leistungsverrechnung (ibL/iL)**. Welche Möglichkeiten des innerbetrieblichen Leistungsaustausches es gibt, und welcher Verfahren man sich zur Verrechnung derselben bedient, soll Gegenstand der folgenden Betrachtung sein.

Formen des Austausches

a) Einseitiger Leistungsaustausch

Vom einseitigen Leistungsaustausch spricht man, wenn eine Vorkostenstelle Leistungen an eine andere Kostenstelle abgibt, selbst aber keine von dieser empfängt. Dieser Fall kommt sehr selten vor.
Häufiger ist jedoch zu finden, dass ein gegenseitiger Austausch vorliegt. Aus Gründen der Vereinfachung der Abrechnung wird jedoch unterstellt, dass nur einseitige Leistungen erfolgten. Dieses Verfahren kann bei geringem Leistungsaustausch angewendet werden, da hier Ungenauigkeiten entstehen, die jedoch wirtschaftlich vertretbar sind.

Als Verrechnungsverfahren soll hier das **Stufenleiterverfahren** vorgestellt werden. Es berücksichtigt den innerbetrieblichen, in einer Richtung erfolgenden Leistungsaustausch. Dabei wird mit der Verteilung derjenigen Vorkostenstelle begonnen, die selbst nur Leistungen abgibt. Letzte Kostenstelle ist diejenige, die am meisten Leistungen empfängt. Die Reihenfolge der zu verrechnenden Kostenstellen ist sorgsam festzulegen.

Vorkostenstelle 1	Vorkostenstelle 2	Endkostenstelle 1	Endkostenstelle 2
Summe	Summe	Summe	Summe
$\rightarrow$	$+\ x_1$	$+\ x_2$	$+\ x_3$
	Summe	Summe	Summe
	$\rightarrow$	$+\ y_2$	$+\ y_3$
		Summe	Summe

b) Gegenseitiger Leistungsaustausch

Hierbei handelt es sich um einen tatsächlichen Leistungsaustausch, der auch abrechnungstechnisch entsprechend abgewickelt wird.

Als Verrechnungsverfahren soll hier ein **mathematisches Verfahren** vorgestellt werden.

Da in der Praxis häufiger umfangreiche Leistungsverflechtungen zu finden sind, soll auf das in der Literatur zu findende iterative Näherungsverfahren, mit dem lediglich der Austausch zwischen zwei Kostenstellen verrechnet werden kann, verzichtet werden. Stattdessen wird nachfolgend ein mathematisches Verfahren, bei dem Verrechnungspreise für die ausgetauschten Leistungen ermittelt werden, behandelt.

Folgende Problematik tritt hier auf:
Bei ständigem gegenseitigen Austausch von Leistungen zwischen zwei Kostenstellen gehen die Kosten der Inanspruchnahme der anderen Kostenstelle in den Preis der erbrachten Leistung ein, so dass sich ein Zyklus ergibt, der eine direkte Erfassung nicht erlaubt. Daher lassen sich die Verrechnungspreise nur mittels eines Gleichungssystems ermitteln, bei dem pro Kostenstelle eine Gleichung erforderlich ist.

Es ergibt sich folgende Gleichung:

Primäre Gemeinkosten + Menge empfangener Leistungen = Menge der erstellten Leistungen
der empfangenden Kos-   bewertet zum Verrechnungs-   bewertet zum Verrechnungspreis
tenstelle   preis der abgebenden Kosten-
                         stelle

Der Verrechnungspreis kann als Preis je Einheit oder auch als Preis der Gesamtleistung bei Verteilung nach Prozentsätzen errechnet werden.

Beispiel

	primäre GK	Leistung. insg.	Strom	Reparatur
Vorkostenstelle Stromversorgung	2.500,--	50.000 kW/h	-	5.000 kW/h
Vorkostenstelle Reparatur	20.000,--	2.000 Std.	100 Std.	-
Endkostenstelle	80.000,--			
Summe	102.500,--			

Variablendefinition:

x_1: Verrechnungspreis für Leistungen der Kostenstelle Stromversorgung (€/ kW/h)

x_2: Verrechnungspreis für Leistungen der Kostenstelle Reparatur (€/ Std.)

$$2.500,-- + 100\, x_2 = 50.000\, x_1$$
$$20.000,-- + 5000\, x_1 = 2.000\, x_2$$

Lösung als lineares Gleichungssystem nach den bekannten mathematischen Verfahren (es sind alle Verfahren möglich): z.B. Additionsverfahren

$$(1) \quad -50.000\, x_1 + \quad 100\, x_2 = -2.500$$
$$(2) \quad 5.000\, x_1 \quad -2.000\, x_2 = -20.000 \quad /*10$$

$$(1)+(2) \quad\quad -19.900\, x_2 = -202.500 \quad /(-19.900)$$
$$x_2 = 10,176$$

in (1) eingesetzt:

$$-50.000\, x_1 + \quad 1.017,60 = -2.500 \quad / -1.017,60$$
$$-50.000\, x_1 = -3.517,60 \quad / :(-50.000)$$
$$x_1 = 0,07$$

Nun gilt es, die Leistungseinheiten der Vorkostenstellen auf die Endkostenstelle zu verteilen:

Endkostenstelle:			80.000,-- €
+ Stromversorgung:	45.000 kW/h × 0,07	=	3.150,-- €
+ Reparatur:	1.900 Std. × 10,176	=	19.334,40 €
Gesamt:			102.484,40 €

Nach Verteilung der ermittelten Verrechnungspreise ergibt sich wieder die Summe der primären Gemeinkosten (Abweichungen können durch Rundungen auftreten).

	Stromversorgung	Reparatur	Endkostenstelle
102.500,–	2.500,–	20.000,–	80.000,–
Umlage Strom	-3.500,–	350,–	3.150,–
Umlage Reparatur	1.017,60	-20.352,–	19.334,40
Summe	./. *)	./. *)	102.484,40
*) Rundungsfehler	17,60	-2,–	15,60

Da die untereinander verteilten Gemeinkosten der Kostenstellen Stromversorgung und Reparatur in die Verrechnungspreise eingerechnet wurden, ergeben die Summen der Umlagebeträge nicht mehr den Betrag der Gemeinkosten der Kostenstellen. Lediglich die Summe der Kosten der Endkostenstellen müssen wieder gleich der Summe der Primärgemeinkosten sein.

4.2.3. Gegenüberstellung von Erlösen und Kosten

Den Kostenstellenkosten werden im Einklang mit KHBV und PBV dann die Erlöse dieser Kostenstellen gegenübergestellt - differenziert nach:
Krankenhausleistungen (Pflegesätze im Kur- und Reha-Bereich, DRG-Fallpauschalen, Erlöse aus vor- und nachstationärer Behandlung), Wahlleistungen, Ambulante Leistungen und Nutzungsentgelte in Krankenhäusern
nach Pflegeleistungen (ambulant, teilstationär, vollstationär, Kurzzeitpflege) u.a. bei Pflegeinstitutionen.

Betriebswirtschaftlich müssen bei den Erlösen auch die **Erträge aus der abschreibungsgemäßen Auflösung der Sonderposten** berücksichtigt werden, da diese letztlich als Zuschüsse dem periodengemäßen Entgelt für die Investitionsgüter entsprechen (Investitionsförderung ist zum Teil im Pflegebereich auch durch periodenmäßiges Pflegewohngeld möglich, das dann auch als Erlös angesetzt wird).

Es handelt sich hierbei um die **Netto-Umsatzerlösen** statt. Der entstehende Saldo ist das **Betriebsergebnis** oder **Betriebsgewinn** der einzelnen Kostenstelle in der aktuellen Periode.

Von den Bruttoerlösen werden die folgenden Erlösschmälerungen abgezogen.

Erlösschmälerungen im engeren Sinne:
a. eventuell auf den Ausgangsrechnungen in Abzug gebrachte Sofortrabatte,
b. heute noch seltener Skonti und Boni und ähnliche periodenbezogene Gesamtrabatte,
c. Gutschriften für Mängelrügen,
d. Debitorenausfälle aufgrund von Insolvenzen oder Währungsänderungen,
e. sonstige Stornierungen der Erlöse oder Kostenerstattungen, die der Patient selbst für Nachbesserungen minderwertiger Leistungen aufwendet,
f. Schadensersatzzahlungen und Konventionalstrafen,

Erlösschmälerungen im weiteren Sinne:
a. Korrektur von Buchungs- und Berechnungsfehlern,

Bei den Punkten d. bis f. ist zu beachten, dass diese nur als Erlösschmälerungen im obigen Sinne behandelt werden, sofern sie nicht schon als kalkulatorische Wagnisse berücksichtigt worden sind. Eine doppelte Berücksichtigung dieser Punkte als Kostenträgergemeinkosten und Erlösschmälerungen ist aus Gründen der Logik unzulässig.

4.2.4. Kalkulationssätze

Als nächste Stufe des BAB werden die so genannten Kalkulationssätze ermittelt. Sie stellen das Verhältnis von Kostenträger-Gemeinkosten und Kostenträger-Einzelkosten im Hinblick auf die Kostenträgerstückrechnung bzw. den Leistungsartgemeinkosten und -einzelkosten im Hinblick auf die Kostenträgerzeitrechnung, in einem verursachungsgerechten Zusammenhang dar. Zwischen den beiden Größen muss eine Beziehung bestehen, die, wie später noch deutlicher wird, proportional verlaufen muss.

Die primär und sekundär verteilten Gemeinkosten, die jetzt nach Funktionen bzw. Funktionsbereichen im BAB verteilt sind, erhalten in der Industrie den Namen ihrer Endkostenstelle: Materialgemeinkosten (MGK), Fertigungsgemeinkosten (FGK), Verwaltungsgemeinkosten (VwGK) und Vertriebsgemeinkosten (VtGK). (Hier werden auch die Verwaltungs- und Vertriebskosten als Endkostenstellen abgerechnet.)
Im Gesundheitswesen sind als Endkostenstellen evtl. Kostenstellen des Materialbereiches mit Materialgemeinkosten (MGK), in jedem Fall jedoch Kostenstellen der Pflege-

bereiche als „Fertigungsbereiche" mit „Fertigungsgemeinkosten" (FGK) - besser sicherlich Pflegegemeinkosten - und der Nebenkostenstellenbereiche abgerechnet.

Es werden dann folgende Gemeinkosten-Kalkulationssätze ermittelt:

$$\text{Materialgemeinkostensatz} = \frac{\text{Materialgemeinkosten}}{\text{Materialeinzelkosten (MEK)}} \times 100$$

$$\text{Pflegegemeinkostensatz} = \frac{\text{Pflegegemeinkosten}}{\text{Patientenorientierte Gehälter / Löhne (FL*)}} \times 100$$

*) Die Abkürzung „FL" stammt aus der Industrie: Fertigungslöhne als Fertigungseinzelkosten.

Diese Kalkulationssätze dienen dann später in der Kostenträgerrechnung dazu, anhand der Kostenträger- bzw. Leistungsart-Einzelkosten die entsprechenden Gemeinkosten zu ermitteln und zu verteilen.

Beispiel

Patientenorientierte Gehälter (FL): € 100.000,–

Pflegegemeinkosten (Summe der Endkostenstelle Pflege ...): € 10.000,–

$$\text{FGK-Kalkulationssatz} = \frac{\text{FGK} \times 100}{\text{FL}} = \frac{1.000.000,-}{100.000,-} = 10\,\%$$

	Leistung(sart) A	Leistung(sart) B
Patientenorientierte Gehälter	60.000,–	40.000,–
+ Gemeinkostensatz 10%	6.000,–	4.000,–
Pflegekosten	66.000,–	44.000,–

Aufsummiert werden die o.a. Kosten zu Herstellkosten:

Materialeinzelkosten (MEK)	
+ **Materialgemeinkosten (MGK)**	= **Materialkosten (MK)**
Fertigungslöhne (FL/FEK) - Patientenorientierte Gehälter	
+ **Fertigungsgemeinkosten (FGK) Pflegegemeinkosten**	
	= **Fertigungskosten (FK)**
	= **Herstellkosten (HK)**

4.2.5. Umsatzbezogene Kostenstellenkosten und Herstellkosten des Umsatzes

Bisher wurden bei der Ermittlung der Kostenstellenkosten die gesamten erbrachten Leistungen zugrunde gelegt. Da jedoch auch am Ende einer Periode - hauptsächlich in **Krankenhäusern** - noch Patienten vorhanden sind, die erst zum Teil wiederhergestellt sind (**Überlieger**), weicht die Höhe der Leistungen bezüglich der Leistungsverwertung (Absatz) und die Höhe der gesamten erbrachten Leistungen in den Abteilungen und gegebenenfalls im Materialbereich häufig voneinander ab. Die leistungsabhängigen Kosten müssen deshalb in verwertungsabhängige - **umsatzbezogene** - **Kostenstellenkosten** umfunktioniert werden

Gleiches gilt als auch für die Summe der Material- und Fertigungskosten, die Herstellkosten. Diese Herstellkosten der Produktion bezogen auf die Leistungsverwertung werden als **Herstellkosten des Umsatzes** bezeichnet.

Ein weiterer Grund für die Ermittlung der Herstellkosten des Umsatzes ist prinzipiell schon aus der Finanzbuchhaltung bekannt. Bei der Buchung der Bestandsveränderungen an unfertigen Erzeugnissen (Patienten in Behandlung - Überlieger) wurden die Erlöse demjenigen Aufwand gegenübergestellt, der für die verwerteten Leistungen entstanden war. Der gleiche Absatzbezug muss in der Betriebsbuchhaltung berücksichtigt werden. Jede andere Behandlung von Zu- und Abgängen an „Patienten am Periodenende in Behandlung" (Überlieger) würde das Bild der Erfolgsrechnung verzerren.

Wie werden also die umsatzbezogenen Kostenstellenkosten und die Herstellkosten des Umsatzes ermittelt ?
Die leistungsorientierten Kosten werden wie die Aufwendungen in der Finanzbuchhaltung um die hier zu (Teil-)Herstellkosten bewerteten Minder- und Mehrbestände an Patienten in Behandlung (unfertige Erzeugnisse) folgendermaßen berichtigt:

Umsatzbezogene Kostenstellenkosten	Herstellkosten des Umsatzes
Leistungsorientierte Kosten + **Minderbestand (Kostenstelle)** - **Mehrbestand (Kostenstelle)**	**Herstellkosten der Produktion** + **Minderbestand (insgesamt)** - **Mehrbestand (insgesamt)**
= **Umsatzbezogene Kosten**	= **Herstellkosten des Umsatzes**

Diese Berichtigung ist einfacher, wenn man berücksichtigt, dass die Bewertung der Bestandsveränderungen in der Finanzbuchhaltung auf der Basis der Herstellungskosten erfolgte. Hier soll davon ausgegangen werden, dass Herstellkosten und Herstellungskosten identisch sind. Das Konto „Bestandsveränderungen" dient also als Informationsquelle.

Das folgende Beispiel zeigt auf, wie sich die Gewinnsituation bei Ansatz der Herstellkosten des Umsatzes verändert.

Beispiel

Leistungsmenge: 100.000 Patienten   Herstellkosten: 100.000,– €
verwertete Leistungsmenge: 1.000 Patienten   Erlöse: 15.000,– €

	Herstellkosten der Produktion:	100.000,– €
-	Bestandsmehrung:	99.000,– €
+	Bestandsminderung:	0,– €
=	Herstellkosten des Umsatzes:	1.000,– €

Unter Berücksichtigung der Herstellkosten der Produktion ergäbe sich ein Verlust von 85.000,– €; unter Berücksichtigung der Herstellkosten des Umsatzes jedoch bei gleicher Anzahl verwerteter Leistungen ein Gewinn von 14.000 €.

Weil hier ein extremes Zahlenbeispiel gewählt wurde, lässt sich deutlich erkennen, dass diese Verfahrensweise wesentlich genauer ist; es sei denn, der Betrieb hat keinerlei oder nur geringe Veränderungen an Patienten in Behandlung.

4.2.6. Selbstkosten

Die Selbstkosten sind in der Industrie die Summe der Herstellkosten (der Produktion oder des Umsatzes) und der Verwaltungs- und Vertriebsgemeinkosten, sowie die Sondereinzelkosten des Vertriebes.

Da die Verwaltungsgemeinkosten aber im Gesundheitswesen im Rahmen der innerbetrieblichen Leistungsabrechnung schon verrechnet wurden, Vertriebsgemeinkosten in diesem Bereich keine wesentliche Rolle spielen (außer vielleicht: Rechnungserstellung und Zahlungsüberwachung) und deshalb im Verwaltungsbereich mit erfasst wurden, unterscheidet sich hier der Wert der Herstellkosten von dem Wert der Selbstkosten lediglich durch mögliche Sondereinzelkosten des Vertriebs (Beispiel: besondere Fahrdienste für nur bestimmte Patienten auf Wunsch - im Kurbereich). Deshalb sollte der Begriff für weitere Denkmodelle bekannt sein.

4.2.7. Proportionalität von Bezugsgröße und Gemeinkosten

Wie bereits besprochen, sollen Kalkulationssätze ein Verhältnis wiederspiegeln, das der Realität weit gehend entspricht. Wenn dieses Verhältnis - häufig im Fertigungs- bzw. Pflegebereich - nicht mehr stimmt, muss man auf andere Bezugsgrößen zurück- greifen. Die Verschiebung der Proportion kann vielerlei Gründe haben, z.B. Erhöhung der Gemeinkosten durch Automatisierung bei gleichzeitiger Senkung der patientenori- entierten Gehälter.

Aus dem Grund einer fehlenden Proportionalität der Gemeinkostenmaterialien zu die- sen Gehältern wurde oben die Einrichtung einer Endkostenstelle Material mit Vertei- lungsbasis Materialeinzelkosten empfohlen!

Mögliche Bezugsgrößen sind dann z.B.: Pflegezeiten, Maschinenstunden, Patienten- zahlen, Arbeitsstunden, etc.

Der auf Basis anderer Bezugsgrößen ermittelte Kalkulationssatz ist kein Prozentsatz mehr, sondern ein Betrag pro Einheit.

Beispiel

Pflegegemeinkosten (abweichende Pflegeintensität): 100.000,– €
benutzte Maschinenstunden: 200,– Stunden

Kalkulationssatz: 500,– €/ Maschinenstunde

V. Kostenträgerrechnung

1. Zweck und Aufgaben

Die Kostenträgerrechnung schließt sich sachlogisch als dritte Stufe der Kosten- und Leistungsrechnung an die Kostenarten- und Kostenstellenrechnung an.

Ihr **Zweck** ist es, festzustellen **wofür** Kosten entstanden sind. Dadurch wird einerseits eine ursächlich aufgeschlüsselte Feststellung des Betriebsergebnisses ermöglicht, andererseits sind Unwirtschaftlichkeiten lokalisierbar.

Entscheidend für die Erlössituation im Gesundheitswesen – und hier vor allem im Krankenhaus aufgrund der Abrechnung nach Fallpauschalen – ist eine genaue Dokumentation der Behandlungsfälle. Das DRG-System berücksichtigt die Leistungssituation, die über die Diagnose- und Prozedurencodes der Haupt- und Nebendiagnosen dokumentiert wird. Damit können aber nur die leistungsdokumentierten, aufwandsentsprechenden Erlöse realisiert werden.

Eine unwirtschaftliche Verwendung der Leistungsfaktoren ist dann aber ein existenzgefährdendes Risiko, andererseits bedeutet ein effizienter Umgang mit den Faktoren eine erhebliche unternehmenspolitische Chance.

Um hier entsprechende Aussagen machen und Strategien entwickeln zu können, muss das Controlling kostenträgerbezogene Kostenabrechnungen erstellen.

Hauptaufgabe der Kostenträgerrechnung ist die Zurechnung der Kostenarten, entweder unmittelbar oder über die Kostenstellen, auf die einzelnen Leistungen / Leistungsarten bzw. -gruppen als Kostenträger. Die Zurechnung erfolgt - soweit möglich - nach dem Verursachungsprinzip, ansonsten nach dem Durchschnittsprinzip aufgrund von Schlüsselzuweisungen (indirekte Zurechnung); eine Alternative bildet die Kostenverteilung nach dem Tragfähigkeitsprinzip, nach dem die Kosten auf Basis der erzielbaren Marktpreise verteilt werden. Dabei erhält sie Daten von der Kostenarten- bzw. Kostenstellenrechnung.

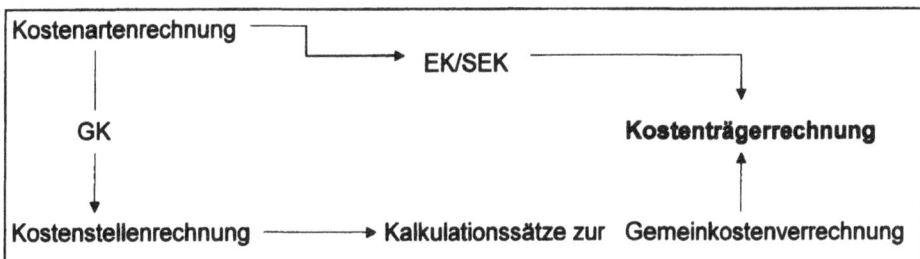

Sie stellt Daten für folgende Aufgaben bereit :

- **Entscheidungsvorbereitung und Wirtschaftlichkeitskontrolle zur Planung, Steuerung und Analyse der Leistungen:**

  Beurteilung der Ertragskraft der Kostenträger: Sie erfolgt durch Vergleiche der Erlöse der jeweiligen Leistungen mit den ihnen zurechenbaren Kosten.

  Spezielle Kostenvergleichs- und Kontrollrechnungen: Die Kostenträgerrechnung liefert zur Überwachung der Wirtschaftlichkeit ggf. die nötigen Kostenwerte und unterstützt so im Bedarfsfall die Auswahl der Leistungspalette.

  Zusammenstellung von Planungs- und Entscheidungsvorlagen: Diese werden benötigt, wenn marktbezogene Restriktionen (Konkurrenzsituation usw.) die Handlungsfreiheit des Entscheidungsträgers von vornherein einschränken.

  Vergleich von Vor- und Nachkalkulation: Diese Kalkulationsarten werden bei der Kostenträgerstückrechnung näher erläutert.

  Stückkostenvergleich: Er wird durchgeführt zwischen verschiedenen Leistungsstätten für gleiche Leistungen.

  Vergleichskalkulation: Der Einsatz erfolgt bei unterschiedlichen Handlungsmöglichkeiten, z.B. gleichartige Leistungsverfahren, Eigenerbringung - Fremdbezug bestimmter Leistungen.

  Feststellung von Selbstkostenveränderungen aufgrund externer Einflüsse: Um dem Entscheidungsträger schnelles Handeln zu ermöglichen, sind oft kostenträgerbezogene Kostenveränderungen, z.B. die Folgen von Sach- oder Personalkostensteigerungen, in ihrer Wirkung auf die Kostenstruktur des Trägers zu ermitteln.

  Es können Erkenntnisse über die Notwendigkeit einer Änderung des Leistungsverfahrens oder -programms gewonnen werden.

- **Preisorientierung:**

  Preisfindung am Absatzmarkt: Sofern Budgetwerte sich noch annähernd an den leistungsbezogenen Kosten orientieren, z.B. im Pflegebereich und im Kurbereich.

  Ermittlung der Preisuntergrenze: Wenn der Betrieb z.B. in Hinsicht auf die Konkurrenz keinen Einfluss auf die Leistungshöhen der Kranken- und Pflegekassen u.a. nehmen kann, ist die Feststellung, welcher Erlös oder Preis gerade noch geeignet ist, die Gesamtkosten der Leistungserbringung zu decken, oder welcher Preis nur noch die variablen Kosten deckt, von erheblicher Bedeutung.

  Ermittlung des gewinnmaximalen Preises: Aufgrund der Marktdaten wird eine „betriebsindividuelle" Nachfrageprognose erstellt, aus der mit Hilfe der Kostenträger-Ergebnisse der gewinnmaximale Preis ermittelt wird.

- **Bewertung:**
  Bewertung von Beständen an unfertigen Erzeugnissen (Patienten am Periodenende in Behandlung) und **sonstigen Leistungen** (selbsterstellte Anlagen und
  auch originäre Wirtschaftsgüter): Die Bewertung erfolgt in der Regel zu internen
  Kostenwerten (insbesondere für die kurzfristige Erfolgsrechnung). Die Daten sind
  dann auch häufig unter Berücksichtigung entsprechender Korrekturen die Grundlage für die Bewertung in der Handels- und Steuerbilanz. Zur Vereinfachung aller
  folgenden Abrechnungen sollen in diesem Zusammenhang **Herstellkosten** und
  Herstellungskosten in der Höhe gleichgesetzt werden. Dadurch entfällt der Aus-
  gleich von Differenzen zwischen diesen Größen auf Verrechnungskonten.

2. Kostenträger

2.1. Verwertungsbestimmte Leistungen und innerbetriebliche Leistungen

Verwertungsbestimmte Leistungen sind Leistungen, die als **Primärleistung** in Krankenhäusern eine Statusveränderung bei Patienten als Behandlungsergebnis bedeuten,
oder die in Pflegeinstitutionen eine Verbesserung der Situation der Pflegebedürftigen
beinhalten.

Innerbetriebliche Leistungen sind alle Leistungen, die nicht absatzbestimmt sind und
zur Unterstützung des eigentlichen Betriebszwecks dienen. Sie müssen selbstständig
bewertbar sein. Dazu gehören **selbsterstellte Anlagen** und **Ergebnisse von For-
schungs- und Entwicklungsprojekten** (Patente, Prototypen).
Diese Leistungen sind zu gliedern in:
- zu aktivierende innerbetriebliche Leistungen („andere aktivierte Eigenleistungen"),
  die dem Betrieb länger zur Verfügung stehen,
- sonstige nicht zu aktivierende innerbetriebliche Leistungen, die als Verbrauch der
  Periode in die Kostenrechnung eingehen.

Nach Berücksichtigung ökonomischer und organisatorischer Gesichtspunkte kann es
sinnvoll sein, verwertungsbestimmte Leistungen zu Leistungsgruppen bzw. -sparten
zusammenzufassen.

2.2. Arten von Leistungen

Leistungen lassen sich außerdem im Gesundheitswesen einteilen in Einzelleistungen und Fallgruppen:

Einzelleistungen im Verwertungsbereich und im innerbetrieblichen Bereich	
in Krankenhäusern	in Pflegeinstitutionen
im Wirtschafts-, Verwaltungs-, Versorgungsbereich der medizinischen Institutionen ärztliche und operative Leistungen Pflegeleistungen	im Wirtschafts-, Verwaltungs-, Versorgungsbereich Pflegeleistungen

Wie oben dargestellt ist der Empfänger im Bereich der Leistungsverwertung der **Patient** bzw. der **Pflegebedürftige**. Aus Praktikabilitäts- und nicht erforderlichen Genauigkeitsgründen scheidet aber häufig der Erfassungs- und Verrechnungsaufwand auf eine einzelne Bezugsperson bezogen aus. Man bildet deshalb mit den Leistungen nach unterschiedlichen Verfahren Fallgruppen bzw. Patientenkategorien als **sachgerechte Kostenträger**.

Diese Fallgruppenkriterien können **diagnose-** oder **therapiebezogen** sein oder aus einer **Kombination** in Krankenhäusern bestehen, oder sich auf **Pflegeklassen und -arten** in Pflegeinstitutionen beziehen. Auf diese Weise wird also der Fallgruppenpatient zum Kostenträger im Verwertungsbereich.

3. Periodenrechnungen aufgrund von Kostenträgern

Die Kostenträgerrechnung gliedert sich in die Kostenträgerzeitrechnung und die Kostenträgerstückrechnung. Kostenarten- und Kostenstellenrechnung sind dagegen reine Zeitrechnungen.

3.1. Kostenträgerzeitrechnung

Bei der Kostenträgerzeitrechnung fällt die Zurechnung der Kosten auf die Kostenträger als Leistungsarten zeitlich mit der kostenrechnerischen Abrechnungs- und Kontrollperiode zusammen.
Durch diese zeitliche Verknüpfung und den Kostenausweis getrennt nach Kostenträgern bildet sie das eigentliche betriebswirtschaftliche Verbindungsstück zwischen **Kostenrechnung und Betriebsergebnisrechnung**.

Im Gegensatz zur KHBV verlangt die PBV ebenfalls eine Kostenträgerzeitrechnung (Muster in der Anlage 6 für stationäre Pflege: differenziert nach den Leistungsarten „Pflegeklassen und Art der Leistung") auf Basis der pflegesatzfähigen **(pagatorischen)** **„Kosten"** und (pagatorischen) **„Leistungen"** - also insgesamt eine Betriebsergebnisrechnung (siehe dort).

In **Dienstleistungsunternehmen** erfolgt zwar sehr häufig die **Zurechnung von Leistungen auf Kostenstellen**, so dass sich die Betriebsergebnisrechnung formal durch die Gegenüberstellung von Leistungen und Kosten einer Kostenstelle oder eines Kostenstellbereiches ergibt.
Soweit Leistungsarten und die erbringenden Kostenstellen kosten- und leistungsbelastet identisch sind, entspricht die Betriebsabrechnung dann als Abrechnung über die Kostenstellen der Abrechnung über die Leistungsarten als Kostenträgerzeitrechnung.
Ansonsten - wenn in einer Kostenstelle oder einem Kostenstellenbereich mehrere Leistungsarten erbracht werden, wie z.B. auch in der stationären Pflege - muss eine Trennung in die Betriebsabrechnung via Kostenstellen und in die Betriebsabrechnung via Leistungsarten erfolgen.

Folgende Aufgaben sind durch die Zeitrechnung zu lösen:

- Ermittlung der Selbstkosten für die Leistungsarten anhand des üblichen Kalkulationsschemas zur Entscheidungsvorbereitung für Planung, Steuerung und Analyse der Leistungen,

- Ermittlung des wertmäßigen Bestandes an Patienten einer Leistungsart, die am Periodenende noch in Behandlung sind (unfertige Erzeugnisse),

- (Kontrolle der tatsächlichen Kosten durch Vergleich mit eigenen kostenträgerbezogenen Norm- oder Plangrößen).

3.2. Betriebsergebnisrechnung

Das Betriebsergebnis stellt die Differenz zwischen den Leistungen bzw. ihrem Gegenwert, den Erlösen und den in der Kostenträgerzeitrechnung ermittelten Kosten dar. Diese Gegenüberstellung ist ebenfalls leistungsartbezogen.
Die Betriebsergebnisrechnung ist also die Kostenträgerzeitrechnung erweitert um den Vergleich mit den zurechenbaren Erlösen.

Diese Zurechnung von pflegesatzfähigen **(pagatorischen) „Kosten"** und **(pagatorischen) „Leistungen"** auf Kostenträger verlangt auch die PBV (Muster in der Anlage 6 für stationäre Pflege: differenziert nach Pflegeklassen und Art der Leistung).

Während die Ermittlung des Gesamtergebnisses aus den Konten der FIBU den rechtlichen Vorschriften folgt und vorrangig finanzwirtschaftlichen Informationsbedürfnissen dient, soll die rechtliche pagatorische Kosten- und Leistungsrechnung durch die Gegenüberstellung von Erlösen und Kosten in den Kostenstellen(-bereichen) bei Krankenhäusern und bezogen auf Kostenträger im Pflegebereich als Betriebsergebnisrechnung Informationen zur Steuerung und Kontrolle der Institutionen liefern. (Soweit jedoch Leistungsarten und die erbringenden Kostenstellen in Krankenhäusern kosten- und leistungsbelastet identisch sind, entsprechen sich die Betriebsabrechnungen - allerdings auf pagatorischem Niveau.)

Die betriebswirtschaftliche Betriebsergebnisrechnung als Abschluss der Kosten- und Leistungsrechnung hat den Zweck, die für die Steuerung des Unternehmens grundlegende Frage unter betriebswirtschaftlichen Gesichtspunkten zu beantworten, in **welcher Weise** die einzelnen Leistungen und die dazu gehörigen Kosten das Betriebsergebnis beeinflussen.

Darüber hinaus sind je nach den Bedürfnissen des Unternehmens in der Praxis weitere Informationen interessant:

- die Aufgliederung des Kostenträgerperiodenergebnisses nach Patientengruppierungen, Leistungszahlern, u.a., verschiedenen Betrieben als Informationsvorgaben für ein Marketing,
- Ergebnisauswirkungen durch Pflegesatzänderungen (Einfluss auf Leistungsverwertungen),
- Einfluss von Änderungen bei Personal-, Material-, Kapitalkosten usw. auf die Ergebnisse der Leistungsarten,
- Ergebniswirksamkeit von Rationalisierungen.

Der **Feinheitsgrad** des Aufbaus der Ergebnisrechnung ist über den Aufbau der Kosten- und Leistungsrechnung (Informationslieferant) vom Leistungsprogramm, Leistungsverfahren, Verwertungsprogramm und -organisation abhängig.

Der formale Aufbau der Betriebsergebnisrechnung sollte so gestaltet sein, dass ihre Informationen **periodisch** vorliegen und **gleiche Begriffsinhalte** haben.

Zur Vermeidung von unnötigen Kosten bei der Erstellung der Ergebnisrechnung sollte berücksichtigt werden, dass es oftmals sinnvoller ist, fallweise analytische Sonderauswertungen (speziell für einen Kostenträger) durchzuführen, als die Ergebnisrechnung durch eine zu tief gehende Organisation „aufzublähen".

Die Ergebnisse sollten also unter Beachtung der Kriterien **Übersichtlichkeit** und **Wirtschaftlichkeit** nur so weit differenziert werden, um die Ursachen von Erfolg und Misserfolg zu erkennen.

Die Ermittlung der Ergebnisse in möglichst kurzen Periodenabständen ist zweckmäßig. Eine sofortige Analyse als Grundlage für rechtzeitige Maßnahmen kann dann erstellt werden.

Im Folgenden soll das Kostenträgerblatt (BAB II) als Beispiel für die Kostenträgerzeitrechnung dienen, das zugleich Kostenträgerzeit- und Betriebsergebnisrechnung integriert.

Wie aus der nachfolgenden Abbildung ersichtlich ist, kann sich die Kostenträgerzeit- und Betriebsergebnisrechnung nahtlos als Teil II an die Kostenstellenrechnung im BAB-Teil I anschließen, aufbauend auf dessen Ergebnissen.

BAB I und II

BAB (I)		1	2	3	4	5	6	7
		Kosten-Arten	VorKoSt. Verwaltung	VorKoSt. Speise	VorKoSt. Röntgen	EndKoSt. Material	EndKoSt. Innere	EndKoSt. Chirurgie
Sachgüterverbrauch	1	145.550				145.550	(5.550)	(140.000)
patientenorientierte Gehälter	2	178.750					83.500	95.250
Gemeinkosten	3	332.500	72.000	44.000	25.100	9.400	66.000	116.000
Umlage Verwaltung	4		→	4.000	2.000	14.000	23.000	29.000
Umlage Speise	5			→	12.800	4.300	17.500	13.400
Umlage Röntgen	6				→	→	18.400	21.500
	7	332.500				27.700	124.900	179.900

BAB (II)				Kostenträger		
KOSTENTRÄGERZEIT-RECHNUNG		insgesamt	Zuschlag in %	Leistungsart A	Leistungsart B	Leistungsart C
	MEK	145.550		5.550	120.000	20.000
	+ MGK	27.700	19	1.100	22.800	3.800
= Materialkosten		173.250		6.650	142.800	23.800
	FL A	83.500		83.500		
	+ FGK A	124.900	149,6	124.900		
	FL B	95.250			63.000	32.250
	+ FGK B	179.900	188,9		119.007	60.893
= Fertigungskosten		483.550		208.400	182.007	93.143
= Herstellkosten der Produktion		656.800		215.050	324.807	116.943
	+ Mindb.	+ 20.000		+ 6.000	+ 14.000	
	- Mehrb.	- 10.000				- 10.000
= Herstellkosten des Umsatzes		666.800		221.050	338.807	106.943
= Selbstkosten des Umsatzes		666.800		221.050	338.807	106.943
BETRIEBSERGEBNIS-RECHNUNG						
Netto-Erlöse		700.800		236.800	310.040	153.960
Umsatz-Betriebsergebnis		34.000		15.750	- 28.767	47.017

Eine noch genauere Materialkosten-Zurechnung ist gerade im Krankenhausbereich – wie schon in der Kostenstellenrechnung dargestellt – aufgrund der Zuordnungen der Materialkosten zu den Pflegeendkostenstellen(-Bereichen) möglich (s.u.).

BAB I und II

BAB (I)		1	2	3	4	5 a	6	5 b	7
						Innere		Chirurgie	
		Kosten-Arten	VorKoSt. Verwaltung	VorKost. Speise	VorKoSt. Röntgen	EndKoSt. Material	EndKoSt. Pflege	EndKoSt. Material	EndKoSt. Pflege
Sachgüterverbrauch	1	145.550				5.550		140.000	
patientenorientierte Gehälter	2	178.750					83.500		95.250
Gemeinkosten	3	332.500	72.000	44.000	25.100	1.400	66.000	8.000	116.000
Umlage Verwaltung	4		→	4.000	2.000		23.000	14.000	29.000
Umlage Speise	5			→	12.800	300	17.500	4.000	13.400
Umlage Röntgen	6				→		18.400		21.500
	7	332.500				1.700	124.900	26.000	179.900

BAB (II)				Kostenträger		
KOSTENTRÄGERZEIT-RECHNUNG		insgesamt	Zuschlag in %	Leistungsart A	Leistungsart B	Leistungsart C
	MEK	145.550		5.550	120.000	20.000
	+ MGK	1.700	30,6	1.700		
		26.000	18,6		22.320	3.680
= Materialkosten		173.250		7.250	142.320	23.680
	FL A	83.500		83.500		
	+ FGK A	124.900	149,6	124.900		
	FL B	95.250			63.000	32.250
	+ FGK B	179.900	188,9		119.007	60.893
= Fertigungskosten		483.550		208.400	182.007	93.143
= Herstellkosten der Produktion		656.800		215.650	324.327	116.823
	+ Mindb.	+ 20.000		+ 6.000	+ 14.000	
	- Mehrb.	- 10.000				- 10.000
= Herstellkosten des Umsatzes		666.800		221.650	338.327	106.823
= Selbstkosten des Umsatzes		666.800		221.650	338.327	106.823
BETRIEBSERGEBNIS-RECHNUNG						
Netto-Erlöse		700.800		236.800	310.040	153.960
Umsatz-Betriebsergebnis		34.000		15.150	- 28.287	47.137

1. Aufbau des Kostenträgerblattes

Die zur Berechnung benötigten Größen wie Einzelkosten, Gemeinkostenzuschläge, Erlöse und Minder- oder Mehrbestände an unfertigen Erzeugnissen (Patienten am Periodenende in Behandlung) werden jeweils zeilenweise dargestellt. Die erste Spalte

des BAB II enthält die entsprechende Bezeichnung des Postens. Die zweite Spalte weist die Gesamtbeträge des Postens für den Betrieb insgesamt aus. In der dritten Spalte können dann die Kalkulationssätze für die Verrechnung der Gemeinkosten ergänzt werden. Danach folgen entsprechend der Anzahl der verschiedenen Leistungsarten des Betriebs Spalten für die Werte dieser Leistungsarten. Entstehende Zwischenergebnisse (beispielsweise Materialkosten) werden an entsprechender Stelle in dieses Schema eingeordnet.

2. Abrechnungsablauf

Wie von der Kostenstellenrechnung her schon bekannt, werden im ersten Abrechnungsschritt die Material-, Fertigungskosten und als Summe über diese die Herstellkosten der Produktion ermittelt.

Je nachdem, ob die Kostenstellenrechnung auf Konten oder im BAB I durchgeführt wurde, kommen die Zahlen aus verschiedenen Quellen.

Aufschluss hierüber gibt die folgende Übersicht.

Daten der Kostenträgerzeit- und Betriebsergebnisrechnung nach dem Aspekt ihrer Herkunft				
	Posten	Art der Kostenstellenrechnung		
		tabellarisch (Zeile Spalte)		kontenmäßig
Einzelkosten	Sachgüterverbrauch patientenorientierte Gehälter	1 2	1,5, (6,7) 1,6,7	Kontengruppe Sachgüterverbrauch Kontengruppe patientenorientierte Gehälter
Gemeinkosten	Materialgemeinkostenzuschlag Fertigungsgemeinkostenzuschlag	7 7	5 6, 7	Ermittlung in Nebenrechnung oder durch spezielle Buchungen (näheres folgt später)
Bestandsver-veränderungen an unfertigen Erzeugnissen	Bestand unfertiger Erzeugnisse			Hierzu ist eine Saldierung der Konten erforderlich. Dieses ist unabhängig - von der Art der Kostenstellenrechnung

Sind die Herstellkosten der Produktion ermittelt, erfolgt ein entscheidender Schritt, der es ermöglicht, die entstandenen Kosten der Periode auf den Umsatz des Betriebes in dieser Periode zu beziehen:

Da sich die Gesamtkosten der Periode lediglich auf die Leistungserbringung beziehen - die Leistungsverwertung der Periode aber auf den Umsatz (z.B. Verwertung von Leistungen, die nicht unbedingt in der aktuellen Periode vollständig erbracht wurden) - müssen die Mehr- bzw. Minderbestände an unfertigen Leistungen in der Periode berücksichtigt werden.

Ein **Minderbestand** an unfertigen Erzeugnissen (Patienten am Periodenende in Behandlung) - ebenfalls bewertet zu Herstellkosten - **vergrößert** die Kosten, indem er zu den Herstellkosten der Produktion **addiert** wird.

Ein **Mehrbestand verringert** die Kosten, indem er von den Herstellkosten der Produktion **subtrahiert** wird.

Erst diese Betrachtungen und ihre Auswirkungen in Zeile 9 und 10 des BAB II ermöglichen später die umsatzgerechte Ermittlung des Betriebsergebnisses und verleihen ihm die notwendige Aussagekraft. Anhand dieser Größe können dann präzise Aussagen über die wirtschaftliche Leistung des Betriebes während der betrachteten Periode gewonnen werden; dieses unbeeinflusst von nicht marktbedingten Daten.

Nach Berücksichtigung der Bestandsveränderungen sind die **Herstellkosten des Umsatzes** ermittelt.

Durch Addition von eventuellen Sondereinzelkosten des Vertriebs (z.B. Werbung für bestimmte Kur), erhält man in Zeile 12 den letzten Posten der Kostenträgerzeitrechnung, die **Selbstkosten des Umsatzes**.

Der Übergang zur Betriebsergebnisrechnung findet im Vergleich der Selbstkosten mit den, den einzelnen Kostenträgern zurechenbaren, **Netto-Erlösen** statt. Der entstehende Saldo ist das **Betriebsergebnis** oder **Betriebsgewinn** der aktuellen Periode.

3.3. Betriebsergebnisrechnung und Kontenrahmen

In diesem Kapitel werden die so genannten Gesamtbuchhaltungssysteme und die in ihnen angewendeten Rechnungsverfahren untersucht.

Gesamtbuchhaltungssysteme organisieren den Ablauf und die ordnungsmäßige Aufzeichnung von Finanzbuchhaltung und Kostenrechnung. Der notwendige Datentransfer zwischen diesen beiden Untersystemen des Rechnungswesens erfolgt nach den Regeln des jeweiligen Gesamtbuchhaltungssystems.

Zur übersichtlichen Darstellung von Zusammenhängen und Abläufen wurden hier nur die Ziffern des **KHBV-Kontenrahmens** verwandt.

Die beiden geläufigen Rechnungsverfahren zur Ermittlung des Betriebsergebnisses sind das Gesamt- und Umsatzkostenverfahren. Die folgende Abbildung stellt zwei Gesamtbuchhaltungssysteme, ihre Varianten und die jeweils möglichen Rechnungsverfahren dar.

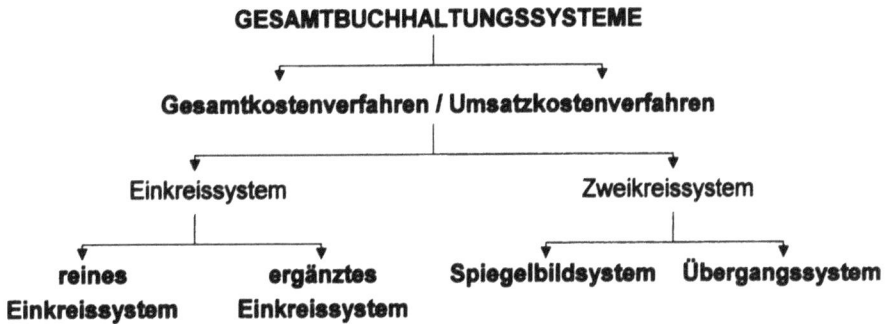

GESAMTBUCHHALTUNGSSYSTEME

Gesamtkostenverfahren / Umsatzkostenverfahren

Einkreissystem　　　　　　　　　Zweikreissystem

reines　　　**ergänztes**　　　**Spiegelbildsystem**　**Übergangssystem**
Einkreissystem　**Einkreissystem**

Betrachtet man einmal den Gemeinschaftskontenrahmen (GKR) einerseits und Industriekontenrahmen (IKR), KHBV- und PBV-Kontenrahmen in den Anlagen 4, 5, 6 (nur bei Pflege) anderseits, so ist leicht zu erkennen, dass der GKR aufgrund seiner Prozessgliederung zum so genannten Einkreissystem tendiert, während die anderen mit der Kosten- und Leistungsrechnung in Klasse 9 von vorneherein Züge des Zweikreissystems aufweisen. Selbstverständlich lassen sich beide aber auch nach dem anderen Verfahren organisatorisch aufbereiten.

3.3.1. Die Gesamtbuchhaltungssysteme als Einkreissystem

Einkreissysteme, auch monistische Systeme oder Einsysteme genannt, werden zur engen Verbindung von Finanzbuchhaltung und Kostenrechnung angewendet.
Die erste Variante, das **reine Einkreissystem** wird als ungeteilte Gesamtbuchhaltung, durchgängig von der FiBu über die Betriebsergebnisrechnung zur FiBu, durchgeführt. Das heißt, FiBu und Kosten- und Leistungsrechnung werden in einem einheitlichen System abgerechnet.

Es besteht zwischen beiden Teilsystemen durch diese Buchungstechnik - beiden Bereichen werden bestimmte Kontenklassen zugeteilt - ein direkter Kontakt. Durch die beiden (rechtliche und betriebswirtschaftliche) Kosten- und Leistungsrechnungen wird die Darstellung jedoch sehr kompliziert. Hierin liegt auch der größte Nachteil des Systems. Als zusätzliche Voraussetzung für eine grundsätzliche Erfolgsermittlung muss erst die Betriebsbuchhaltung abgeschlossen werden.

Je nach dem Entwicklungsstand der Informationsbeschaffung und -aufbereitung im Betrieb können hier zeitliche Engpässe entstehen, die den Wert der kurzfristigen Erfolgsrechnung einschränken. Dieses recht starre System wird deshalb vorwiegend von kleineren und mittleren Unternehmen angewandt. Auf das Informationsbedürfnis abgestellt lässt sich hier das Gesamt- oder Umsatzkostenverfahren durchführen. Beide Verfahren werden noch näher erläutert.

Das **ergänzte Einkreissystem**, auch als angehängte Betriebsbuchhaltung bezeichnet, lässt sich flexibler handhaben, da die Kostenrechnung als Umsatzkostenverfahren herausgelöst aus dem starren Abrechnungskreis als Nebenrechnung in tabellarischer Form - wie schon bekannt mit BAB I und BAB II - geführt werden kann; und damit auch zweifach (rechtlich und betriebswirtschaftlich).
Diese Variante des Einkreissystems eignet sich insofern besonders für eine nachträgliche Einführung der beiden Kostenrechnungen in einem Betrieb, wobei der „gewohnte Weg" zum Betriebsergebnis nicht umorganisiert werden muss.

3.3.2. Die Gesamtbuchhaltungssysteme als Zweikreissystem

Auch das **Zweikreissystem** (Zweisystem, dualistisches System) dient in seinen beiden Ausprägungen der Organisation von FiBu und Kosten- und Leistungsrechnung.
Im Gegensatz zum Einkreissystem wird hier das Ziel einer möglichst vollständigen Trennung von Betriebsbuchhaltung und FiBu verfolgt. Funktionale Abhängigkeiten mit den damit verbundenen Nachteilen sollen zwischen diesen beiden Teilbereichen des Rechnungswesens somit gar nicht erst entstehen.

Das **Spiegelbildsystem**, auch isolierte Betriebsbuchhaltung, erfüllt diesen Anspruch des Zweikreissystems im Gegensatz zum Übergangssystem auf die unkompliziertere Weise. Wobei der zweite Kreis in einen eigenständigen **rechtlichen und betriebswirtschaftlichen Unterkreis** aufgeteilt werden kann; beide Kreise werden **organisatorisch gleich** behandelt.
Die fast vollständige Trennung zwischen Finanzbuchhaltung und Kosten- und Leistungsrechnung ermöglicht bereits einen Abschluss in der FiBu, auch wenn die Betriebsabrechnung noch nicht durchgeführt wurde.

Die innere Abgeschlossenheit des jeweiligen Teilgebiets wird durch die **Vermeidung direkter buchungstechnischer Beziehungen** zwischen den Konten gewahrt.

Wie schon bei der Abgrenzung zwischen Aufwendungen und Kosten vorgestellt, erfolgt die Versorgung der Kostenrechnungen mit den benötigten Daten über die Gewinn- und Verlustrechnung der FIBU. Die Erfolgskonten werden jeweils nochmals eröffnet mit einer Gegenbuchung sowohl auf dem rechtlichen, wie auf dem betriebswirtschaftlichen „Betrieblichen Eröffnungskonto". Dieses formale Eröffnungskonto stellt die Erfolgsdaten aus der FiBu spiegelbildlich zum GuV-Konto dar.

Der Vorteil des Spiegelbildsystems besteht also vor allem in einer Reduzierung der Beziehungen von FiBu und Kosten- und Leistungsrechnung auf eine einzige Schnittstelle.

Betriebliches Eröffnungskonto	
- Neutrale Erträge	- Neutrale Aufwendungen
- Erlöse	- Zweckaufwendungen
- Mehrungen an unfer-	- Minderungen an unfer-
tigen Erzeugnissen	tigen Erzeugnissen
- Verlust	bzw. - Gewinn

Nach Eröffnung dieser Erfolgskonten erfolgt die o.a. Abgrenzung der Kosten und Leistungen zur Weiterverarbeitung nach dem Gesamt- oder Umsatzkostenverfahren in der Betriebsbuchhaltung.

Die zweite Variante des Zweikreissystems, das **Übergangssystem** stellt heute die Verbindung zwischen Kosten- und Leistungsrechnung und FiBu durch die Einrichtung von Übergängen her. Mittels entsprechender Kennziffernzuordnungen stellt die EDV die Zahlen aus den Datenbanken sowohl für finanzbuchhalterische wie für betriebsbuchhalterische Zwecke zur Verfügung.

Im Allgemeinen sind Zweikreissysteme für umfangreichere Arbeiten in größeren Betrieben notwendig. Sie steigern durch die schnelle Lieferung gewünschter Informationen die Aussagekraft der kurzfristigen Erfolgsrechnung.

3.3.3. Gesamt- und Umsatzkostenverfahren im Zweikreissystem

a) Das Gesamtkostenverfahren

Da auch bei diesem Verfahren den umsatzbedingten Erlösen die Gesamtkosten inklusive der nicht umsatzmäßig gedeckten Wertverzehre - gegliedert nach Kostenarten aufgrund verbrauchter Leistungsfaktoren - gegenübergestellt werden, müssen die Bestandsveränderungen an unfertigen Erzeugnissen (Patienten in Behandlung) im Betriebsergebnis berücksichtigt werden. Für diese Verfahrensweise sind die gleichen Gründe, wie bei der Kostenträgerzeitrechnung bereits erläutert, ausschlaggebend.

Somit ermittelt sich das Betriebsergebnis nach dem Gesamtkostenverfahren wie folgt:

Betriebsergebnis (nach GKV)

- Gesamtkosten einer Periode gegliedert nach Kostenarten entsprechend den verbrauchten Leistungsfaktoren	- Erlöse der Periode (nach Erlösabrechnungen - evtl. schon nach Leistungsgruppen/-arten gegliedert)
- Herstellkosten der Bestandsminderungen an unfertigen Erzeugnissen	- Herstellkosten der Bestandsmehrungen an unfertigen Erzeugnissen
- Betriebsgewinn der Periode	bzw. - Betriebsverlust der Periode

Die Vorteile des Gesamtkostenverfahrens liegen im **einfachen Aufbau**, wobei auf eine tief gehende Differenzierung der Kostenstruktur verzichtet wird, und darauf aufbauend **unkompliziertere Buchungen** ermöglicht werden.

Diesen Vorteilen stehen allerdings einige entscheidende Nachteile gegenüber:
- Eine Kosten- und Erfolgsanalyse bezogen auf einzelne Leistungsarten ist mit dem Gesamtkostenverfahren nicht durchführbar.
- Der innerbetriebliche Leistungsumsatz bezüglich der behandelten Patienten auf den einzelnen Konten ist nicht erkennbar, so gestaltet sich die Erfassung von Zu- und Abgängen der einzelnen Leistungsarten als schwierig.

Zusammenfassend ist zu sagen, dass das Gesamtkostenverfahren aufgrund der Einfachheit seines rechnerischen Aufbaus von kleinen und mittleren Unternehmen bevorzugt wird.

Problematisch wird die Anwendung des Verfahrens beim Wachstum dieser Betriebe in Richtung einer mehrstufigen Leistungserbringung mit differenzierter Leistungspalette. Da die Gesamtkosten lediglich gegliedert nach Kostenarten vorliegen und nicht nach einzelnen Leistungsarten oder -gruppen aufgeschlüsselt sind, kann mit der Erstellung des Betriebsergebnisses kein Vergleich der Erfolgswirksamkeit von Leistungen untereinander durchgeführt werden. Im Extremfall wäre es beispielsweise denkbar, dass ein oder wenige Leistungen des Angebotes isoliert überproportional erfolgswirksam wären, während die Kosten der restlichen Leistungen durch ihren Anteil am Erlös nicht gedeckt würden. Die Anwendung des Gesamtkostenverfahrens ließe diese Entwicklung nicht erkennen. Ein längeres Fortbestehen von Unwirtschaftlichkeiten würde bei einer sich ändernden Leistungsbedarfssituation die Existenz des Unternehmens auf Dauer gefährden.

Abschluss des Gesamtkostenverfahrens
Betriebliches Eröffungskonto
(Gewinn/Verlust*)

Gruppe 86/87		Gruppe 86/87	Gruppe 88/89	
Neutrale Aufwend.	Neutrale Erträge	Abgrenzungsbereich (nicht als Kost. u. Leist. verrechn. Zweckaufw. u. Betriebserträge; verr. kal. Kost.)	Grundkosten kalkulator. Kosten Best.- Minderungen	Erlöse Best.- Mehrungen

NEK   BEK

Betriebliches Abschlusskonto
(Gewinn/Verlust*)

b) Das Umsatzkostenverfahren

Eine leistungsverwertungs oder absatzorientierte Erfolgsrechnung wird durch die Anwendung des Umsatzkostenverfahrens ermöglicht.
Die Gliederung von Erlösen und Gesamtkosten nach ihren Anteilen an den abgesetzten Leistungsarten oder -gruppen sind wichtige Voraussetzungen dieses Verfahrens.

Das Betriebsergebnis wird durch die Gegenüberstellung der Selbstkosten des Umsatzes je Leistungsart mit den entsprechenden Erlösen ermittelt. Dieses sieht dann buchungstechnisch so aus:

Betriebsergebnis (nach UKV)

- Selbstkosten des Umsatzes jeweils gegliedert nach den abgesetzten Leistungsarten/gruppen der Periode - Betriebsgewinn der Periode	- Erlöse der Periode gegliedert nach den abgesetzten Leistungsarten /gruppen bzw. - Betriebsverlust der Periode

Für die weiteren Betrachtungen soll jedoch eine alternative Lösung des Umsatzkostenverfahrens gelten: Auf einem Vorabschlusskonto „**Leistungskonto**" wird für jede
Leistungsart getrennt der jeweilige Teilgewinn oder Teilverlust ermittelt.

Die Erlöse pro Leistungsart werden nach Umbuchung auf der Habenseite aus-
gewiesen. Durch die Buchung der Selbstkosten des Umsatzes der entsprechenden
Leistungsart auf der Sollseite dieser Konten errechnet sich als Saldo der Teilgewinn
oder Teilverlust der Leistungsart.

Dieser wird dann auf dem Betriebsergebniskonto gegengebucht, und es ergibt sich hier
als Zusammenfassung aller Leistungsart-Teilgewinne bzw. -Verluste der Betriebsgewinn oder -verlust.

Leistungskonto 1		Leistungskonto 2	
- Herstellkosten des Umsatzes 1 - Sondereinzelkos-ten Vertrieb 1 = Selbstkosten 1 (des Umsatzes) - Teilgewinn	- Erlöse 1 o. Teilverlust 1	- Herstellkosten des Umsatzes 2 - Sondereinzelkos-ten Vertrieb 2 = Selbstkosten 2 (des Umsatzes) - Teilgewinn	- Erlöse 2 o. Teilverlust 2

Betriebsergebnis (UKV - zweite Alternative)

Betriebsgewinn	Teilgewinn 1 + Teilgewinn 2

Anstelle einer erfolgsmäßigen Erfassung von **Mehr- und Minderbeständen** ist es jedoch beim Umsatzkostenverfahren technisch notwendig, die Anfangs- und Endwerte
der **unfertigen Erzeugnisse (Patienten in Behandlung)** auf einem Übergangskonto

mit der Gegenbuchung im Eröffnungskonto als Bruttobuchung - wie unten beschrieben - zu berücksichtigen.

Betriebliches Eröffnungskonto

- Neutrale Erträge	- Neutrale Aufwendungen
- Erlöse	- Zweckaufwendungen
- Endwerte an	- Anfangswerte an
unfertigen Erzeugnissen	unfertigen Erzeugnissen
- Verlust	bzw. - Gewinn

Vorteilhaft ist bei diesem Umsatzkostenverfahren die schnelle Erfolgsermittlung einzelner Leistungsgruppen bzw. Leistungsarten. Außerdem lassen sich innerbetriebliche Leistungsumsätze bezüglich der behandelten Patienten erkennen. Somit ist eine breitere Informationsgrundlage geschaffen worden.
Nachteilig wirkt sich der relativ aufwändige und komplizierte Aufbau aus.

An dieser Stelle soll der Buchungsgang des Umsatzkostenverfahrens detailliert beschrieben werden.

Abschluss des Umsatzkostenverfahrens
Betriebliches Eröffungskonto
(Gewinn/Verlust[*])

Gruppe 86/87   Gruppe 86/87   Gruppe 88/89

Neutrale   Neutrale Er-   Abgrenzungsbereich(nicht   Grund-   Über-   Erlöse
Aufwend.   träge   als Kost. u. Leist. verrechn.   kosten   gangs-
                             Zweckaufw. u. Betriebser-   kalku-   konto:
                             träge; verr. kal. Kost.)   lator.   Patien-
                                                         Kosten   ten in
                                                                   Behand.

GK / EK
(MEK/FL)

Gruppe   Gruppe
90-92   →   93-96
Vorkosten-   Endkostenstellen   stellen

Gruppe 99
(MEK/FL)   unfertige Er-
(MGK/ FGK)   zeugnisse[**]
(Patient. i.B.) (Saldo)

Gruppe 99
SEV/ Erlöse   Leistungs-
                        konto[**]
                        (Saldo)

NEK ──────────────┐ ┌──── BEK

Betriebliches Abschlusskonto
(Gewinn/Verlust[*])

[**] je Leistungsart ein Konto

Die neutralen Konten und Abgrenzungskonten werden wie beim Gesamtkostenverfahren eröffnet, bebucht und abgeschlossen.

Der Gewinn wird dem Abschlusskonto gegengebucht.

Die Konteneröffnung in der Betriebsbuchhaltung und die Buchung der kalkulatorischen Kosten erfolgt wie beim Gesamtkostenverfahren. Die Anfangs- und Endwerte der Konten der unfertigen Erzeugnisse (Patienten in Behandlung) werden allerdings über ein Übergangskonto eröffnet.

Weitere Änderungen ergeben sich bezüglich der Gruppe 88/89:

Die Übergangskonten der Patienten in Behandlung mit Anfangs- und Endwerten werden dann über die entsprechenden Endkostenstellen (Kontengruppe 90 - 96) aufgelöst; ebenso die Erlöse - gegliedert nach Leistungsabrechnungen
Von den Kostenkonten werden die Einzel- und Gemeinkosten auf die Vorkostenstellen und die Endkostenstellen, in der Kontengruppe 90 - 96 gebucht (Prinzipien der primären Verteilung siehe Kapitel IV, Kostenstellenrechnung).

Buchungssätze:
jeweiliges Kostenstellenkonto an Übergangskonto (Anfangswert)
Übergangskonto an jeweiliges Kostenstellenkonto (Endwert)
jeweiliges Kostenstellenkonto an Kostenartenkonto
Erlöse an jeweiliges Kostenstellenkonto
(Die Kostenarten-, Übergangs- und Erlöskonten sind dann abgeschlossen.)

Die innerbetriebliche Leistungsverrechnung findet dann zwischen den Vor- und Endkostenstellen (Prinzipien der sekundären Verteilung, ebenda).
Buchungssätze:
Endkostenstellenkonten an Vorkostenstellenkonten
(Die Vorkostenstellenkonten sind abgeschlossen.)

Die Material- und Fertigungsgemeinkosten evtl. Sondereinzelkosten des Vertriebs können durch die Summierung der jeweiligen Hauptkostenstellenkonten - ohne die belasteten Einzelkosten und Patientenanfangswerte! - ermittelt werden.

Die **Einzelkosten** (Materialeinzelkosten und patientenorientierten Gehälter) und Patientenanfangs- und -endwerte werden leistungsartbezogen auf die Konten „unfertige Erzeugnisse" der Gruppe 99 gebucht, wobei in dieser Gruppe für jede Leistungsart ein Konto „Patienten in Behandlung - Leistungsart xy" eingerichtet wird.

Buchungssätze:

unfertige Erzeugnisse an Endkostenstellen (Einzelkosten und Patientenanfangswerte)

Endkostenstellen an unfertige Erzeugnisse (Patientenendwerte)

Die **Gemeinkosten** der Materialstelle als Materialgemeinkosten werden, wie bekannt, mit Hilfe des Materialgemeinkostenzuschlags verteilt (MGK:MEK*100).

Die Materialgemeinkosten ergeben sich als eine Zwischensumme der Sollseite der Materialstelle nach Abzug der Materialeinzelkosten und Patientenanfangswerte. Die Materialeinzelkosten sind als Summe der Sollseite des Sachgütereinzelkostenkontos erfasst und an die Materialstelle gebucht.

Der sich ergebende Prozentsatz wird auf die **Materialeinzelkosten jeder Leistungsart** aufgeschlagen.

Diese sich ergebenden Gemeinkostenbeträge nennt man **Gemeinkostenzuschläge in €** (hier Materialgemeinkostenzuschläge in €). Sie sind immer auf eine Leistungsart bezogen, da ihre Summe über alle Leistungsarten den jeweiligen Gemeinkosten entspricht.

Buchungssätze:

unfertige Erzeugnisse an Materialstelle

Die Kosten der Fertigungshauptstelle werden als (Pflege-)Fertigungsgemeinkosten nach folgendem Schlüssel verteilt: FGK:FL*100.

Die Fertigungsgemeinkosten ergeben sich aus den Zwischensummen der Sollseiten der Pflegefachbereiche nach Abzug der patientenorientierten Gehälter, der Patientenanfangswerte und gegebenenfalls Sondereinzelkosten des Vertriebs. Die patientenorientierten Gehälter als Fertigungseinzelkosten bilden die Summe der Sollseite des Kontos, sie wurden an die Endkostenstellen „Pflegefachbereiche" gebucht; gleiches gilt entsprechend für die Sondereinzelkosten des Vertriebs.

Der Fertigungsgemeinkostenzuschlag wird auf die patientenorientierten Gehälter (Fertigungslöhne) jeder Leistungsart aufgeschlagen.

Buchungssätze:

unfertige Erzeugnisse an Pflegefachbereich

So befinden sich nun die **Herstellkosten der Produktion** als Summe von Material- und Fertigungseinzel- und -gemeinkosten neben den Anfangswerten auf den Konten „unfertige Erzeugnisse" der einzelnen Leistungsarten.

Es ergeben sich die gesamten Herstellkosten der Produktion aus der Summe der Sollseiten aller leistungsartbezogenen unfertigen Erzeugnisse abzüglich der Anfangswerte.

Die Summe der fertig gestellten und damit verwerteten Leistungen, bewertet zu Herstellkosten, entspricht der Summe der Salden aller leistungsartbezogenen unfertigen Erzeugnisse nach Buchung des o.a. Schlusswertes. Es handelt sich hierbei um die **Herstellkosten des Umsatzes**.

Aufgrund der Kontierungen auf den Erzeugniskonten sind jetzt auch die innerbetrieblichen Leistungsumsätze bezüglich der behandelten Patienten erkennbar (Anfangswert + Zugänge - Schlusswert = Leistungsverwertung bewertet zu Herstellkosten).

Diese Herstellkosten des Umsatzes werden nun den Leistungskonten der jeweiligen Leistungsarten weiterverrechnet.

Buchungssätze:

    Leistungskonto an unfertige Fertigerzeugnisse

Um zu den **Selbstkosten des Umsatzes** auf den Leistungskonten zu gelangen, werden nun die Sondereinzelkosten des Vertriebs von den belasteten Pflegefachbereichen gebucht

    Leistungskonto an Pflegefachbereich

Es fehlt jetzt noch die Umbuchung der Erlöse von den Endkostenstellen.

Buchungssätze:

    Pflegefachbereich an Leistungskonto

    (Die Endkostenstellenkonten sind abgeschlossen.)

Die Selbstkosten des Umsatzes ergeben sich schließlich aus der Summe der Sollseiten der Leistungskonten je Leistungsart abzüglich eventueller Teilgewinne.

Der Teilgewinn wird schließlich an das Betriebsergebniskonto gebucht:

    Leistungskonten an BEK

Der Abschluss des Betriebsergebniskontos wird dann, wie bekannt, vorgenommen.

Aus diesen dargelegten Einzelheiten werden die Vorteile des Umsatzkostenverfahrens in Bezug auf die leistungsdifferenzierte Gewinnung von Entscheidungshilfen noch einmal deutlich.

4. Kostenträgerstückrechnung

4.1. Aufgaben bei der Überwachung und Auswertung des betrieblichen Kombinationsprozesses

Einige Aufgaben in Bezug auf die Wirtschaftlichkeitskontrolle und Entscheidungsvorbereitung im Betrieb, die in ihrer Differenziertheit von den bereits angesprochenen Teilgebieten der Kostenrechnung nicht oder nur unzureichend abgedeckt werden, erfüllt die Kostenträgerstückrechnung (Kalkulation).

Kosiol nennt in diesem Zusammenhang die „Überwachung der technischen Wirtschaftlichkeit". Gemeint ist die Analyse des Kosten-Leistungsverhältnisses am physischen Leistungsort, im Betriebsbereich oder am Maschinenplatz, ermöglicht durch die Zurechnung der Kosten auf die betrachtete Leistungseinheit. Die noch zu betrachtenden Verfahren ermöglichen also die Entscheidungsfindung über den Einsatz betrieblicher Ressourcen im Einzelnen.

Ein weiterer Punkt betrifft die Verwertung betrieblicher Leistungen. So existieren inzwischen Fallpauschalen nach dem DRG-Abrechnungssystem auf der Basis von Punktevorgaben, von denen nur bei besonderen Nachweisen höherer Kosten in bestimmten festgelegten Fällen abgewichen werden kann. Durch die Festlegung von Preisuntergrenzen können dann Einsichten darüber gewonnen werden, ob - unabhängig vom Versorgungsauftrag - ein kurzfristiges Verbleiben in der Verlustzone einer endgültigen Betriebsstilllegung vorzuziehen ist.

Durch Rückrechnung ermittelter Kostenträgerergebnisse auf die Preisanteile von Beschaffungsgütern wird eine Kontrolle des Beschaffungsmarktes für die Institution erleichtert.

Nicht zuletzt dient die Kostenträgerstückrechnung der Erfassung des Leistungstransfers zwischen den betrieblichen Teilbereichen durch Schaffung interner Verrechnungspreise.

4.2. Zeitlicher Rahmen für die Kostenträgerstückrechnung

Nach dem zeitlichen Bezug zur bereits erfolgten Leistungserstellung lassen sich drei Kalkulationsweisen differenzieren.

Die Vorkalkulation geht der eigentlichen betrieblichen Leistung voraus. Angewandt wird sie in Fällen von Einzelleistungen. Durch die Berücksichtigung von Planeinsatzmengen wird sie zum Vorgabeinstrument für die leistenden Betriebsteile und dient bei der Leistungsverwertung - soweit möglich - als Grundlage für Preisverhandlungen (Entscheidung über Aufnahme oder Ablehnung eines Auftrags).

Von der Vorkalkulation unterscheidet man die Plankalkulation bei Fallgruppen bzw. Patientenkategorien. Hier werden für eine Planungsperiode die Kosten einer Einheit ermittelt.

Nach der Durchführung des Leistungsprozesses im Betrieb verbleibt der Nachkalkulation als Istrechnung der Vergleich der geplanten Kostenvorgaben mit den tatsächlich aufgetretenen Kosten.

Diese Kalkulationsart wird auch bisher schon häufig in den Krankenhäusern durchgeführt; in der Regel allerdings als sogenannte Spitzrechnungen von Ausreißern. Leistungen bei Voroperierten oder unter Berücksichtigung von Infektionen oder zusätzlichen Sonderbehandlungen (Sauerstoffbehandlungen, Kernspinduntersuchungen, Vorstellungen in der Uniklinik – jeweils mit hohem Fahrtkostenanteil) werden hier nachkalkuliert. Diese Sonderbehandlungen sind nicht abrechenbar, sondern in den bisherigen Abrechnungen mit den Kassen (Fallpauschalen etc.) enthalten. Man versucht, durch einen Mix von kostengünstigeren Fällen und diesen Sonderfällen eine durchschnittliche Deckung der Kosten über die Entgelte zu erreichen.

4.3. Kalkulationsverfahren

Das folgende Schema benennt die Kalkulationsverfahren, die in diesem Buch als geeignet für den Bereich des Gesundheitswesens besprochen werden sollen.

Kalkulationsverfahren					
Divisionskalkulationen		Zuschlagskalkulationen		Kuppelkalkulationen	
im engeren Sinne	Äquivalenz-ziffernkal-kulation	summarische	differenzie-rende	Restwert-rechnung	Verteilungs-rechnung
- einstufig - mehrstufig	- einstufig - mehrstufig		- Lohnzu-schlags-kalkulation - Bezugsgrö-ßenkalkula-tion oder Verrech-nungssatz-kalkulation		

4.3.1. Divisionskalkulation

Ziel der Divisionskalkulation ist es, die Selbstkosten je Kostenträger zu ermitteln. Dies geschieht durch Division der Gesamtkosten der Periode durch die Anzahl der erstellten Leistungseinheiten.

Die Abrechnung kann entsprechend der Leistungsstruktur eines Betriebes mit nur einer Leistungsart (Einproduktbetrieb) einstufig oder, falls mehrere Leistungsebenen durchlaufen werden, mehrstufig durchgeführt werden.

An die Stelle eines Einproduktbetriebes kann ein Betrieb mit mehreren Leistungsarten (Mehrproduktbetrieb) treten, wenn organisatorisch oder durch Kostenträgerzeitrechnung Gewähr leistet wird, dass die Kosten pro Leistungsart abrechenbar sind.

Die Divisionskalkulation bietet sich z.B. in Krankenhäusern im Rahmen der Abrechnung von Fallpauschalen an, da alle Kosten dieser jeweiligen Leistungseinheit, die abgegolten werden soll, verrechnet werden.

Bei der Berechnung der Abgeltung von Kosten durch Pflegesätze wird zwar nach gleichem Verfahren gerechnet, aber, da es sich bei der Basis um Berechnungstage (oder andere Maßeinheiten) eines Kostenträgers handelt, liegt hier eine ersatzweise Kalkulation vor.

So werden z.B. bei Pflegeheimen und Pflegeeinrichtungen leistungsgerechte Vergütungen nach Pflegeklassen unter dem Zeitbezug ermittelt. Diesbezügliche Leistungen sind aber nicht als abgeschlossene Leistungseinheiten ermittelbar, sondern nur nach Zeiten aufteilbar. In gleicher Weise werden in Krankenhäusern Abteilungspflegesätze und Basispflegesätze (Kosten pro Pflegetag) kalkuliert (u.a. aber auch Kosten pro verabreichte Speiseportion, Kosten pro Kilogramm gewaschener Wäsche).

a. Einstufige Divisionskalkulation

Bei diesem Verfahren können am Periodenende keine Bestandsveränderungen an Patienten in Behandlung (unfertige Erzeugnisse) berücksichtigt werden. Es bietet sich dann vor allem an, wenn die Kalkulation wegen zeitlich fortgesetzter Leistung auf der Basis von Tagen pro Patient durchgeführt wird (z.B. Pflege).

Die Gesamtkosten der Periode werden durch die im gleichen Zeitraum erstellten Patienten-Leistungseinheiten bzw. Tagesleistungen aller Patienten dividiert: $k = K \div x$.

Der Vorteil dieser Methode liegt in der Einfachheit und Schnelligkeit ihrer Durchführung. Dem steht gegenüber, dass dieses Verfahren für die Kalkulation in der Praxis, wenn Patienten am Periodenende in Behandlung sind, häufig zu ungenau ist. Eine Bewertung dieser Patienten ist ebenfalls nicht möglich.

Beispiel

In einer Krankenhausabteilung mit Fallpauschale oder in einer Pflegeheimabteilung fallen in einem Monat 60.000 € Kosten an. Es werden 300 Fälle im Krankenhaus bzw. 10 Patienten jeweils 30 Tage gepflegt und untergebracht.
Die Kosten betragen pro Fall 200 € bzw. pro Patiententag 200 €.

b. Mehrstufige Divisionskalkulation

Erstreckt sich die Erstellung einer homogenen Leistung über mehrere Leistungsstufen mit entsprechenden Bestandsveränderungen an Patienten in Behandlung (an unfertigen Erzeugnissen), so muss in der Regel das Verfahren der mehrstufigen Divisionskalkulation angewendet werden.

Voraussetzung für die Verwendung des Verfahrens ist der Einprodukt-Betrieb, in dem eine Kostenstellenrechnung durchgeführt wird. Es ist möglich, Bestandsveränderungen an Patienten am Periodenende in Behandlung auf den einzelnen Leistungsstufen zu erfassen.

Abrechnungstechnisch werden nach Ermittlung der entsprechenden Stufenkosten nur diejenigen weiterverrechnet, die in der gleichen Periode in die Weiterbehandlung der nächsten Stufe gelangen.

Das Verfahren schafft eine sehr genaue Basis für zu treffende Preisbeurteilungen, zusätzlich werden die Bestandsveränderungen und Bestände an Patienten in Behandlung bewertet.
Die Möglichkeit einer Wirtschaftlichkeitskontrolle für jede Kostenstelle ist ein weiterer Vorteil.
Für kleinere Betriebe, die von der Kostenstellenrechnung befreit sind und die keine Kostenstellenrechnung erstellen, ist die mehrstufige Divisionskalkulation unter dem Aspekt der Wirtschaftlichkeit der Kostenrechnung jedoch nicht nutzbar.

Der Abrechnungsweg lässt sich wie folgt formal darstellen:

Kosten je Leistungseinheit bis einschließlich der i-ten Leistungsstufe	=	Summe der Kosten der weiterbehandelten Patienten in gleicher Periode der (i-1)-ten Leistungsstufe und gesamte Stufenkosten der i-ten Leistungsstufe dividiert durch die Ausbringungsmenge der i-ten Leistungsstufe.

$$k_{St} = \frac{K_{ST} + x_I \times k_{VST}}{x_O}$$

Beispiel

Der Leistungsvorgang vollzieht sich in fünf Stufen. Die Anzahl der Patienten in Behandlung am Periodenende ergibt sich als Differenz der Ausbringungsmenge der Leistungsstufe i und der wieder eingesetzten Menge in der Leistungsstufe i + 1.

Kostenstelle	Stufenkosten	Leistungen (Patienten, Behandlungsstunden, etc.)	Errechnung: Stufen-kosten je Patient	Stufen-kosten je Patient	Bestandsverän-derung
I	20.000	Output 800	$\frac{20.000}{800}$	25,00	UNF. ERZEUGN.
II	40.000	Input 800 Output 600	$\frac{40.000+800\times25,00}{600}$	100,00	Bestandsmehrung: 200 * 100,00 = + 20.000
III	90.000	Input 400 Output 275	$\frac{90.000+400\times100,00}{275}$	472,73	Bestandsminderung: 275 * 472,73 = - 130.000,75
IV	50.000	Input 550 Output 600	$\frac{50.000+550\times472,73}{600}$	516,67	Bestandsminderung: 200 * 516,67 = - 103.334
V	15.000	Input 800 Output 800	$\frac{15.000+800\times516,67}{800}$	535,42	Bestandsminderung insges. 213.334,75

c. Divisionskalkulation mit Äquivalenzziffern

Die Äquivalenzziffernkalkulation ist eine Divisionskalkulation im weiteren Sinne. Hier wird kein Einproduktunternehmen vorausgesetzt.

Anwendbar ist dieses Verfahren im Gesundheitswesen zum Beispiel aufgrund gleichartiger Arbeits- und Leistungsverfahren - Leistung in Sorten (in der Industrie Sortenfertigung genannt). Aus der Abhängigkeit der Arbeits- und Leistungsverfahren untereinander ergibt sich eine entsprechende Kostenrelation.

Dabei wird davon ausgegangen, dass die Kosten der artverwandten Arbeits- und Leistungsverfahren in einem bestimmten Verhältnis zueinander stehen, das durch Äquivalenzziffern ausgedrückt werden kann. So können in Krankenhäusern die Punkte nach GOÄ (für erbrachte Ambulanzleistungen) Basis für Äquivalenzziffern sein; in der Pflege die jeweilige Zeit für eine unterschiedliche Menge und Intensität von Verrichtungen aufgrund der Pflegeklasse.

Dargestellt wird hier die einstufige Vorgangsweise, jedoch ist die Divisionskalkulation mit Äquivalenzziffern auch mehrstufig möglich.

Die mehrstufige Äquivalenzziffernkalkulation unterscheidet sich von der einstufigen insofern, als dass sich das einstufige Verfahren auf jeder Stufe des Leistungsprozesses wiederholt.

Voraussetzung für die Durchführung des einstufigen Verfahrens ist, dass keine Bestandsveränderungen an Patienten in Behandlung. Darüber hinaus ist eine Kostenstellenrechnung bei der dieser Kalkulation nicht notwendig.

Vorteilhaft ist die einfache Durchführung des Verfahrens. Es ist unter praktischen Gesichtspunkten nur einsetzbar, wenn Bestandsveränderungen nicht erfasst und bewertet werden brauchen, wie z.B. im Pflegebereich.

Die Berechnung lautet:

$$K \div RE = k_{RE} \qquad (RE = \text{Recheneinheit})$$
$$k_{RE} \times \text{Äquivalenzziffer} = k$$

Beispiel

Das nachfolgende Beispiel kann sich entweder auf ein Pflegeheim beziehen - oder aber auf die Stufe „Normalpflege XY" in einem Krankenhaus:

Für die Pflege werden Patienten in 3 Kategorien mit unterschiedlicher Pflegeintensität eingeteilt. Folgende Zeiten sind ermittelt worden:
- Kategorie 1: 85 min
- Kategorie 2: 119 min
- Kategorie 3: 187 min

Als Äquivalenzzahl wird die kleinste Größe gewählt. Auf der Basis der gepflegten Patienten je Pflegekategorie werden die Recheneinheiten (RE) ermittelt:

Patienten-Kategorie	Gepflegte Patienten in der Periode	Zeit: je Kategorie	Äquivalenzzahl	RE
1	25	85	1	25
2	40	119	119÷85 = 1,4	56
3	100	187	187÷85 = 2,2	220
	S u m m e R e c h e n e i n h e i t e n =			301

Die Gesamtkosten im Zeitraum betragen 45.150 € - somit betragen die Pflegekosten je RE:

45.150÷301 = 150,00 je RE

Unter Verwendung der Äquivalenzzahlen können nun die Pflegekosten je Größe errechnet werden:

Patienten-Kategorie	Gepflegte Patienten in der Periode	Zeit: je Kategorie	Äqui.- Zahl	RE	Pflegekosten €		
					je RE	je Patient	je Leistungsart
1	25	85	1	25	150,-	150,-	3.750,-
2	40	119	1,4	56	150,-	210,-	8.400,-
3	100	187	2,2	220	150,-	330,-	33.000,-
				301			45.150,-

4.3.2. Zuschlagskalkulation

Im Gegensatz zur Divisionskalkulation wird bei der Zuschlagskalkulation eine Differenzierung von Kostenträgereinzel- und -gemeinkosten vorgenommen, um die Kosten auf voneinander unabhängige Leistungen zurechnen zu können. Ziel ist es dabei, den Einzelkosten je Leistung möglichst verursachungsgerecht Gemeinkosten zuzurechnen; die Gemeinkosten sollen zu den Einzelkosten in einem proportionalen Verhältnis stehen.

Die Art der Realisierung dieses Ziels ist auch das erste Unterscheidungskriterium zwischen den beiden Hauptbereichen dieses Kalkulationsverfahrens, der summarischen und differenzierten Zuschlagskalkulation.
Die differenzierte Form verlangt eine Aufteilung der Gemeinkosten zumindest nach den Endkostenstellen oder Funktionsbereichen im Rahmen mehrstufiger Betriebsprozesse. Innerhalb dieser beiden Grundformen kann die Abrechnung unter dem Aspekt des Einzelkostenbezugs kumulativ oder elektiv durchgeführt werden. Im Fall der kumulativen Abrechnung werden die Gemeinkosten auf eine gesamte Einzelkostengröße bezogen. Die elektive Anwendung besteht in der weiteren Differenzierung der Einzelkosten als Basisgrößen.

Zwei wichtige Verfahren in diesem Zusammenhang, die Lohnzuschlags- und die Bezugsgrößenkalkulation, werden näher erläutert. Bei ersterer Kalkulation sind die patientenorientierten Gehälter (in der Industrie: die Fertigungslöhne) die Basis für die Pflegegemeinkosten (in der Industrie: Fertigungsgemeinkosten); bei der zweiten Kalkulation sind andere, genauere Bezugsgrößen die Basis, wie z.B. Pflegezeiten, Maschinenstunden, Arbeitsstunden etc. Auch sie können im obigen Sinne jeweils kumulativ und elektiv durchgeführt werden.

Zuschlagskalkulation						
summarisch		← **GK-Bezug** →	differenziert			
			Lohnzuschlagsk.		Bezugsgrößenk.	
kumulativ	elektiv	← **EK-Bezug** →	kumulativ	elektiv	kumulativ	elektiv (Maschinenstundensatz-Rechnung)

a. Die summarische Zuschlagskalkulation

Bei der summarischen Zuschlagskalkulation werden die Gemeinkosten nicht nach Kostenstellen differenziert, sondern als eine Größe gesammelt. Da in diesem Fall lediglich eine Kostenartenrechnung Voraussetzung des Verfahrens ist, ist diese Form weniger praktikabel. Genutzt kann sie werden, wenn die Gemeinkosten gegenüber den Einzelkosten sehr gering sind.

Innerhalb dieses Bereiches ist in Bezug auf die Einzelkosten als Basisgrößen eine kumulative und elektive Vorgehensweise möglich.
Im kumulativen Verfahren werden die Gemeinkosten auf die gesamten Einzelkostengrößen bezogen.
Der elektive Weg basiert auf einer Differenzierung der Einzelkosten, die Auswahl wird von der individuellen Kostenverursachungsstruktur des Betriebes und einer notwendigen Relation der Einzel- und Gemeinkosten bestimmt.
Bei beiden Varianten stellt sich mit der Annahme einer Proportionalität zwischen Einzel- und Gemeinkosten ein Problem.
Diese, durch die Struktur des Verfahrens bedingte Unterstellung deckt sich in den seltensten Fällen mit den Erfahrungen der Praxis.

Wie das folgende Beispiel zeigt, werden einem Patienten für eine Leistung A gegenüber einer Leistung B für einen anderen Patienten bei höheren Einzelkostenanteil auch dementsprechend mehr Gemeinkosten zugeschlagen, obwohl in unserem Beispiel beiden die gleiche Pflege zukommen mag. (Die Differenz der Einzelkosten lässt sich vielleicht mit einem unterschiedlich hohen Gehaltsanteil für Pflegefachkraft und Pflegehilfe erklären.)

Beispiele

Kumulativ	elektiv
Ausgangsbasis BAB MEK 100,- €; FL 200,- €; GK 30,- € GK/(MEK+FL) = 10 % Zuschlag	Ausgangsbasis BAB MEK 100,- €; FL 200,- €; GK 30,- € GK/MEK = 30 % Zuschlag; GK/FL = 15 %

Kumulativ		elektiv			
Kalkulation:		Kalkulation			
MEK	5,00 €	MEK	5,00 €	FL	8,00 €
FL	8,00 €	GK(30%)	1,50 €	GK(15%)	1,20 €
Summe	13,00 €	FL	8,00 €	MEK	5,00 €
GK(10%)	1,30 €	SK	14,50 € SK		14,20 €
SK	14,30 €				

Nachteil: Es wird eine Proportionalität zwischen allen EK und allen GK unterstellt, die tatsächlich nur selten vorhanden ist. (Eine Leistung mit 15,- € EK bekäme automatisch mehr GK zugeschlagen, als eine Leistung mit 10,- €, bei dem sich z.B. nur die Gehaltskosten verringert haben.)	Vorteil: Es kann der Zuschlagssatz gewählt werden, bei dem am ehesten eine Proportionalität GK und EK besteht; daher etwas genauer als das kumulative Verfahren.

Liegen im Betrieb derartige Grenzfälle vor, durchbricht der Kostenrechner mit der Anwendung der summarischen Zuschlagskalkulation das Prinzip der logisch nachvollziehbaren Abbildungskraft wirtschaftlicher Vorgänge.

Mit der Wahrung dieses Prinzips steht und fällt aber die Aussagekraft einer betrieblichen Kostenrechnung.

b. Die differenzierte Zuschlagskalkulation

Bei der differenzierten oder differenzierenden Zuschlagskalkulation gilt in der Industrie für die Kalkulation öffentlicher Aufträge das folgende allgemeine Schema:

MEK	MGK	FL	FGK	SEF			
MK		FK			VwGK	VtGK	SEV
HK					VVK		
SK							

MEK: Materialeinzelkosten   MGK: Materialgemeinkosten MK: Materialkosten
FL: Patientenorientierte Gehälter FGK: Pflegegemeinkosten   FK: Fertigungskosten
SEF: Sondereinzelkosten der Fertigung   HK: Herstellkosten
VwGK: Verwaltungsgemeinkosten   VVK: Verwaltungs- und Vertriebskosten
SEV : Sondereinzelkosten des Vertriebs   VtGK: Vertriebsgemeinkosten
SK: Selbstkosten

Bei der Zuschlagskalkulation im Gesundheitswesen würde aufgrund der als Vorkostenstellen verrechneten Verwaltungsgemeinkosten und der fehlenden Vertriebsgemeinkosten unter Einbezug möglicher Sondereinzelkosten des Vertriebs das folgende Kalkulationsschema genutzt:

MEK	MGK	FL	FGK	
MK$^{*)}$		FK		
HK				SEV
SK				

MEK: Materialeinzelkosten   MGK: Materialgemeinkosten MK: Materialkosten
FL: Patientenorientierte Gehälter FGK: Pflegegemeinkosten   FK: Fertigungskosten
HK: Herstellkosten   SEV : Sondereinzelkosten des Vertriebs
SK: Selbstkosten

*) Eine noch genauere Materialkosten-Zurechnung ist gerade im Krankenhausbereich –
wie schon in der Kostenstellen- und Kostenträgerzeitrechnung dargestellt – aufgrund
der Zuordnungen der Materialkosten zu verschiedenen Pflegeendkostenstel-
len(-Bereichen) möglich. Hier wird einer unterschiedlichen Proportionalität zwischen
Materialgemein- und Materialeinzelkosten in den verschiedenen Bereichen Rechnung
getragen. Das Kalkulationsschema ändert sich deshalb aber nicht!

b.1 Die differenzierte Lohnzuschlagskalkulation

Die Zuschlagsbasis für die Pflegegemeinkosten (in der Industrie: Fertigungsgemeinkosten) sind die Patientenorientierten Gehälter (in der Industrie: Fertigungslöhne).

Beim **kumulativen** Verfahren wird **ein Zuschlagssatz** für den gesamten Leistungsbereich ermittelt.

Beim **elektiven** Verfahren wird pro Leistungsstelle ein Pflegegemeinkosten-Zuschlagsatz (in der Industrie: Fertigungsgemeinkosten-Zuschlagssatz) ermittelt.

Beispiel

Eine Kurklinik kalkuliert mit folgenden Zuschlagssätzen:
Materialgemeinkosten 5 %; Materialeinzelkosten 2.000 €;
Leistungsgemeinkosten (entsprechen den Pflegegemeinkosten):
Unterbringung und Versorgung (U) 150 %; Physikalische Therapie (Ph) 100 %; Psychotherapie (Ps) 50 %
Patientenorientierte Gehälter:
Unterbringung 200 €; Physikalische Therapie 300 €; Psychische Therapie 100 €
Sondereinzelkosten des Vertriebs 450 €/Patient (Werbung für besondere Kur)

Materialeinzelkosten	2.000		
Materialgemeinkosten	100	Materialkosten	2.100
Patientenorientierte Gehälter (U)	200		
Unterbringungs-/Versorgungsgemeinkosten etc.	300		
Patientenorientierte Gehälter (Ph)	300		
Physikalische Therapie - Gemeinkosten	300		
Patientenorientierte Gehälter (Ps)	100		
Psychische Therapie - Gemeinkosten	50	Fertigungskosten	1.250
		Herstellkosten	3.350
Sondereinzelkosten.d.Vertriebs			450
		Selbstkosten	3.800

b.2 Die Bezugsgrößenkalkulation

b.2.1 Die kumulative Bezugsgrößenkalkulation

Sofern über die Lohnzuschlagskalkulation keine verursachungsgerechte Kostenzurechnung der Gemeinkosten Gewähr leistet ist, ist als Basis nicht mehr das patientenorientierte Gehalt zu wählen. Vielmehr sollte auf Bezugsgrößen ausgewichen werden, die eine verursachungsgerechte Proportionalität von Bezugsgröße und Gemeinkosten darstellen.

Beispiel

Pflegekostenstelle I: Patientenorientierte Gehälter 200 T€
Pflegekostenstelle II: Patientenorientierte Gehälter 150 T€
Beide Kostenstellen erbringen (qualitativ u. quantitativ) gleiche Leistungen und benutzen die gleichen Maschinen - aus bestimmten Gründen wurden in einer Pflegekostenstelle aber höhere Löhne gezahlt.
In diesem Fall kann die Höhe der Patientenorientierte Gehälter nicht als verursachungsgerechte Bezugsgröße für die Ermittlung der Zuschlagssätze verwendet werden.

Für die Anwendung der kumulativen Bezugsgrößenkalkulation (bzw. Nichtanwendung der Lohnzuschlagskalkulation) gelten unter dem Aspekt der Genauigkeit der Rechnung folgende Bedingungen bzw. Probleme:

1) Die patientenorientierten Gehälter verhalten sich nicht proportional zu den Pflegegemeinkosten (z.B. wegen unterschiedlicher Entlohnung bei gleicher Arbeitsleistung oder wegen unterschiedlicher Tarifänderung).

2) Für verschiedene Leistungen mit mehrstufigen Leistungsverfahren gelten relativ gleiche Leistungszeiten und -arten auf den Maschinen in einer Kostenstelle - auch bei unterschiedlichen Maschinenkosten.

In diesem Fall sind die Pflegegemeinkosten ins Verhältnis zu Bezugsgrößen zu setzen wie:

      - Maßeinheiten (Outputs: Stückzahl, Gewichte etc.),
      - Maschinenstunden,
      - Akkordstunden.

Die Berechnung lautet:

     Materialkosten

+   Fertigungskosten   (= Patientenorientierte Gehälter

                         + Pflegegemeinkosten auf Basis

                         einer Bezugsgröße

                     z.B.: FGK   120 €/Std)

___

=   Herstellkosten

(+ Sondereinzelkosten des Vertriebs)

___

=   Selbstkosten

b.2.2 (elektive) Maschinenstundensatzrechnung

Der im Rahmen der Kostenstellenrechnung eigentlich für Wirtschaftlichkeitszwecke errechnete Pflegegemeinkosten-Zuschlagssatz wird in der Zuschlagskalkulation für alle Kostenträger, welche die Leistung der Kostenstelle in Anspruch nehmen, benutzt.

Eine derartige Abrechnung führt aber zu einer unzutreffenden Belastung der Leistungen, wenn diese die Anlagen der Kostenstelle nicht gleichmäßig beanspruchen und die eingesetzten Maschinen unterschiedlich hohe Kosten auslösen.

Die Pflegegemeinkosten pro Leistungseinheit werden zu hoch angesetzt, wenn die Arbeiten mit einer Maschine ausgeführt werden, die niedrigere Kosten verursacht. Die Kosten werden bei der Kalkulation dagegen in zu geringer Höhe berücksichtigt, wenn die Leistung mit einer Maschine erfolgt, bei der hohe Kosten entstehen.

Beispiel

Die Leistungen x und y sollen erbracht werden - dabei werden eingesetzt:
Leistung x: - Maschine A: 5 Std = 50 € FGK; Maschine B: 1 Std = 100 € FGK
Leistung y: - Maschine A: 1 Std = 10 € FGK; Maschine B: 5 Std = 500 € FGK

Somit sind Grundlagen bzw. Bedingungen für die Anwendung der Maschinenstundensatzrechnung zum Zweck der Ermittlung des verursachungsgerechten Gemeinkostenzuschlages:

1) Die Patientenorientierte Gehälter verhalten sich nicht proportional zu den Pflegegemeinkosten.

2) Die Maschinenkosten pro Maschine in einer Kostenstelle sind unterschiedlich.

3) Die Zeiten für verschiedene Leistungen mit mehrstufigen Leistungsverfahren ist je Maschine unterschiedlich.

In diesem Fall ist ein Maschinenstundensatz für **jede** Maschine festzulegen. (Dieses Prinzip läuft quasi auf eine Platzkostenstellenrechnung hinaus - da man vom Prinzip der übergeordneten Kostenstelle abweicht: „Kostenstellenrechung auf Platzkostenbasis").

Um eine Maschinenstundensatzkalkulation durchführen zu können, ist es zunächst erforderlich, die Gemeinkosten nach ihrer **Maschinenabhängigkeit** aufzuspalten:

Maschinenabhängige Gemeinkosten	Maschinenunabhängige Gemeinkosten = Restgemeinkosten
- Energiekosten - Instandhaltungskosten - Werkzeugkosten - kalk. Abschreibung - kalk. Zinsen - Raumkosten u.a.m.	- Hilfslöhne - nicht patientenorientierte Gehälter - Sozialkosten - Heizungskosten - Gemeinkostenmaterialien u.a.m. (Diese Kosten verhalten sich nicht proportional zum Maschineneinsatz und sollten daher nach anderen Bezugsgrößen, z.B. Sozialkosten auf der Basis gezahlter Gehälter, verteilt werden.)

Die Kalkulation besteht dann nur in der Anwendung der unterschiedlichen Stundensätze bzw. Restgemeinkosten auf Basis der patientenorientierten Gehälter bzw. sonstiger Bezugsgrößen.

Es ergibt sich dann folgendes Berechnungsschema:

```
    Materialkosten
  + Fertigungskosten   ( = FL
                         + FGK = nach Maschinenstundensatz je Maschine
                         + Restgemeinkosten)

  = Herstellkosten
  (+ Sondereinzelkosten des Vertriebs)

  = Selbstkosten
```

Beispiel

In der Kostenstelle Radiologie werden eine konventionelle Röntgenanlage und ein Spiral-Computertomograph eingesetzt. Ermittelt wird hier der Maschinenstundensatz für
den Spiral-Computertomographen als Plangröße.

Da hier die Anschaffungskosten des CT höher sind als bei der konventionelle Röntgenanlage, fallen für jede Anlage unterschiedliche kalkulatorische Abschreibungen und
Zinsen an. Weitere Pflegegemeinkosten (Raum-, Energiekosten etc.) sind ebenfalls
unterschiedlich. Sie sind daher über die Berechung von Maschinenstundensätzen getrennt für die einzelnen Geräte zu ermitteln.

1. Schritt: Bestimmung der Planbeschäftigung

Arbeitstage: Regulärer Dienst 250 Tage/Jahr; Bereitschaftsdienst 365 Tage/Jahr
Nutzung im Jahr: bei 3.500 Untersuchungen
- davon in der Bereitschaft 350 Untersuchungen
Stunden: 250 × 9,5   (Jahresstunden: 8.760)   = 2.375
+ 10 %-ige Nutzung während des Bereitschaftsdienstes 6.385 × 0,1 =   638,5
- 10 % Ausfallzeit   3.013,5 - 10 %   = 2.712,15
Planbeschäftigung: 2.712 Std p.a.

2. Schritt: Ermittlung der kalkulatorischen Abschreibung

Ausgangswert für die Abschreibung sind die Wiederbeschaffungskosten, verteilt
auf die Nutzungsdauer und Stunden.

$$\frac{\text{Wiederbeschaffungswert}}{\text{BND} \times \text{Beschäftigung (Std p.a.)}} = \frac{1.500.000}{8 \times 2.712} = 69,14$$

kalk. Abschreibung: 69,14 € pro Maschinenstunde

3. Schritt: Ermittlung der kalkulatorischen Zinsen (Zinsen 8,5 %)

Die Zinsen sollen hier nach der Durchschnittswertmethode unter Berücksichtigung
eines Restwertes am Ende der Nutzungsdauer ermittelt werden.

$$\frac{(\text{Ak} + \text{Restwert}) \times i}{2 \times \text{Beschäftigung}} = \frac{(1.400.000 + 100.000) \times 0.085}{2 \times 2.712} = 23,50$$

kalk. Zinsen : 23,50 € pro Maschinenstunde

4. Schritt: Ermittlung der Instandhaltungskosten

In der Plankostenrechnung werden die voraussichtlichen Instandhaltungskosten
über einen Schlüssel ermittelt (hier 3 % vom Wiederbeschaffungswert), welcher
auf Erfahrungswerten beruht.

$$\frac{\text{Wiederbeschaffungswert}}{\text{BND} \times \text{Beschäftigung}} \times i = \frac{1.500.000}{8 \times 2.712} \times 0,03 = 2,07$$

Instandhaltungskosten: 2,07 € pro Maschinenstunde

5. Schritt: Ermittlung der Raumkosten

$$\frac{\text{Fläche} \times \text{Verrechnungspreis(p.M.)} \times 12 \text{ Monate}}{\text{Beschäftigung}} = \frac{30 \times 20 \times 12}{2.712} = 2,65$$

Raumkosten: 2,65 € pro Maschinenstunde

6. Schritt: Ermittlung der Energiekosten

€/Kwh × Anschlusswert × durchschn. Auslastung = 0,24 × 25 × 0,20 = 1,20

Energiekosten: 1,20 € pro Maschinenstunde

7. Schritt: Ermittlung der Kosten für Kontrastmittel, Ausdrucke und Folien

Pro Untersuchung wird mit 120 € gerechnet.

$$\frac{\text{Untersuchungen p.a.} \times \text{Wert}}{\text{Beschäftigung}} = \frac{3.500 \times 120}{2.712} = 154,87$$

Kosten für Ausdrucke etc.: 154,87 € pro Maschinenstunde

8. Schritt: Summenbildung aus den Einzelpositionen (2 bis 7)

Maschinenstundensatz 253,43 €

Dieser Satz ist Basis für die sich nun anschließende Kalkulation.

4.3.3. Kuppelkalkulation

Um Kuppelleistungen kann es sich im Gesundheitswesen dann handeln, wenn in bestimmten Bereichen eine leistungswirtschaftliche Verbindung zwischen Haupt- und Nebenkostenstellen besteht. Nebenkostenstellen erbringen Leistungen, die nicht zum eigentlichen Leistungsprogramm gehören.

Bei Krankenhäusern handelt es sich zum einen um die **sonstigen Einrichtungen**, um nicht unerlässliche Personaleinrichtungen, wie z.B. Wohnheime und Kindertagesstätten, um Ausbildungsstätten, Lehr- oder Forschungsstätten u.a. **Ausgliederungen** dagegen werden aus abrechnungstechnischen Gründen - vom Gesetzgeber als Kostenabzug bei der Berechnung der Pflegesätze verlangt - eingerichtet. Z.B. werden in der

Ambulanz stationäre und ambulante Leistungen vom Krankenhaus und ambulante Leistungen (Nebentätigkeiten) der Ärzte erbracht. Hier wird es notwendig, den Kosten die aus der Ambulanz erzielten Erlöse gegenüberzustellen.

Bei Pflegeeinrichtungen kann es sich ebenfalls o.a. Personaleinrichtungen handeln oder z.B. um den Verleih von Pflegehilfsmitteln.

Wesentlich ist, dass der Anfall der Nebenleistungen nicht eigentlicher Betriebszweck ist.

Somit ist die Kuppelkalkulation ein Verfahren, das die Kosten nicht verursachungsgemäß verrechnen kann, da der Kostenanteil der verschiedenen Kuppelleistungen nicht ermittelbar ist. Sie stellt eine Methode dar, die sich am Prinzip der Kostentragfähigkeit orientiert. Die Kalkulation von Kuppelleistungen kann in zwei Formen erfolgen:

>   - Restwertrechnung (Erlösmethode beim gesetzlichen Kostenabzug)
>   - Verteilungsrechnung.

a. Restwertrechnung

Die Restwertrechnung wird bei der Kalkulation von Kuppelleistungen dann angewendet, wenn eine Hauptleistung und ein oder mehrere Nebenleistungen erbracht werden. Sie eignet sich umso mehr, je geringer der Wert der Nebenleistungen ist.

Bei der Restwertmethode wird davon ausgegangen, dass die Erlöse, die sich aus der Nebenleistung ergeben, die Gesamtkosten der Kuppelleistung mindern. Eventuell notwendige weitere Spezialleistungen im Rahmen der Nebenleistung werden von ihren Erlösen subtrahiert. Der Restbetrag aus den Kosten der Hauptleistung und den - gegebenenfalls bereinigten - Erlösen der Nebenleistungen wird durch die Anzahl der Hauptleistungen dividiert, um die Kosten für die Herstellung einer Einheit der Hauptleistung zu erhalten.

Beispiel

Kosten des Kuppelprozesses		60.000
- Erlöse für Nebenleistung B	18.000	
- direkt zurechenbare Kosten für NI B		
(für Weiterveredelung)	6.000	
	12.000	12.000
- Erlöse für Nebenleistung C	6.480	
- direkt zurechenbare Kosten für NI C	4.800	

	1.680	1.680
- Erlöse für Nebenleistung D	4.320	
- direkt zurechenbare Kosten für NI D	1.200	
	3.120	3.120
		43.200
+ direkt zurechenbare Kosten für die Hauptleistung A		14.400
Herstellkosten für 200 Leistungen A		57.600
Kosten pro Leistung A		288

b. Verteilungsrechnung

Die Verteilungsrechnung findet Anwendung, wenn aus einem verbundenen Leistungs-prozess mehrere Hauptleistungen hervorgehen. Die Gesamtkosten der Kuppelleistung werden mit Hilfe von Äquivalenzziffern auf die einzelnen Erzeugnisse verteilt.
Dabei können unterschiedliche Maßstäbe für die Verteilung der Gesamtkosten zugrun-degelegt werden.
Diese Methode hat allerdings für das Gesundheitswesen keine große Bedeutung!

Ziel ist also, einen Schlüssel zu finden, der den Prinzipien Verursachungsgerechtigkeit und Kostentragfähigkeit gerecht wird.

Die Schlüssel können sein:
1. Der Preis (entsprechender Kostenanteil pro € des erzielten Preises einer Leis-tung):
   Die Methode ist jedoch wegen mangelnder Vergleichbarkeit mehrerer Perioden aufgrund von Preisschwankungen nachteilig (ggf. Verrechnungspreis verwenden).
2. Besser ist eine Verteilung der Gesamtkosten aufgrund technischer Maßstäbe (z.B.: Zeit, Menge).

Beispiele

Preis als Schlüssel:

Leistung	Menge	Preis	Recheneinh.	Einheitsk.	Gesamtk.
Hp A	200	384	76.800	314,19	62.837
Np B	100	180	18.000	147,27	14.727
Np C	60	108	6.480	88,37	5.302
Np D	30	144	4.320	117,18	3.534
			105.600		86.400

Kosten pro RE: 86.400/105.600 = 0,8182

Menge als Schlüssel:

Leistung	Menge=RE	Einheitsk.	Gesamtk.
Hp A	200	221,54	44.308
Np B	100	221,54	22.154
Np C	60	221,54	13.292
Np D	30	221,54	6.646
	390		86.400

Kosten pro RE: 86.400/390 = 221,54

4.3.4. Einflüsse auf die Wahl des Kalkulationsverfahrens

a. Leistungsprogramm

Das Leistungsprogramm einer Unternehmung umfasst die Art und Menge der Leistungen, die zur Realisierung des Unternehmensziels erbracht werden sollen.
Für die Auswahl eines Kalkulationsverfahrens, das dem Identitäts- und Verursachungsprinzip gerecht werden soll, sind für den Kostenrechner im besonderen Maße die Anzahl der Leistungsarten und das Ausmaß ihrer leistungstechnischen Übereinstimmung interessant.

Nach dem Kriterium der Anzahl lassen sich Leistungserbringungen in einer Leistungsart und mehrfache von einander unabhängigen Leistungsarten grob unterscheiden.

Bei einer einzigen Leistungsart wird in der Regel eine Vielzahl gleicher Leistungen erbracht. Hier sind die Anforderungen an die Differenziertheit der zu wählenden Kalkulationsmethode verhältnismäßig gering. In der Praxis werden in diesen Fällen hauptsächlich Verfahren der Divisionsrechnung angewandt.

Bei mehreren gleichzeitig erbrachten Leistungsarten lässt sich die Leistungserbringung grundsätzlich in Teilbereiche gliedern. Als Teilbereich mit der größten Übereinstimmung der Leistungseinheiten ist die Leistung in Sorten mit begrenzter Einheitsmenge und Zeit zu nennen.

Es handelt sich hier um die Leistungen bei gleichartigem Arbeits- bzw. Leistungsverfahren einer gleichen Leistungsgruppe, die sich lediglich in Bezug auf Qualitätsmerkmale etc. voneinander unterscheiden. Aufgrund des hohen Grades an Verwandtschaft zwischen den Ausprägungen bieten sich hier Äquivalenzziffernverfahren (wie z.B. GOÄ-Punkte) an. Der Leistung in Sorten entspricht die Leistung in unbegrenzter, abhängiger Menge von mehreren Leistungsarten.

Die Erbringung von unterschiedlichen und voneinander unabhängigen Leistungen einer festen Einheitsmenge und Zeit ist eine Leistung in Serien. Man unterscheidet hier die Einzelserie (jede Serie hintereinander) und Mehrserie (mehrere Serien parallel). Anwendung findet im letzten Fall die Zuschlagskalkulation. Bei der Einzelserie kann die Divisionskalkulation angewandt werden. Der Einzelserie entspricht wiederum in ihrer Unbegrenztheit die o.a. einfache Leistung in unbegrenzter Menge, der Mehrserie die unabhängige Leistung in unbegrenzter Menge von mehreren Leistungsarten.

Einzelleistungen liegen schließlich vor, wenn ein Betrieb Leistungen erbringt, die den jeweiligen Anforderungen eines jeden Auftraggebers in einer spezifischen Weise entsprechen. In diesem Fall kommt die Zuschlagskalkulation zur Anwendung.

Vergegenwärtigt man sich nun die angesprochenen Kalkulationsverfahren in ihrem spezifischen Aufbau, so lässt sich sagen, dass mit zunehmender Leistungsähnlichkeit Verfahren der Divisionskalkulation verwendet werden und mit abnehmender Ähnlichkeit über die Äquivalenzziffernverfahren auf die Verfahren der Zuschlagskalkulation übergegangen werden sollte.

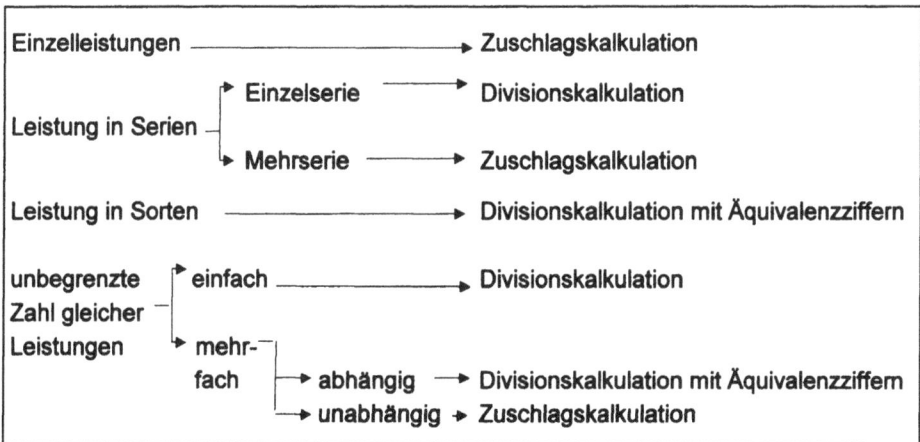

b. Leistungsverfahren

Je nachdem, ob alle technisch erforderlichen Verfahrensschritte an einem Ort und als zusammengefasste Tätigkeit zur Leistungserstellung führen, oder ob Verrichtungen an mehreren Arbeitsplätzen nacheinander zum Endergebnis führen, spricht man von ein-stufigen oder mehrstufigen Leistungsprozessen.

Dieser sachlichen Einteilung folgen auch, wie schon angesprochen, die diversen Kal-kulationsverfahren. Während bei einer einstufig organisierten Leistungserbringung ein-stufige Divisions-, Äquivalenzziffernverfahren oder die Zuschlagskalkulation mit Ge-samtzuschlag ausreichen, werden bei mehrstufiger Organisation die mehrstufigen Ver-fahrensvarianten oder die differenzierte, elektive Zuschlagskalkulation eingesetzt.

Der Sonderfall der Kuppelproduktion wird in diesem Rahmen durch ein eigenes Ver-fahren abgedeckt.

Zusammenfassend ist zu sagen, dass das gewählte Kalkulationsverfahren die techni-schen Eigenheiten der Leistungserstellung in ihren wirtschaftlichen Auswirkungen mög-lichst genau wiederspiegeln sollte.

VI. Prozesskostenrechnung

1. Einführung in die Prozesskostenrechnung

In den letzten Jahren stellte man eine relative Steigerung der Gemeinkosten in den Dienstleistungsbetrieben fest – vor allem in den direkt die Leistungen unterstützenden und sonstigen indirekten Bereichen. Ursachen hierfür sind Automatisierung, Leistungsvielfalt, höhere Qualitäten, unternehmerische Flexibilitäten usw., die ein Vielfaches an verwaltenden Tätigkeiten mit sich bringen.

Gerade auch im Gesundheitsbereich muss versucht werden, den Einsatz der Betriebsmittel sinnvoll, d.h. bei gegebenem Qualitätsstandard, zu reduzieren. Maßnahmen zur Reduzierung sind u.a. Leitlinien für Behandlungsempfehlungen in der Versorgung von Patienten, sogenannte Clinical Pathways oder Patientenpfade. Diese Leitlinien beschreiben den „Weg" einer Leistung in der abteilungsübergreifenden Behandlung für einen speziellen Patiententyp. Durch die Festlegung und Optimierung der einzelnen Prozesse – z.B. in Krankenhäusern von der Aufnahme bis zur Entlassung – werden aber nicht nur die Vorgänge transparent gemacht, sondern es lassen sich – wie im weiteren beschrieben – auch **Kosten verursachungsgerecht** zuordnen.

Die bisherige Ausrichtung der Kostenzurechnung auf die klassischen Sachgebiete Kostenarten-, Kostenstellen und Kostenträgerrechnung führt zu schwerwiegenden Nachteilen:
Bei diesem Verfahren werden die Gemeinkosten über Schlüssel indirekt auf die Leistungen verrechnet. Meistens stehen mehrere Gemeinkostenschlüssel alternativ zur Verfügung, so dass die Auswahl und Anwendung einer dieser Schlüssel immer mit Willkür behaftet ist. Bei der Anwendung kommt es zu Ungenauigkeiten, da die Verrechnung nicht verursachungsgemäß erfolgt, und nur eine rechnerische Abhängigkeit von Kosten und Bezugsgröße besteht.

Außerdem fehlen dadurch im operativen Bereich Informationen über die Kostenzuweisung auf einzelne standardisierte Vorgänge, die im Rahmen der Qualitätssicherung beschrieben und überprüft werden, wie z.B. der Patientenaufnahme, der Beschaffung von Leistungsfaktoren, einschließlich der jeweiligen Kosteneinflussgrößen. Es ergeben sich auch weitere Fragen: Wie hoch ist der Ergebnisbeitrag einer Leistung, eines Patienten oder einer Leistungsart nach dem Abzug der Faktor-Verbrauche in den indirekten Bereichen bzw. den leistungsunterstützenden Bereichen? Wie müssen Mitarbeiterkapazitäten angepasst werden? Welche Verbesserungs- und Umstrukturierungsmöglichkeiten ergeben sich in den Abläufen dieser Bereiche, usw.?

Mit Hilfe der Prozesskostenrechnung können nun die Kosten im direkt die Leistungser-stellung unterstützenden Bereich, aber auch gerade die Kosten der indirekten Berei-che, besser geplant und gesteuert werden. Man geht davon aus, dass viele Gemein-kosten nicht von Material- oder Pflegeeinzelkosten abhängen, sondern eher von be-trieblichen Aktivitäten, die letztlich dazu dienen, Leistungserbringung und Leistungs-verwertung der Kostenträger zu fördern.

Merkmale einer solchen Prozesskostenrechnung sind die in Kostenstellen ausgeführ-ten Tätigkeiten, die sachlich über die Kostenstellen hinweg zu **sich wiederholenden Prozessen** zusammengefasst werden können, und deren Kosten dann ermittelt wer-den. Wesentliches Element der Prozesskostenrechnung ist die Ausrichtung auf be-triebliche Prozesse.

Ein Prozess ist eine Kette von Aktivitäten, die auf die Erbringung einer bestimmten Leistung ausgerichtet sind. Er ist gekennzeichnet durch eine konkrete Leistungsaus-bringung, bestimmte Qualitätsmerkmale (die häufig nicht explizit definiert sind), den Verbrauch von Ressourcen (Kosten), einen Kosteneinflussfaktor und analysierbare Bearbeitungszeiten.

Verfahrenstechnisch handelt es sich um eine Erweiterung der o.a. Sachgebiete. Die Kostenstellenrechnung wird ergänzt um die Prozesskostenrechnung. Die Kostenträger-rechnung nutzt dann die Ergebnisse aus beiden Bereichen.

Die Gemeinkosten lassen sich besser in Kostenpools aufgrund der ausgeführten Tä-tigkeiten (Prozesse) zusammenfassen und über Koeffizienten auf Leistungseinheiten übertragen. Den Aktivitäten werden die Kosten in Abhängigkeit von sogenannten Kos-tentreibern (Cost Drivers) zugeordnet und daraus Prozesskostensätze ermittelt. Mit Hilfe der Prozesskostensätze werden die **prozessbezogenen Gemeinkosten** auf die Leistungen kalkuliert.

Die Prozesskostenrechnung ist dem – vorwiegend in den USA eingesetzten – Activity Based Costing ähnlich. Beide Systeme werden sehr oft als gleiche Systeme beschrie-ben. Letzteres unterscheidet aber nicht nach fixen und proportionalen Kosten, auch nicht nach Teil- und Hauptprozessen usw. Weiterhin fehlt der Kostenstellenbezug.

Ziel dieser Prozesskostenrechnung ist es somit,
- die Gemeinkosten vor allem in den leistungsunterstützenden Bereichen besser zu erkennen,
- sie genauer nach ihrer Verursachung auf Kostenträger zu verrechnen,
- eine rationellere Nutzung der Leistungsfaktoren zu ermöglichen,
- Kapazitätsauslastungen aufzuzeigen,
- so wie ein strategisches Kosteninformationssystem aufzubauen.

Beispiel

Kostenart	Kostenstellen			Prozess
	Pforte	Laboratorien	Rechnungswesen	
Gehälter	5.000 €	8.000 €	6.000 €	z.B. Patientenauf-
Abschreibungen	8.000 €	19.000 €	4.000 €	nahme je Patient
...				20 €
	...	...	...	
	8 €	9 €	3 €	

2. Technik der Prozesskostenrechnung

Wie oben dargestellt, sollte der Einsatz einer Prozesskostenrechnung dann bedacht werden, wenn

- im Betrieb hohe Gemeinkosten in bestimmten Bereichen vorkommen,
- herkömmliche Kalkulationsverfahren zu ungenauen Ergebnissen führen,
- unterschiedliche Kosten bei unterschiedlicher Auslastung von Leistungsfaktoren durch die Leistungserbringung unterschiedlicher Leistungsarten entstehen (siehe auch Maschinenstundensatzrechnung),
- Tätigkeiten und Vorgänge sich wiederholen,
- usw.

Zur Einführung einer Prozesskostenrechnung ist eine sehr genaue Planung und ein entsprechendes Projektmanagement notwendig, da hier über verschiedenste Bereiche und Kostenstellen hinweg Prozesse und Prozesskosten ermittelt werden müssen.

Nach einer Überprüfung,

- ob es Prozesse gibt, bei denen die Leistungsfaktoreneinsätze durch unterschiedliche Leistungen unterschiedlich intensiv genutzt werden,
- ob ausreichende Ressourcen für eine Einführung und Umsetzung einer Prozesskostenrechnung zur Verfügung stehen,
- ob eine Umsetzung wirtschaftlich ist,

sind folgende Verfahrensschritte durchzuführen:

Verfahrensschritte
1. Tätigkeitsanalyse mit Aufbau einer Prozesshierarchie
↓
2. Festlegung von Maßgrößen
↓
3. Ermittlung von Prozesskostensätzen
↓
4. Kalkulation mit Prozesskosten

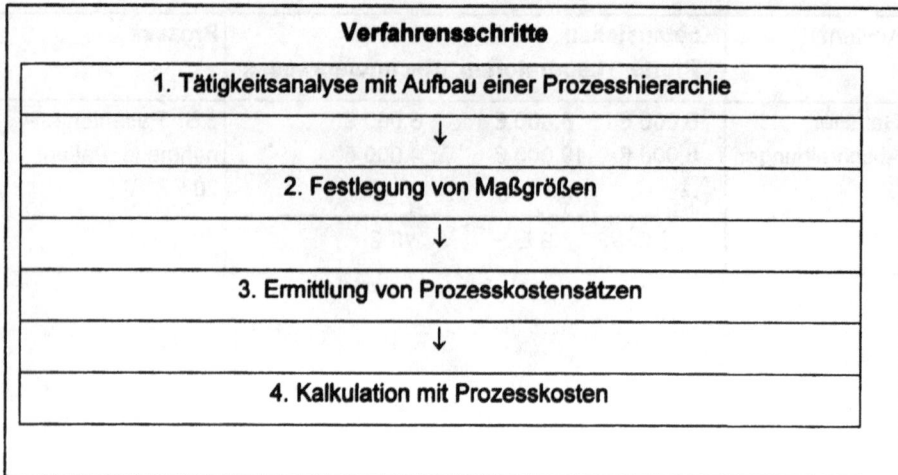

1. Ausgangspunkte der Prozesskostenrechnung sind die **Kostenstellen** der leistungsunterstützenden Bereiche. Hier werden mittels **Tätigkeitsanalysen** die aufgeführten **Aktivitäten** festgestellt und zu **Teilprozessen** und **Hauptprozessen** verdichtet.

2. Auch hier muss die Höhe der Kostenverursachung wie bei den Kostenstellen **messbar** sein, um fehlerhafte Kostenzuweisungen zu vermeiden. Es erfolgt deshalb die Festlegung von **Maßgrößen, Bezugsgrößen** oder Kostentreiber, deren Größe innerhalb eines Zeitraumes die Aktivitätskosten bestimmen.

3. Als Nächstes erfolgt die Zuordnung von entsprechenden **Prozesskostensätzen** auf Basis der Aktivitäten und Maßgrößen. Diese können auch schon für Planungen und Kontrollen genutzt werden.

4. In der Kalkulation werden die Prozesskostensätze über **Pools** nach ihrer Inanspruchnahme auf die jeweiligen Kostenträger verteilt. Dies geschieht zur Überprüfung **technischer Wirtschaftlichkeiten** sowie zur genaueren **Preisfindung bzw. Preisbeurteilung** der Leistungen bezüglich ihrer Gemeinkosten. Eine entsprechende Verteilung erfolgt in der Betriebsergebnisrechnung z.B. zur Ermittlung der Erfolgssituation der Leistungsarten.

2.1. Tätigkeitsanalyse mit Aufbau einer Prozesshierarchie

In einer Kostenstelle werden durch Tätigkeiten Leistungsfaktoren verbraucht, deren Werte den Kostenträgern aber mittels der Kostenstellenrechnung nur indirekt als Kostenträgergemeinkosten zugerechnet werden können. Soweit diese Tätigkeiten als gleichmäßig wiederholende und gleichartige (repetitive) Tätigkeiten messbar sind, werden sie hier erfasst. Tätigkeiten werden auch als **Aktivitäten** oder **Transaktionen** bezeichnet.

Vor der eigentlichen Analyse werden in Absprachen mit den Betroffenen vor Ort Hypothesen abgeleitet über die Hauptprozesse und deren Kostentreiber. Diese Hypothesen dienen als eine Orientierung.

Anschließend erfolgt die Feststellung der in den Kostenstellen ablaufenden Tätigkeiten und deren Zuordnung zu Teilprozessen. Diese Zusammenfassung dient der Vereinfachung der späteren Abrechnung. Somit ist also der **Teilprozess** hier die **kleinste Einheit**.

Die Analyse wird mit den in der Organisation üblichen Methoden durchgeführt. Es handelt sich um eine Arbeitsanalyse - hauptsächlich nach dem Verrichtungs- und Objektprinzip gegliedert.

-    Als Erhebungstechniken können eingesetzt werden:
     Beobachtung, eventuell als Multimomentstudie, Interview, Selbstaufschreibung, Dokumentenanalyse oder automatische Erfassungen durch Workflow-Managementsysteme.
-    Dokumentiert werden können die Tätigkeiten mit Hilfe der Aufgabenanalysetechnik. Mit einer leistungsfähigen Software zur Prozessablaufgestaltung – Instrument ist hier das o.a. Workflow-Management – können die Tätigkeiten direkt erfasst und bearbeitet werden. Prozesskostenrechnungssysteme unterstützten darüber hinaus die Erfassung von Bezugsgrößen und Prozesskosten, die Ermittlung von Prozesskostensätzen, so wie Simulationen etc.

In dem Strukturbild sind neben den Teilprozessen unterster Ebene die Zusammenfassungen zu den – unten beschriebenen – Hauptprozessen bis hin zu Prozessbereichen höherer Ordnungen erkennbar.

Beispiel

Prozessbereich	Hauptprozess	Teilprozess
Patienten aufneh-men (Pforte)	Verwaltungsdaten aufnehmen	Versichertendaten in die EDV einge-ben
		Vertragspapiere (u.a. Behandlungs-vertrag) unterschreiben lassen
	Patienten medizi-nisch-pflegerisch aufnehmen	Routineuntersuchungen veranlassen (Blutabnahme, EKG ...)
		Krankenblatt anlegen
Patienten informieren ...		
Patienten aufnehmen (Station) ...		

Wichtig ist bei der Analyse die Untersuchung, ob sich die Prozesse im Hinblick auf das Leistungs- und damit auf das Kostenvolumen der Kostenstelle veränderlich verhalten.

Diese nennt man **leistungsmengeninduzierte Prozesse (lmi)**; hier besteht ein (an-nähernd) proportionaler Zusammenhang zwischen Leistungsmenge und Kosten der Kostenstelle.

Leistungsmengenneutrale (lmn) Prozesse verhalten sich unabhängig von der Leis-tungsmenge, sie werden zur Unterstützung der leistungsmengeninduzierten Prozesse benötigt. So die Leitung der Kostenstelle bei mehreren Mitarbeitern ein lmn-Prozess.

Um den Erfassungs- und Verrechnungsaufwand zu verringern werden sachlich zu-sammengehörende Teilprozesse, die demselben Kosteneinflussfaktor unterliegen, wiederum in der Regel zu durchaus auch kostenstellenübergreifenden Hauptprozessen verdichtet. Sachlich zusammengehörend sind Teilprozesse dann, wenn sie sich in Art, Ablauf, Arbeitsaufwand und notwendigen Ressourcenverbrauch nicht zu stark unter-scheiden. Dabei ist es auch möglich, dass Teilprozesse nur anteilig in einen Hauptpro-zess eingehen.

Folgende Varianten sind möglich:

1.) mehrere Teilprozesse einer Kostenstelle werden zu einem Hauptprozess,

2.) mehrere Teilprozesse verschiedener Kostenstellen werden zu einem Hauptprozess,

3.) Teilprozesse werden Anteile mehrerer Hauptprozesse,

4.) Teilprozesse und Hauptprozesse sind identisch.

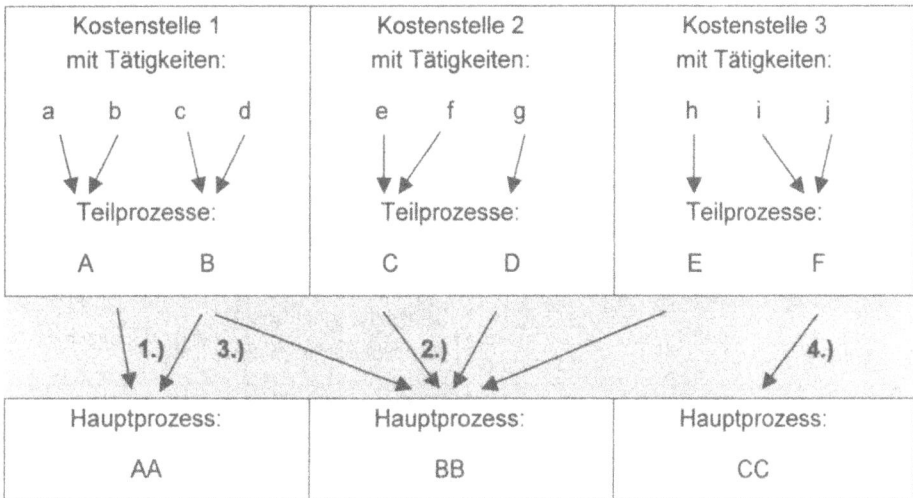

Die Hauptprozesse (und deren Kostentreiber) sind die betrieblichen Größen, die für das Kostenvolumen der indirekten Bereiche bzw. der die Leistungserstellung direkt unterstützenden Bereiche verantwortlich sind. So werden z. B. die gesamten Kosten, die die Patientenaufnahme über den ganzen Betrieb hin verursacht, sichtbar gemacht.

Diese Tätigkeiten werden dann in so genannten Tätigkeitsübersichten den entsprechenden Kostenstellen zugeordnet, wobei die Hauptprozesse abgeschlossene Aufgabenkomplexe sind, die nicht unbedingt mit Kostenstellen bzw. Kostenstellenbereichen übereinstimmen müssen (s.o.).

Beispiel

Kostenstelle: Pforte der Inneren Medizin			
Aktivitäten			
Nr.	Bezeichnung		Bemerkungen
1.	Patienten auf-nehmen	Verwaltungsdaten aufnehmen	Versichertendaten in die EDV eingeben	
			Vertragspapiere (u.a. Behandlungsvertrag) unterschreiben lassen	
		Patienten medizi-nisch-pflegerisch auf-nehmen	Routineuntersuchungen veranlassen (Blutab-nahme, EKG ...)	
			Krankenblatt anlegen	
2.	Patienten informieren ...		

2.2. Festlegung von Maßgrößen

Analog zur Kostenstellenrechnung müssen bei der Prozesskostenrechnung für alle leistungsmengeninduzierten Prozesse **Maßgrößen** oder **Bezugsgrößen** festgelegt werden, die im Hauptprozess **Kostentreiber** (cost driver) genannt werden.

Eine aktivitätsorientierte Maßgröße ist die Maßeinheit, mit der die Kostenverursa-chungen der Leistungsmengen gemessen werden. Zu dieser Bezugsgröße stehen die Kosten in einer entsprechenden Abhängigkeit. Maßgrößen können Mengengrößen (z.B. Anzahl der Leistungen) oder Zeitgrößen (z.B. Zeit der Bearbeitungen) sein. Men-gengrößen lassen sich zwar in der Regel leichter erfassen, sie verhalten sich aber nicht immer proportional zu dem tatsächlichen Aktivitätsverbrauch. Mit Hilfe dieser Maßgrößen werden die sachlich zusammengehörenden Teilprozesse den Hauptpro-zessen zugerechnet.

Den Hauptprozessen werden dann Kostentreiber zugeordnet. Hauptprozesse und de-ren Kostentreiber sind die betrieblichen Größen, die für das Kostenvolumen der indi-rekten Bereiche bzw. der die Leistungserstellung direkt unterstützenden Bereiche ver-antwortlich sind (s.o.)!

Kostentreiber haben die gleichen Aufgaben wie Maßgrößen, es werden jedoch die Leistungsmengen der Hauptprozesse und deren Ressourcenverbrauch gemessen. Sie charakterisieren zusammen mit den Hauptprozesskosten die Hauptkosteneinflussfaktoren der untersuchten Gemeinkostenbereiche.

Beispiele

Kostenstelle: Pforte der Inneren Medizin			
Aktivitäten			
Nr.	Bezeichnung		**Maßgrößen**
1.	Patienten auf-nehmen	Versichertendaten in die EDV eingeben	Anzahl
		Vertragspapiere (u.a. Behandlungsvertrag) unterschreiben lassen	Anzahl
		Routineuntersuchungen veranlassen (Blutab-nahme, EKG ...)	Zeit
		Krankenblatt anlegen	Zeit
2.	Patienten informieren ...		

Kostenstelle: Pforte der Inneren Medizin			
Aktivitäten			
Nr.	Bezeichnung		**Kostentreiber**
1.	Patienten auf-nehmen	Verwaltungsdaten aufnehmen	Anzahl
		Patienten medizi-nisch-pflegerisch auf-nehmen	Zeit
2.	Patienten informieren ...		

Maßgrößen und Kostentreiber sind dann optimal gewählt, wenn
- sie leicht nutzbar sind, das heißt leicht zu erfassen und zu verarbeiten,
- sie in ihrer Anzahl beschränkt sind und dadurch die Prozesskostenrechnung einfach und überschaubar machen,
- sie eine Proportionalität zwischen Kosten der Kostenstelle und den Prozessen darstellen,
- sie Maßgrößen und Kostentreiber identisch sind (s.o.), also mit dieser Bezugsgröße nicht nur die Teilprozesse, sondern auch der Umfang des Hauptprozesses erfasst werden – das ist allerdings nicht in jedem Fall möglich,
- sie ein echter Maßstab der erbrachten Leistungen in den Kostenstellen sind,
- sie eine Beziehung zur Leistung gegenüber dem Patienten haben.

Haberstock teilt diese Bezugsgrößen (für die Verursachung „Beschäftigung") in seiner Grenzplankostenrechnung sehr übersichtlich ein.   Diese Einteilung kann hier übernommen werden:

a) Bezugsgrößen (BG) mit doppelter Funktion (**Kontrolle und Kalkulation**) bei homogener Kostenverursachung (**eine BG pro Kostenstelle**),
- ausgedrückt in Stück, Meter etc. bei „Kostenstellen mit nur einer Leistungsart",
- ausgedrückt in Äquivalenzziffern,
- ausgedrückt in Rückführung auf wesentliche, proportionale Kostenentstehungen;
    bei heterogener Kostenverursachung (**mehrere BG pro Kostenstelle**)
- bei Änderung der Anzahl von Arbeitskräften pro Maschine in Abhängigkeit zur erstellten Leistung,
- bei funktionsgleichen aber unterschiedlich kostenintensiven Maschinen,
- wenn verschiedenartige Leistungen bei gleicher BG zu unterschiedlichen Kosten führen;

b) Bezugsgrößen (BG) mit einfacher Funktion (entweder für Kontrollzwecke **oder** Kalkulationszwecke),
- im Kontrollbereich häufig bei Routinearbeiten mit Wiederholungscharakter, z.B. Poststelle: Anzahl Postausgänge,
- im Kalkulationsbereich als „Hilfs-BG" anstelle einer genauen Kostenverursachung, z.B. Verwaltung und Vertrieb: Herstellkosten der Leistungen.

2.3. Ermittlung von Prozesskostensätzen

Den einzelnen Prozessen sind im nächsten Schritt aufgrund einer **Kostenanalyse** die entsprechenden Kosten zuzuordnen. Die Ermittlung dieser Prozesskosten kann aufgrund einer Planung der Kostenstellenkosten, auf der Basis der Werte aus Vorperioden oder aber prozessbezogen erfolgen. Da diese Ermittlungsarten aber sehr aufwendig sind, werden häufig die einzelnen Kostenarten der Kostenstellen auf die Prozesse mittels sinnvoller Schlüssel verteilt.

Bei hoher Personalintensität werden aus kostenwirtschaftlichen Gründen häufig in den indirekten Leistungsbereichen nur die Personalkosten analysiert und verteilt. Die weiteren Kosten werden – je nach Genauigkeitswunsch – proportional zu den Personalkosten verteilt oder sogar wie lmn-Kosten behandelt.

Zur reinen Information über Kostenstrukturen reichen die Periodenkosten der Prozesse aus. (Ein Beispiel folgt auf der nächsten Seite.)

Im Rahmen einer Kontrolle der **technischen Wirtschaftlichkeit**, oder aber um die Genauigkeit der **Kalkulation** auf verursachungsgerechter Basis zu erhöhen, müssen die Prozesskosten je Bezugsgrößen-Einheit der einzelnen **Teilprozesse** ermittelt werden:

Prozesskostensatz = Prozesskosten ÷ Prozessmenge

Hierbei wird eine Proportionalität zwischen Kostentreiber und Kostenhöhe der lmi-Kosten unterstellt.

Anschließend werden die **Kosten der Hauptprozesse** ermittelt. Hierzu werden entweder die Kosten der Teilprozesse aufsummiert und durch die Kostentreiber dividiert, oder aber man summiert die Teilprozesskostensätze auf. Das Ergebnis muss das gleiche sein.

lmn-Kosten eines Hauptprozesses oder Prozessbereiches dagegen werden häufig im Verhältnis der entsprechenden lmi-Kosten aufgeteilt. Hier wird erkennbar, dass die lmn-Kosten bei höherer Stückzahl anteilig im Prozesskostensatz fallen bzw. bei niedrigerer Stückzahl anteilig steigen (Degressionseffekt). (Ein Beispiel folgt auf der übernächsten Seite.)

Lmn-Kosten können jedoch auch zusammengefasst und als Zuschlagsätze (Verhältnis der Prozesskosten zu Leistungsarten- und Kostenträger-Einzelkosten) in der Kostenträgerrechnung verteilt werden.

Beispiel: Prozesskostenrechnung - Periodenkosten

Kostenstelle: Verwaltung (Pforte - Innere Medizin)	Personalkosten	Sozialabgaben *)	Energie *)	Instandhaltung *)	Abschreibungen *)	Sonstige Kosten *)	Gesamt (siehe BAB I)
verantwortlich: XY	280.000	60.000	7.000	4.000	48.000	100.000	499.000
Kapazität: 10 Mitarbeiter (MA)							

*) Die Kosten werden proportional zu den Personalkosten verteilt.

Teilprozesse	Lfd. Nr.	Maßgrößen	Prozessmengen	Kapazitätsverbrauch	Teilprozesskosten
Versichertendaten in die EDV eingeben	1	Patienten	1.500	1,5 MA	74.850
Vertragspapiere (u.a. Behandlungsvertrag) unterschreiben lassen	2	Patienten	1.500	1,5 MA	74.850
Routineuntersuchungen veranlassen (Blutabnahme, EKG ...)	3	Stunden	400	2,4 MA	119.760
Krankenblatt anlegen	4	Stunden	300	1,8 MA	89.820
...					...
Summe aller Imi-Teilprozesse - Prozessbereich				8 MA	399.200
Patientenaufnahme leiten				1 MA	49.900
Allgemeine Verwaltungstätigkeiten durchführen				1 MA	49.900
Summe aller IMN-Teilprozesse - Prozessbereich				2 MA	99.800
Summe aller Teilprozesse - Prozessbereich				10 MA	499.000

Hauptprozesse	Lfd. Nr.	Kostentreiber	Prozessmengen	Imi-Kosten	Hauptprozesskosten *)
Verwaltungsdaten aufnehmen	1	Patienten	1.500	149.700	187.125
Patienten medizinisch-pflegerisch aufnehmen	2	Stunden	700	209.580	261.975
...					

*) Die Imn-Kosten werden proportional zu den Imi-Kosten aufgeteilt.

Summe aller Hauptprozesse - Prozessbereich					499.000

Beispiel

Prozess	Kosten-treiber	Prozess-mengen	Kosten	Prozess-kostensatz	Umlage-satz (lmn)	Gesamt-prozess-kostensatz
1(lmi)	Patienten	1.500	149.700	99,80	24,95	124,75
2(lmi)	Stunden	700	209.580	299,40	74,85	374,25
...						
3(lmn)	-	-	99.800	-	-	-
Prozessbereich						499,00

Umlage = lmn-Kosten ÷ lmi-Kosten = 99.800 ÷ 399.200 = 0,25
Umlagesatz-1 = Prozesskostensatz-1 × Umlage = 99,80 × 0,25 = 24,95
Umlagesatz-2 = Prozesskostensatz-2 × Umlage = 299,40 × 0,25 = 74,85

Mit der Bestimmung der Kostensätze der Hauptprozesse ist der vorbereitende Teil der Prozesskostenrechnung abgeschlossen, die Ergebnisse sind nun in der Kostenträgerrechnung einsetzbar. Sie dienen als Grundlage für eine prozessorientierte Kalkulation und Kostenträgerzeitrechnung. Je nach Genauigkeitsbedürfnis können nun diese Kostensätze fortlaufend neu auf Basis der tatsächlich erbrachten Leistungen verrechnet werden – ein erheblicher Erfassungs- und Errechnungsaufwand – , oder man nutzt eine einmal festgelegte Menge für die Periode.

2.4. Kostenträgerrechnung mit Prozesskosten

Auch bei der Kostenträgerzeitrechnung und bei der Kostenträgerstückrechnung löst sich die prozessorientierte Berechnung ebenfalls von der Kostenstelleneinteilung. Hauptprozesskosten, die sich direkt auf die erbrachten Leistungen beziehen lassen, werden je Einheit auf die Leistungen übertragen. Diese Rechenweise ergänzt somit die traditionelle Kostenträgerrechnung.

Die Verrechnung der Kosten der direkten Leistungsbereiche wird – soweit möglich – in der üblichen Weise vorgenommen; dann folgt die weitere direkte Zurechnung über die Prozesskostensätze. Zur Verrechnung auf die **Leistungsarten** oder **Kostenträger** muss nun eine Beziehung zwischen den Kostentreibern und den Kostenträgern hergestellt werden. Hier sollen sich die Kosten widerspiegeln, die durch das Leistungsprogramm, durch die Struktur dieses Programms und durch die Art der Leistungen entstanden sind.

- Gemeinkosten werden also nicht mehr ausschließlich nach pauschalen Zuschlagsätzen zugerechnet, sondern entsprechend dem für die Leistungserbringung notwendigen Werteverzehr entsprechend der Ressourcenbeanspruchung auf die Kostenträger zu.

- Alle Zusammenhänge zwischen Leistungen werden berücksichtigt. So können Kosten der Leistungen mit unterschiedlicher Leistungsvielfalt bei unterschiedlichen Patienten usw. auch zugerechnet werden. Die Gemeinkosten werden nicht in Abhängigkeit ihrer Höhe von anderen Kostenarten verteilt.

- In gleicher Weise werden Kosten (z.B. Kosten eines Bestellvorganges), die unabhängig von der Bestellmenge sind, nicht mengenabhängig kalkuliert. (Diese Kosten hängen nicht von der bestellten Menge der Sachgüter ab). Die Rechnung mit Prozesskostensätzen führt zu einem Degressionseffekt.

Beispiel:

	Zuschlagskalkulation (Zuschlagsatz 20 %)			Prozesskostenrechnung (Prozesskosten = 80 €)		
Leis- tungs- menge	Material- einzel- kosten	Materialge- meinkosten - hier Bestellung	Material- kosten pro Leistung	Material- einzel- kosten	Materialge- meinkos- ten - hier Bestellung	Material- kosten pro Leistung
1	40	8	48	40	80	120,00
5	200	40	48	200	80	56,00
10	400	80	48	400	80	48,00
15	600	120	48	600	80	45,33
20	800	160	48	800	80	44,00

Es wird in der Regel jedoch schwierig sein, alle Kostentreiber mit ihren Prozesskostensätzen direkt als **Einzelkosten** auf den Kostenträger zu verrechnen, da die Zuordnung nicht immer erkennbar ist. Die Kosten von Prozessen, die nicht direkt auf die Leistung bezogen werden können, wie z. B. Betreuung von Patienten, Lieferantenpflege etc., gehen in die Restgemeinkosten ein.

Als Grundverfahren der Kalkulation und der Kostenträgerzeitrechnung wird hier die Abrechnungstechnik der differenzierten **Zuschlagskalkulation** auf Basis der Gemeinkostenverrechnung mit Hilfe von Kalkulationssätzen vorgeschlagen, jedoch mit der Erweiterung einer Prozesskostenrechnung in den Gemeinkostenbereichen.

Es ergibt sich dann bei der Verwendung einer Maschinenstundensatzrechnung folgendes Berechnungsschema:

	Materialkosten	(= MEK
		+ MGK = nach jeweiligen Prozesskostensätzen
		+ Restgemeinkosten)
+	Fertigungskosten	(= FL
		+ FGK = nach Maschinenstundensatz je Maschine
		+ FGK = nach jeweiligen Prozesskostensätzen
		+ Restgemeinkosten)

=	Herstellkosten
(+	Sondereinzelkosten des Vertriebs)

=	Selbstkosten

VI. Kostenrechnungssysteme - Umfang der Verrechnung auf Kostenträger

1. Vollkostenrechnung ohne Kosten- und Erlösauflösung

1.1. Bezug zu den Teilbereichen der Kosten- und Leistungsrechnung

In der Darstellung der einzelnen Teilbereiche der Kostenrechnung wurde in den letzten Abschnitten das System der **Vollkostenrechnung ohne Kostenauflösung** verwandt. Kennzeichnend für dieses Vollkostensystem mit seinen Ausprägungen ist es, dass jeweils **sämtliche Kostenarten**, die im Betrieb anfallen, letztlich auf die relevanten **Kalkulationsleistungen** weiterverrechnet werden, und damit für alle Kostenträger stets die vollen Kosten bestimmt werden.

Sehr deutlich wird dieses am Beispiel einer kleinen Divisionskalkulation (K:x = k). „K" sind die gesamten angefallenen Kosten (variable als beschäftigungsabhängige, fixe als zeitabhängige Kosten). „k" ergab sich dadurch als eine konstante Einheitskostengröße - unabhängig von der Beschäftigung.

Ebenso wurden alle **Erlöse** für die Leistungen auf die Kalkulationsleistungen verrechnet.

(In einem Teilkostensystem werden später unter Berücksichtigung von Beschäftigungsschwankungen den verschiedenen Kalkulationsleistungen nur Teile der betrieblichen Gesamtkosten und Erlöse zugerechnet; prinzipiell nur jene Kosten und Erlöse, die sich **verursachungsgemäß** für die betreffenden Kalkulationsleistungen erfassen lassen.)

Diese Art der Verrechnung führt zu schwerwiegenden Nachteilen. Einige werden im Folgenden dargestellt. Demgegenüber gibt es aber durchaus auch einige Vorteile für die Verwendung dieser Vollkostenrechnung ohne Kostenauflösung.

1.2. Nachteile dieser Vollkostenrechnung

a) Gemeinkosten- und Erlösschlüsselung als fundamentaler Mangel

Bei der Istkostenrechnung werden die **Gemeinkosten** einschließlich der Fixkosten über einen Schlüssel auf die Leistungen verrechnet.

In gleicher Weise wird bei den **Erlösen** verfahren. Diese Erlöse entstehen zum einen im Rahmen der **Leistungserbringung** als Krankenhausleistungen (Pflegesätze bei Kur- und Reha-KLiniken, DRG-Fallpauschalen, Erlöse aus vor- und nachstationärer

Behandlung), Wahlleistungen, Ambulante Leistungen und Nutzungsentgelte in Krankenhäusern, bzw. als Pflegeleistungen (ambulant, teilstationär, vollstationär, Kurzzeitpflege) u.a. bei Pflegeinstitutionen. Bei **nichtgeförderten Institutionen** handelt es sich damit um reine **leistungsbezogene** Erlöse. Zu berücksichtigen sind aber bei **geförderten Institutionen** als **nicht leistungsbezogene** Erlöse auch die Erträge aus der abschreibungsgemäßen Auflösung der Sonderposten, da diese letztlich als **Zuschüsse** dem periodengemäßen Entgelt für die **Investitionsgüter** entsprechen.

Meistens stehen mehrere Schlüssel alternativ zur Verfügung, so dass die Auswahl und Anwendung einer dieser Schlüssel immer mit Willkür behaftet ist. Bei der Anwendung kommt es zu Ungenauigkeiten, da die Verrechnung nicht verursachungsgemäß erfolgt, und nur eine rechnerische Abhängigkeit von Kosten bzw. Erlösen und Bezugsgröße besteht.

Kosten und Erlöse, die gemeinsam für mehrere Leistungen entstehen, lassen sich nicht ohne Willkür auf die einzelnen Leistungen verteilen:
So können z.B. Abschreibungsbeträge eines Röntgengerätes mit Leistungen für unterschiedlich aufwändige Untersuchungen nicht objektiv auf die verschiedenen Untersuchungsleistungen verteilt werden.
Desgleichen können allgemeine Verwaltungskosten nie objektiv auf die einzelnen Leistungserbringungen verrechnet werden, da ein Zurechnungsmechanismus niemals zugrunde liegt.
Für die Fixkostenproportionalisierung (z.B. Miete) gibt es ebenfalls kein Kriterium für eine verursachungsgemäße Zuordnung.
Die fixen Kosten werden eben nicht durch einzelne Leistungseinheiten verursacht. Solange die Kapazität und die Betriebsbereitschaft des Unternehmens unverändert bleiben, ändert sich die Höhe der Bereitschaftskosten nicht.

Die Vollkostenrechnung führt somit durch fehlerhafte Gemeinkostenschlüssel zu einer mangelhaften Aussagefähigkeit der Nettoerfolgsgrößen.

b) Fehler bei der Planung und Steuerung

Grundsätzliche Planungen

Wenn Informationen echte Planungsgrößen darstellen sollen, muss die Beschäftigungsschwankung mit berücksichtigt werden. Da das in der Vollkostenrechnung nicht erfolgt, ist die Information für die Preispolitik nur bedingt gegeben, höchstens im Sinne einer Vorausschätzung.

Beispiel

Leistungsart A verursacht 10.000 € fixe Kosten und 20,-- € variable Kosten je Leistungseinheit. Bei einer Ausbringungsmenge von 1.000 Einheiten entstehen Gesamtkosten von 30.000 € (10.000 + 1.000 · 20,--). Die Kosten je Leistungseinheit betragen also 30,-- €. Wird die Ausbringungsmenge verdoppelt, so bleiben die Kosten je Leistungseinheit nicht bei 30,-- €, wie folgende Rechnung zeigt:

$$10.000,-- € + 2.000 · 20,-- € = 50.000,-- € \text{ Gesamtkosten}$$
$$50.000,-- € \div 2.000 = 25,-- € \text{ Kosten je Leistungseinheit}$$

Preispolitik und Nettogewinn

Die errechneten Nettogewinne je Leistungseinheit lassen keine Rückschlüsse auf den Periodengewinn zu, es sei denn, es tritt der äußerst seltene Fall auf, dass die der Gewinnermittlung zugrunde liegende Ausbringungsmenge genau mit der in der Periodenrechnung geplanten Menge übereinstimmt. Geht man bei der Erfolgsplanung von Nettogewinnen je Leistungseinheit aus, wird man entweder zu hohe oder zu niedrige Periodenergebnisse prognostizieren.

Beispiel

Geplante Menge für eine Periode: 2.000 Einheiten;
Erbrachte Menge: 1.000 Einheiten
Kosten:

       variable Kosten (K_V) 2.000 · 20,-- € + fixe Kosten (K_f) 10.000,-- €
       = Kosten (K) 50.000,-- €
       Kosten je Leistungseinheit (k): 25,-- €
Erlöse (bei einer geförderten Organisation):

       leistungsabhängige Erlöse (E_l) 2.000 · 40,-- € + förderungsabhängige Erlöse
       (E_f) 20.000,-- € = Erlöse (E) 100.000,-- €
       (Preis) je Leistungseinheit (p): 50,-- €
Bei einem Preis (p) je Leistungseinheit von 50,-- € würde ein Gewinn je Leistungseinheit von 25,-- € entstehen (geplant). Da aber nur 1.000 Einheiten abgesetzt wurden, erhöhen sich die Kosten je Leistungseinheit auf 30,-- €, der Preis jedoch auf 60,-- € und der Gewinn je Leistungseinheit steigt auf 30,-- €. Es besteht also keine richtige Aussage der Kosten und Erlöse bezüglich der Preisbildung.

Dieser Mangel ist auf die Verrechnung anteiliger fixer Kosten bzw. förderungsabhängiger Erlöse auf einzelne Leistungseinheiten zurückzuführen. Da die Höhe dieser Erlöse und Kosten auf kurze Sicht von einer Änderung des Leistungsvolumens nicht beeinflusst wird, wird der Erfolgsbeitrag einer Leistungseinheit bei einer Orientierung an den Nettogewinnen je Leistungseinheit grundsätzlich unterschätzt, was bei der Prognose der erfolgsmäßigen Auswirkungen von Veränderungen des Leistungs- und Leistungsverwertungsvolumens zu gravierenden Fehlinterpretationen führen kann.

Geht man davon aus, dass das System der Vollkostenrechnung historisch gesehen auch für den Rechnungszweck „Preiskalkulation" entwickelt wurde, muss man bei einer Orientierung an den heutigen Anforderungen zu der Auffassung gelangen, dass die Vollkostenrechnung diese Aufgaben nicht in befriedigender Weise erfüllt. Sie ist nicht in der Lage, brauchbare Informationen über kostenmäßige Preisuntergrenzen zu liefern.

Die kurzfristige Preisuntergrenze

Die kurzfristige Preisuntergrenze ist erreicht, wenn die variablen Kosten je Leistungseinheit durch den Verkaufspreis gedeckt werden.

Das Finden einer kurzfristigen Preisuntergrenze ist bei der bisherigen Vollkostenrechnung nicht möglich, da variable Kosten nicht bekannt sind.

In Zeiten stagnierender oder gar rückläufiger Leistungsverwertung - wie zurzeit im Kurbereich - stehen die Unternehmen oft vor der Wahl, ihre Leistungen unter den errechneten Selbstkosten anzubieten oder auf bestimmte Leistungen zu verzichten. In solchen Fällen ist die Kenntnis der Preisuntergrenze für preispolitische Entscheidungen wichtig. Diese Grenze kann nur durch Auflösung der Kosten je Leistungseinheit ermittelt werden.

c) Fehler bei Investitionsalternativen

Die Berücksichtigung verschiedener Investitionsalternativen mit unterschiedlichen Kostenfunktionen ist bei der Vollkostenrechnung nicht möglich.

Beispiel

Die Funktionen K_{ver} (A und B) in der folgenden Grafik zeigen die Gesamtkosten zweier Maschinen, kalkuliert auf Vollkostenbasis. Die Leistung auf Maschine A ist bei jeder Ausbringungsmenge kostengünstiger.

Bei Kostenauflösung in variable und fixe Kosten ergeben sich die Funktionen K_A und K_B. Die Kosten der Maschine A steigen also stärker, so dass bei einer Leistungsmenge x_1 der Wechsel auf Maschine B günstiger wäre. Bei der Leistung von weniger als x_A-Einheiten werden die Kosten nach der bisherigen Vollkostenmethode für die auf Maschine A gefertigte Leistung zu niedrig kalkuliert.

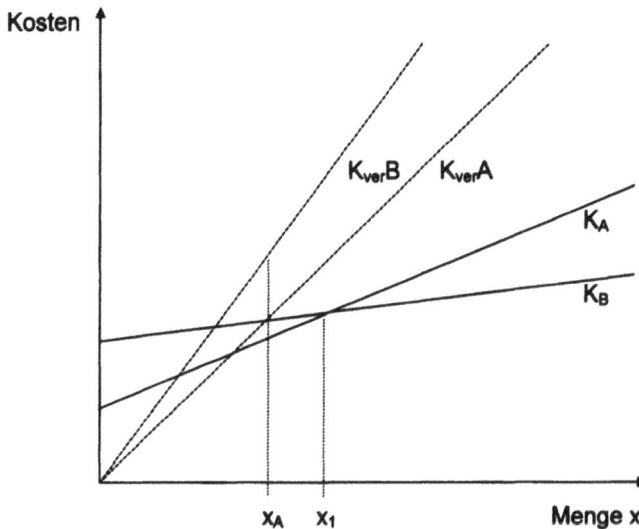

d) Fehlende Kostenspaltung zur Ermittlung des Break-Even-Points

Da in der bisherigen Vollkostenrechnung keine Kostenaufspaltung in variable und fixe Kosten bzw. keine Erlösaufspaltung in leistungs- und förderungsabhängige Erlöse bei geförderten Institutionen vorgenommen wird, ist es in diesem System nicht möglich, die kritische Ausbringungsmenge (Break-Even-Point) zu bestimmen, also jene Menge, von der an sich die Erbringung und Verwertung einer Leistung rentiert.

e) Kontrolle

Kostenvergleich auf Basis der Vollkostenrechnung

Die Vollkostenrechnung als Istkostenrechnung liefert lediglich Informationen über die Ergebnisse bereits getroffener unternehmerischer Entscheidungen. So ist eine Wirtschaftlichkeitskontrolle von Kostenstellen oder Kostenträgern annähernd nur durch den Vergleich von mehreren bereits abgeschlossenen Abrechnungsperioden möglich. Dabei stellt sich die Frage, welche Kosteneinflussgrößen positive oder negative Ergebnisse bewirkt haben.

Ist die Auswirkung einer Kosteneinflussgröße auf eine Abweichung erkennbar, so ergeben sich keine Zuordnungsprobleme. In der Praxis jedoch sind die Ursachen für Kostenveränderungen schon deshalb schwer erkennbar, weil meist mehrere Kosteneinflussgrößen die Änderung eines Kostenwertes verursachen. In diesem Fall ist eine Zuordnung nach dem Verursachungsprinzip wegen fehlender Beschäftigungsaussagen nicht möglich. Zusätzlich wird ein Zeitvergleich durch das Wirken von Zufälligkeiten erschwert.

Erfolgskontrolle der Leistungsarten

Aus den genannten Gründen ist es auch gefährlich, sich an den Gewinnen zu orientieren, also Leistungen mit Verlust aus dem Programm zu streichen und andererseits Leistungen mit besonders hohen Gewinnen im Rahmen der Leistungsverwertungsaktivitäten zu forcieren. So ist es durchaus möglich, dass eine „Verlustleistung" in Wirklichkeit (wenn man die ihm fälschlicherweise zugeschlüsselten Fixkosten außer Acht lässt) noch einen positiven Beitrag zur Abdeckung der Fixkosten erbringt. Eine Streichung von Verlustleistungen kann unter Umständen sogar zu einer Verschlechterung der Erfolgssituation des Unternehmens führen.

Beispiel

Erbringt eine HNO-Abteilung zehn Therapieformen in einer Periode, und erzielt sie mit neun Therapieformen einen Gewinn von 1.000,– €, während durch die Zehnte ein Verlust von 200,– € entsteht, beträgt der Gesamtgewinn nur 800,– €. Es wäre nun falsch, anzunehmen, dass durch die Einstellung der zehnten Therapieform der Verlust von 200,-- € vermieden und folglich ein Gewinn von 1.000,– € entstehen würde.

Wenn sich die Gesamtkosten von Therapieform 10 von beispielsweise 900,– € aus fixen Kosten von 300,-- € und variablen Kosten von 600,-- € zusammensetzen würden, könnten durch die Einstellung der Therapieform 10 nur die variablen Kosten eingespart werden, die fixen Kosten jedoch müssten durch die restlichen Therapien gedeckt werden. Der Gesamtgewinn würde dann nicht 1.000,– € betragen, sondern nur 700,– € - also weniger, als bei Fortsetzung der Therapieform Leistungsart 10.

1.3. Vorteile dieser Vollkostenrechnung

Nach den eben erwähnten schwerwiegenden Nachteilen ergibt sich die Frage „Warum wird dann die Vollkostenrechnung ohne Kosten- bzw. Erlösauflösung überhaupt noch gelehrt bzw. genutzt?".

Es gibt jedoch ein paar wesentliche Gründe, die für eine Vollkostenrechnung sprechen.

Ursprüngliches Kostenrechnungssystem

Die Kosten- und Leistungsrechnung ist ursprünglich als Vollkostenrechnung ohne Kostenauflösung entstanden. Das dauernde Wachstum in den fünfziger und sechziger Jahren führte in der Praxis zu einer relativ oberflächlichen Betrachtung, wo Systemfehler zu Lasten des Marktes und nicht zu Lasten der Unternehmer gingen.

Beispiel

Ein Betrieb ermittelte in einer Periode 100.000,-- € Kosten für 10.000 erstellte und verwertete Leistungen. (In diesen Kosten waren für den Unternehmer nicht bekannte 40.000,-- € Fixkosten enthalten.) Aufgrund der Divisionskalkulation ergaben sich Kosten je Leistungseinheit von 10,-- € (der Fixkostenanteil beträgt 4,– €).
In der Folgeperiode sollten aufgrund des Wachstums 11.000 Leistungen hergestellt und verwertet werden. Die Kosten betragen auf Basis der Vollkostenrechnung 110.000,-- €, pro Leistung weiterhin 10,– €.
Tatsächlich steigen die Kosten aber nur auf 106.000,– € (66.000,-- € variable Kosten zuzüglich 40.000,– € Fixkosten), pro Einheit also betragen sie 9,64 €. Eine eventuelle Preisgestaltung erfolgte zu Lasten des Marktes auf der Basis von zu hoch berechneten Kosten.

Erst mit Beginn der Rezession in den sechziger Jahren wurde sich der Unternehmer bewusst, dass er beim Rückgang von Verwertung und Leistungserbringung zu wenig Fixkostenanteile für seine Preisgestaltung zugrunde legte.

Vereinfachung zum Verständnis der Kostenrechnungs-Teilbereiche

Aus pädagogischen Gründen konnte bei der Darstellung der Kostenarten-, Kostenstellen-, Kostenträgerrechnung und Leistungsrechnung nicht auf alle Gestaltungsgesichtspunkte gleichzeitig eingegangen werden. Der Leser erinnert sich an die schon bisher notwendigen Differenzierungen z.B. zwischen Aufwendungen und Kosten, Kosten nach Art ihrer Verrechnung auf Kostenstellen sowie Kostenträger etc. Wie schwer wäre es gewesen, auch noch Kosten und Leistungen unter dem Aspekt der Beschäftigungsschwankungen zu betrachten, und diese in die Verteilung von Anfang an mit einzubeziehen!

Übertragbarkeit der Abrechnungsmethoden

Wie insbesondere in der Teilkostenrechnung zu erkennen sein wird, lassen sich die bisher erlernten Verfahren der BAB-Abrechnung sowie die der Kalkulationen ohne weiteres unter Einbezug von Beschäftigungsschwankungen in andere Kostenrechnungssysteme übertragen.

Steuerrechtliche Bewertung und öffentliche Aufträge

Während in der Handelsbilanz Material- und Fertigungsgemeinkosten in ihrer eigentlichen Aufwandshöhe aktiviert werden können, schreibt die Steuerbilanz die Aktivierung dieser Gemeinkosten vor. Soweit die Kosten- und Leistungsrechnung Basis dieser Bewertung sein soll, muss also auf Vollkostenbasis gerechnet werden.

Langfristige Preisuntergrenze

Soweit Informationen über langfristige Preisuntergrenzen einzelner Leistungen benötigt werden, ist ebenfalls neben den anderen folgenden Systemen zusätzlich eine Vollkostenrechnung durchzuführen. Teilkostensysteme können kostenträgerorientiert lediglich kurzfristige Preisuntergrenzen aufgrund der ausschließlichen Verteilung leistungsabhängiger Kosten auf Kostenträger liefern.

Basis für Modelle weiterer Kostenrechnungssysteme

Da die neueren Systeme der Teilkostenrechnung und der Prozesskostenrechnung ebenfalls in einzelnen Bereichen problematisch sind, wird man zur weiteren Entwicklung von Abrechnungsmöglichkeiten sicherlich wie z.B. auch bei der Prozesskostenrechnung immer erst von der Basis der Vollkostenrechnung mit ihrer vereinfachten Abrechung ausgehen.

2. Vollkostenrechnung mit Kosten- und Erlösauflösung

2.1. Kosten- und Erlösauflösung und ihre Bedeutung

Die bereits geschilderten Nachteile der Vollkostenrechnung ohne Kosten- und Erlösauflösung ebneten den Weg für eine strengere Anwendung des Verursachungsprinzips bei der Verrechnung der Kosten und Erlöse auf die Kostenträger. Die Auffassung, dass die Fixkosten und förderungsabhängigen Erlöse sich nicht leistungsabhängig ergeben, führte zum Verfahren der Vollkostenrechnung mit Kostenauflösung, bzw. Erlösauflösung, anschließend zur Anwendung der Teilkostenrechnung.

Grundlage ist die Trennung von fixen und variablen Kostenbestandteilen bzw. leistungsabhängigen und förderungsabhängigen Erlösen unter dem Aspekt einer veränderten Beschäftigungsgröße.

Es wird untersucht, ob die betrachtete Kostenart bei einer Veränderung der Beschäftigungsgröße einen konstanten Verlauf aufweist und sich damit als fixe Kostenart (K_F - zeitabhängig) verhält -, oder ob bei einem veränderlichen Kostenverlauf eine variable Kostenart (K_V - leistungsabhängig) vorliegt.

Entsprechend werden die Erlöse bei investitionsgeförderten Organisationen aufgeteilt in Erlöse, die im Rahmen der Leistungserbringung als Krankenhausleistungen (Pflegesätze, DRG-Fallpauschalen, Erlöse aus vor- und nachstationärer Behandlung), Wahlleistungen, Ambulante Leistungen und Nutzungsentgelte in Krankenhäusern entstehen, bzw. als Pflegeleistungen (ambulant, teilstationär, vollstationär, Kurzzeitpflege) u.a. bei Pflegeinstitutionen. Diese Erlöse werden im weiteren mit dem Kürzel E_L dargestellt. Bei nichtgeförderten Institutionen handelt es sich in jedem Fall um reine leistungsbezogene Erlöse. Zu berücksichtigen sind aber bei geförderten Institutionen als förderungsbezogene Erlöse (E_F) auch die Erträge aus der abschreibungsgemäßen Auflösung der Sonderposten, da diese letztlich als Zuschüsse dem periodengemäßen Entgelt für die Investitionsgüter entsprechen.

Kosten, die weder einen reinen fixen noch einen reinen variablen Verlauf aufweisen, bezeichnet man als Mischkosten, Erlöse als Mischerlöse.

In diesem Zusammenhang ist die Ermittlung von Kosten- und Erlösfunktionen von besonderer Bedeutung. Sie zeigt den genauen quantitativ-ursächlichen Zusammenhang der Änderung der Beschäftigungsgröße in ihrer Auswirkung auf den Kostenverlauf bzw. Erlösverlauf.

Hier werden jedoch im Rahmen der Kosten- und Erlösauflösung nur die **proportionalen** beschäftigungsvariablen Kosten (K_P) als variable Kosten behandelt. Diese Proportionalität wird in Übereinstimmung mit der allgemeinen Betriebswirtschaftslehre unterstellt, um die Kosten rechenbar zu machen. Gutenberg weist nach, dass sich die variablen Kosten aufgrund der in einem Industriebetrieb verwendeten limitationalen Leistungsfaktoren tatsächlich in der Regel linear verhalten. Für das Gesundheitswesen kann diese These wohl übernommen werden.

Das Problem der Kostenauflösung stellt sich im Wesentlichen bei den Kostenträger-Gemeinkosten, da die Entwicklung der Einzelkosten proportional verläuft.

Normalerweise wird die Kosten- und Erlösauflösung für jede Kostenart einer Kosten-stelle durchgeführt. Jedoch kann auch eine Auflösung des Gesamtbetrages erfolgen, soweit dies aus praktischen Zwängen notwendig ist.

Wie bereits gezeigt, ist es wichtig, die Zusammensetzung der Kosten und Leistungen zu kennen. Um beide in fixe und proportionale Bestandteile zerlegen zu können, sind mehrere Verfahren der Kostenauflösung entwickelt worden. Der Wirtschaftlichkeitsas-pekt der Kostenrechnung bestimmt die Art des anzuwendenden Verfahrens (einfaches ungenaues oder aufwändiges genaues).

2.2. Darstellung der Kosten- und Erlösverläufe

Die Kosten- und Erlösverläufe lassen sich wie folgt anhand von Grafiken dastellen:

- Mengenabhängige gesamte Kosten und Erlöse

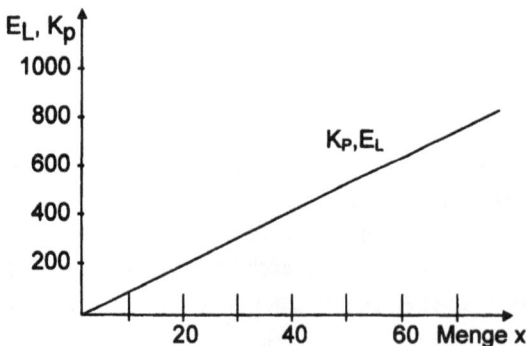

- Mengenabhängige Kosten und Erlöse (Preis) je Mengeneinheit

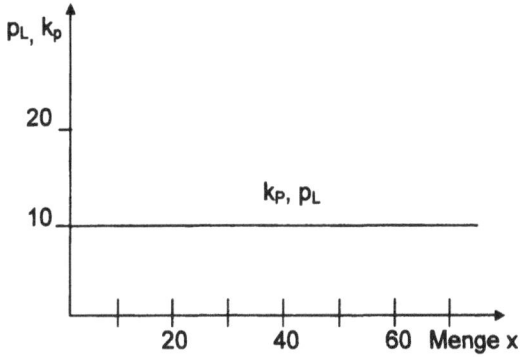

- Zeitabhängige gesamte Kosten und gesamte förderungsabhängige Erlöse*

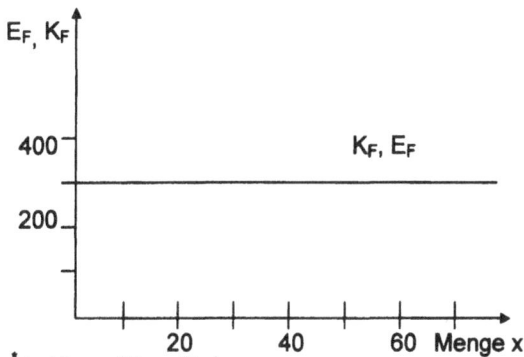

* bei Investitionsförderung

- Zeitabhängige Kosten und förderungsabhängige Erlöse* je Mengeneinheit

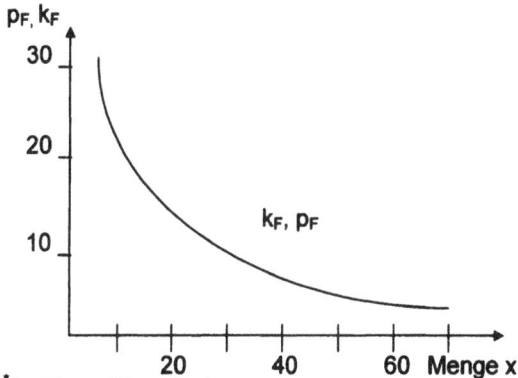

* bei Investitionsförderung

- Gemischter Kosten- und Erlösverlauf*

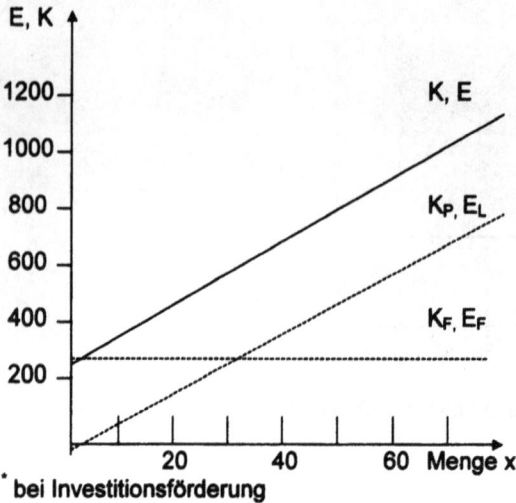

* bei Investitionsförderung

2.3. Die Verfahren der Auflösung am Beispiel der Kostenauflösung

2.3.1. Die buchtechnische Methode

Bei dieser Methode werden die Istkosten vergangener Perioden daraufhin überprüft, wie sie sich bei Beschäftigungsschwankungen verhalten.

Die Anteile der eindeutig fixen oder proportionalen Kosten sind relativ einfach zu bestimmen. Um die fixen und proportionalen Anteile der Mischkosten annähernd genau feststellen zu können, bedarf es der Erfahrung des Kostenrechners.

Da die Kostenarten im Wege des Leistungsprozesses in unterschiedlichen Kostenstellen anfallen und unterschiedliche Bezugsgrößen haben, empfiehlt sich die **differenzierte Betrachtung der Kostenarten je Kostenstelle.**

Beispiel

(Angaben in T€):

Kostenstellenbereich: Pflege XY

Kostenart	gesamt	fix	proportional
Patientenorientierte Gehälter	120	--	120
Hilfslöhne / -gehälter	80	25	55
Sozialkosten	100	15	85
Abschreibungen	70	35	35
	370	75	295

Kostenstellenbereich: Leitung und Verwaltung

Kostenart	gesamt	fix	proportional
Gehälter	90	90	--
Sozialkosten	40	40	--
Büromaterial	5	3	2
Versicherung	15	15	--
Abschreibungen	10	10	--
	160	158	2

Der Einfachheit der buchtechnischen Methode steht gegenüber, dass man ohne Verwendung statistischer Methoden nur mehr oder weniger genaue Näherungswerte erhält.

2.3.2. Die mathematisch-grafische Methode

Grafisch gesehen wird die Veränderung der Mischkosten zwischen zwei Beschäftigungspunkten betrachtet:

Instandhaltungskosten

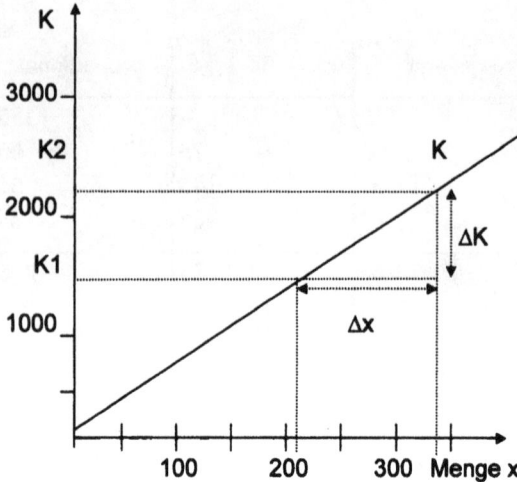

Die Steigung der Geraden und damit die proportionalen Kosten je Leistungseinheit lassen sich über den Kostenanstieg und Beschäftigungsanstieg zwischen zwei Punkten dieser Geraden errechnen:

$$\frac{K2 - K1}{x2 - x1} = \frac{2200 - 1500}{330 - 220} = \frac{700}{110} = 6,36 = K' = k_p$$

Die Fixkosten lassen sich nun über das Einsetzen der bekannten Kostengrößen ermitteln.

$$K = K_F + k_p \cdot x$$

$$2.200 = K_F + 6,36 \cdot 330$$

$$K_F = 101,2$$

Somit lautet die Funktion für diese Kostenart:

$$K = 101,2 + 6,36 \, x$$

Beispiel

Es liegen folgende Werte vor:

Beschäftigung 6.700 St; Kosten 33.790 €

Beschäftigung 7.900 St; Kosten 37.630 €

$$\frac{37.630 - 33.790}{7.900 - 6.700} = \frac{3.840}{1.200} = 3,2$$

$$33790 = K_F + 3,2 \cdot 6.700$$

$$K_F = 12.350$$

Funktion: $K = 12.350 + 3,2\ x$

Eine weitere mathematische Methode zur Auflösung von Mischkosten ist die Auflösung nach dem Beschäftigungsgrad. Im Gegensatz zur oben gezeigten Methode werden hier nicht die proportionalen Kosten je Leistungseinheit ermittelt, sondern es werden die gesamten proportionalen Kosten für die Beschäftigung errechnet, die in einem Punkt gleich 100 % gesetzt wird.

Beispiel

(Zahlen wie oben)

Beschäftigungsgrad	Instandhaltungskosten
100 % (330 Std) = x2	2.200 € = K2
66,66 % (220 Std) = x1	1.500 € = K1

Die Kostenveränderung zwischen den Beschäftigungsgraden wird ins Verhältnis gesetzt zur relativen Beschäftigungsschwankung bezogen auf den Beschäftigungsgrad von 100%. Das Ergebnis zeigt die K_P für die Beschäftigung x2:

$$K_P2 = \frac{K2 - K1}{\frac{x2 - x1}{100}} = (K2 - K1) \cdot \frac{100}{x2 - x1} = (2200 - 1500) \cdot \frac{100}{100 - 66,66} = 2.099,58$$

Bei einer Beschäftigung von 100 % (330 Std) entstehen proportionale Kosten von 2.099,58 €. Da die gesamten Kosten für diese Beschäftigung bekannt sind, können die fixen Kosten wie folgt ermittelt werden:

$$K = K_F + K_P$$

$$2200 = K_F + 2099,58$$

$$K_F = 100,42$$

Um die k_p zu erhalten, teilt man K_p durch die Beschäftigung:

$$2.099,58 \ € : 330 \ Std = 6,36 \ €/Std$$

2.3.3. Die statistische Streubildmethode

Auch bei dieser Methode geht man von einem linearen Verlauf der Kosten aus. Die Beschäftigung und die damit verbundenen Kosten werden über ein Jahr hinweg aufgezeichnet.

Diese Daten werden in ein Koordinatensystem eingetragen und freihändig eine Gerade gezeichnet, die möglichst geringe Abstände zu den markierten Punkten aufweist.

Aus dem Schnittpunkt dieser Geraden und der Kostenachse ergeben sich die fixen Kosten pro Monat, mit zwölf multipliziert pro Jahr. Der verbleibende Rest der Kosten stellt die proportionalen Kosten dar.

Beispiel

Monat	Beschäftigung Tsd. St./Monat	Kosten T€/Monat
Januar	1.800	1.700
Februar	2.200	2.200
März	2.400	2.400
April	2.000	1.900
Mai	2.600	2.300
Juni	2.900	2.700
Juli	3.100	2.600
August	2.600	2.600
September	2.100	2.100
Oktober	2.700	2.700
November	3.400	2.800
Dezember	2.300	2.300
Gesamt	30.100 St./Jahr	28.300 €/Jahr

Die fixen Kosten liegen laut folgender Grafik bei ungefähr 600 €/Monat, das sind

$$12 \cdot 600 = 7.200 \ €/Jahr.$$

Damit ergeben sich variable Gesamtkosten von

$$28.300 - 7.200 = 21.100 \ €/Jahr.$$

Die proportionalen Kosten je Leistungseinheit betragen
   21.100 € : 30.100 St. = 0,7 €/St.

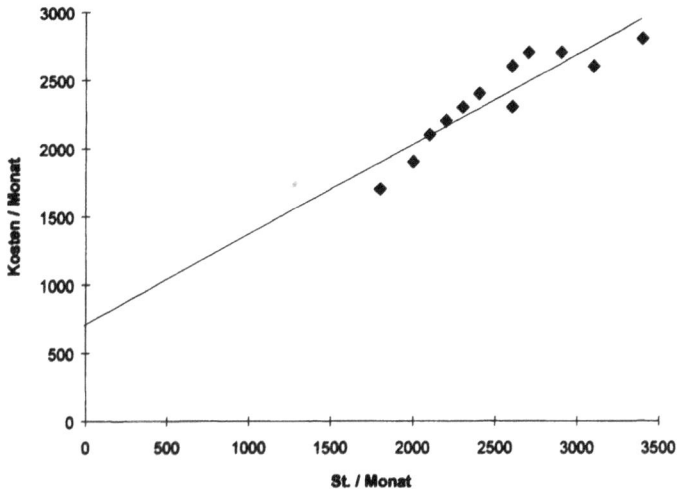

Dieses Verfahren ist aufgrund seiner mangelnden Genauigkeit nur für relativ unwichtige Kostengrößen geeignet.

2.3.4. Methode der kleinsten Quadrate

Durch die statistische Streubildmethode wird die Kostenfunktion nur näherungsweise - und damit gegebenenfalls zu ungenau - ermittelt. Die Methode der kleinsten Quadrate führt im Gegensatz dazu - allerdings unter größerem Rechenaufwand - zu genaueren Werten.

Die Vorgehensweise wird am folgenden Beispiel demonstriert:

1. Schritt

Errechnung der monatsdurchschnittlichen Beschäftigung (Maschinenstunden) und Stromkosten der Maschine:

    30.180 M-Std : 12 Monate = 2.515 M-Std/Monat
    28.260 € : 12 Monate = 2.355 €/Monat

2. Schritt

Ermittlung der Abweichungen der monatlichen Kosten und der Beschäftigung zu den Durchschnittswerten:

Monat	M-Std	Stromkosten/M	Differenzen zum Durchschnitt (2.515 M-Std)	Differenzen zum Durchschnitt (2.355 €)
	x	K	x^*	K^*
1	1.800	1.725	- 715	- 630
2	2.235	2.175	- 280	- 180
3	2.400	2.385	- 115	30
4	2.070	1.905	- 445	- 450
5	2.550	2.325	35	- 30
6	2.925	2.700	410	345
7	3.060	2.550	545	195
8	2.625	2.625	110	270
9	2.085	2.100	- 430	- 255
10	2.730	2.670	215	315
11	3.360	2.775	845	420
12	2.340	2.325	- 175	- 30
	30.180	28.260		

3. Schritt

Quadrierung der Werte der Beschäftigungsabweichung zum Durchschnittswert; Multiplikation der Werte der Kosten- und Beschäftigungsabweichung:

Monat	Quadrierung Besch.-Abweichung x^{*2}	Multiplikation der Differenzen $x^* \cdot K^*$
1	511.225	450.450
2	78.400	50.400
3	13.225	- 3.450
4	198.025	200.250
5	1.225	- 1.050
6	168.100	141.450
7	297.025	106.275
8	12.100	29.700
9	184.900	109.650
10	46.225	67.725
11	714.025	354.900
12	30.625	5.250
	2.255.100	1.511.550

4. Schritt

Ermittlung des proportionalen Satzes k_P:

$$k_P = \frac{\text{Summe der Leistungen aus Beschäftigungsabweichung u. Kostenabweichung}}{\text{Summe der quadrierten Beschäftigungsabweichungen}}$$

$$k_P = \frac{1.511.550}{2.255.100} = 0{,}67 \text{ €}$$

5. Schritt

Ermittlung der fixen Kosten - Beschäftigung und Kosten zu Durchschnittswerten werden in die Funktion eingesetzt:

$$K = K_F + k_P \cdot x$$
$$2.355{,}-- = K_F + 0{,}67 \cdot 2.515$$
$$2.355{,}-- = K_F + 1.685{,}05$$
$$K_F = 669{,}95$$

Die Kostenfunktion lautet :

$$\text{Stromkosten} = 669{,}95 + 0{,}67 \cdot \text{M-Std}$$
$$(K = 669{,}95 + 0{,}67 \cdot x)$$

Inhaltlich basieren die fünf aufgezeigten Vorgehensschritte auf folgendem Gleichungssystem:

(Def.: K_i = Kosten der Periode; x_i = Beschäftigung der Periode)

$$\text{I} \quad k_p \cdot \sum_{i=1}^{12} x_i \qquad\qquad + 12 \cdot K_F \qquad\qquad = \sum_{i=1}^{12} K_i$$

$$\text{II} \quad k_p \cdot \sum_{i=1}^{12} x_i^2 \qquad\qquad + K_F \cdot \sum_{i=1}^{12} x_i \qquad\qquad = \sum_{i=1}^{12} K_i x_i$$

I	$k_p \cdot 30.180$	$+ \quad 12\,K_F$	$= 28.260$
II	$k_p \cdot 78.157.800$	$+ 30.180\,K_F$	$= 72.585.450 \quad (\div 10$
I'	$30.180\,k_p$	$+ \quad 12\,K_F$	$= 28.260 \quad (\cdot 3.018$
II'	$7.815.780\,k_p$	$+ 3.018\,K_F$	$= 7.258.545 \quad (\cdot 12$
I''	$91.083.240\,k_p$	$+ 36.216\,K_F$	$= 85.288.680$
II''	$93.789.360\,k_p$	$+ 36.216\,K_F$	$= 87.102.540 \quad (-$

$$- 2.706.120\,k_p \qquad = -1.813.860$$

$$k_p \qquad = 0,67$$

$$30.180 \cdot 0,67 + 12\,K_F \quad = 28.260$$

$$12\,K_F \quad = 8.039,40$$

$$K_F \quad = 669,95$$

Kostenfunktion: $K = 669,95 + 0,67 \cdot x$

2.4. Der Break-Even-Point (BEP) im Rahmen von Steuerungsaufgaben

Die Break-Even-Analyse stellt die Beziehungen zwischen Beschäftigung, Kosten und Erlösen dar. Dabei handelt es sich insbesondere um die Errechnung derjenigen Beschäftigung bzw. derjenigen Erlöse, bei denen die gesamten Kosten in dem Abrechnungszeitraum gerade vom Erlös gedeckt werden.

Dieser Punkt wird als Break-Even-Point (BEP) oder auch Nutzenschwelle bezeichnet. Vor dem BEP befindet sich ein Unternehmen im Verlustbereich, nach dem Überschreiten des BEP beginnt der Gewinnbereich.

Die BEP-Analyse kann für Unternehmen mit Leistungserbringungen in nur einer Leistungsart, für bestimmte Abteilungen, Platzkostenstellen, Leistungsarten oder Leistungsgruppen durchgeführt werden.

Wenig sinnvoll ist es hingegen, eine Analyse für ein Unternehmen mit mehreren gleichzeitig erbrachten - eventuell noch voneinander unabhängigen - Leistungsarten als Ganzes mit durchschnittlichen Erlös- und Kostenfunktionen durchzuführen, da eine Beurteilung für einzelne Leistungsarten aufgrund von Durchschnittswerten des Betriebes nicht aussagefähig ist.

Grundlage für die Durchführung einer BEP-Analyse ist die Kostenauflösung. So können die Fixkosten als Block behandelt werden, während die proportionalen Kosten abhängig von der jeweiligen Beschäftigung sind.

Die rechnerische Ermittlung ergibt sich wie folgt:
Im BEP sind Kosten und Erlöse (E) gleich:

$$E = K$$

Die Summe der Erlöse errechnet sich durch Multiplikation der erbrachten Leistungsmenge (x) mit den Preisen (p) zuzüglich eventueller förderungsabhängiger Erlöse:

$$E = E_F + E_L$$

$$E = E_F + p \cdot x$$

Wie schon oben erläutert, teilen sich bei investitionsgeförderten Organisationen die Erlöse auf, in Erlöse (E_L), die im Rahmen der Leistungserbringung als Krankenhausleistungen (Pflegesätze, Basispflege-, Abteilungspflegesätze, DRG-Fallpauschalen, Erlöse aus vor- und nachstationärer Behandlung), Wahlleistungen, Ambulante Leistungen und Nutzungsentgelte in Krankenhäusern entstehen, bzw. als Pflegeleistungen (ambulant, teilstationär, vollstationär, Kurzzeitpflege) u.a. bei Pflegeinstitutionen. Bei nichtgeförderten Institutionen handelt es sich in jedem Fall um reine leistungsbezogene Erlöse. Zu berücksichtigen sind aber bei geförderten Institutionen als förderungsbezogene Erlöse (E_F) auch die Erträge aus der abschreibungsgemäßen Auflösung der

Sonderposten, da diese letztlich als Zuschüsse dem periodengemäßen Entgelt für die Investitionsgüter entsprechen.

Letztere sind i.d.R. in ihrer Höhe nicht so hoch wie die Fixkosten, da sie sich nur auf eine Kostenart nicht wie die Fixkosten auf mehrere Kostenarten einschließlich der Teile kalkulatorischer Abschreibungen beziehen.

Die Gesamtkosten setzen sich aus fixen und proportionalen Kosten zusammen:

$$K = K_F + K_P$$

$$K = K_F + k_p \cdot x$$

Durch Gleichsetzung der Erlös- und Kostenfunktion und anschließender Auflösung nach x wird der Schnittpunkt der Funktionen ermittelt:

$$E_F + E_L = K_F + K_P$$

$$E_L = K_F - E_F + K_P$$

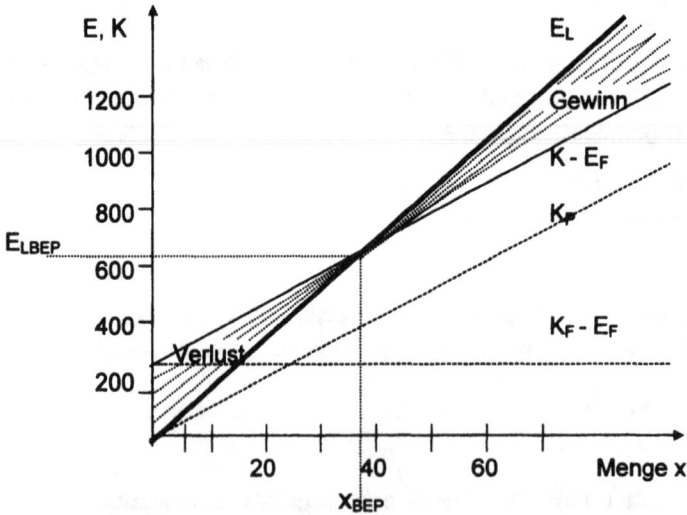

$$E_F + p \cdot x = K_F + k_p \cdot x$$

$$p \cdot x = K_F - E_F + k_p \cdot x$$

$$px - k_p x = K_F - E_F$$

$$x(p - k_p) = K_F - E_F$$

$$K_F - E_F$$

$$x_{BEP} = \frac{}{p - k_p}$$

Der Nenner des Bruches lautet „p - k_p". Die Differenz zwischen Preis pro Einheit und proportionalen Kosten je Leistungseinheit ist der Betrag, der dazu dient, einen Teil der fixen Kosten zu decken; er wird auch als Deckungsbeitrag (DB_{ST}) bezeichnet. Somit gilt:

$$x_{BEP} = \frac{K_F - E_F}{DB_{ST}}$$

Rein mathematisch gibt diese Formel zwar einen Sinn, doch was steckt - betriebswirtschaftlich betrachtet - dahinter?

Der Deckungsbeitrag pro Einheit deckt einen Teil der fixen Kosten. Demzufolge deckt der gesamte Deckungsbeitrag, der sich analog zum Einheitsdeckungsbeitrag durch Erlöse abzüglich proportionaler Kosten errechnet, in Abhängigkeit von der jeweiligen Beschäftigung größere Teile der fixen Kosten ab; ist der Deckungsbeitrag größer als die Fixkosten, entsteht ein Gewinn.

Im BEP ist der Gesamtdeckungsbeitrag gleich den gesamten fixen Kosten. Es entsteht noch kein Gewinn! Somit gilt im BEP:

$$E_L - K_P = DB = K_F - E_F$$

Die Formel bekommt so auch betriebswirtschaftlich ihren Sinn, da sie inhaltlich bedeutet:

$$x_{BEP} = \frac{E - K_P}{p - k_p} = \frac{DB}{DB_{ST}}$$

Der Deckungsbeitrag dient also zur Deckung der fixen Kosten. Ist er größer als die fixen Kosten, so verbleibt ein Gewinn - ist er kleiner, so entsteht ein Verlust.

Aus diesem Grund ist eine errechneter BEP-Menge bei produzierten ganzen Einheiten immer auf ganze Zahlen aufzurunden. Eine Abrundung hätte eine Leistung im Verlustbereich zur Folge.

Der BEP für die Kosten und Erlöse ergibt sich durch Multiplikation BEP-Menge mit dem Preis:

$$E_{LBEP} = p \cdot x_{BEP}$$

Soll der BEP-Erlös direkt ermittelt werden, ohne Umweg über die Menge, so setzt man den Preis gleich 100 %, während man den Deckungsbeitrag pro Einheit zu ihm ins Verhältnis setzt:

$$p = 100 \%$$

$$DB_{ST} = ? \%$$

Die Berechnung des BEP-Erlöses erfolgt folgendermaßen:

$$E_{LBEP} = \frac{K_F - E_F}{DB\%}$$

Die Sicherheitsstrecke stellt das Maß dar, um das ein geplanter Erlös zurückgehen kann, bevor der Eintritt in die Verlustzone erfolgt. Bezeichnet wird der prozentuale Anteil des geplanten Erlöses. Die Sicherheitsstrecke (S) wird ermittelt durch:

$$S = \frac{E_{EPLAN} - E_{EBEP}}{E_{EPLAN}} \cdot 100$$

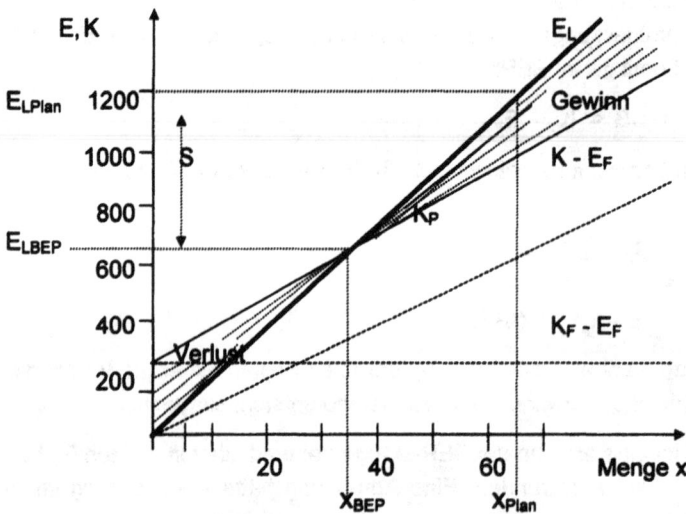

Im Rahmen von Gewinnbeurteilungen ist es für ein Unternehmen besonders wichtig zu wissen, wie sich Änderungen der Bezugsgrößen Fixkosten, proportionale Kosten, Preis und Menge auf den Gewinn auswirken.

In den bisherigen Darstellungen wurde der Gewinn oder Verlust und auch der Deckungsbeitrag stets als eine Fläche dargestellt - ein direktes Ablesen war nicht möglich.

Um die Auswirkungen der o.a. Bezugsgrößenänderungen deutlicher zu machen, verwendet man das Gewinn-Erlös-Diagramm.

Die folgende Abbildung stellt die alte und neue Darstellungsform im direkten Vergleich gegenüber. Man erkennt, dass die Erlösgerade über die Fixkostengerade als Abszisse gekippt wurde. Sie ist die Ausgangsgröße für die Überlegungen.
Die Höhe des Deckungsbeitrages ist an der Höhe der Deckungsbeitrags-Linie ablesbar, der Gewinn auf der Ordinate.
Dabei gibt die DB-Linie im Lot des jeweiligen Erlöses folgenden Sachverhalt wieder:

$$\text{Gewinn} = -K_F + E_F + (px - k_p x)$$

Eine **Anmerkung** zur Entwicklung eines Gewinn-Erlös-Diagramms und zum Fixieren der DB-Linie:
Die bereinigten fixen Kosten verursachen einen Verlust in voller Höhe, sofern keine Leistungserlöse erzielt werden. Insofern kann der erste Punkt der DB-Linie bei Leistungserlös 0 und bereinigter entsprechender Fixkostenhöhe im negativen Bereich der Ordinate festgelegt werden.
Der zweite Punkt ergibt sich dort, wo die bereinigten fixen Kosten gerade voll gedeckt sind, der Gewinn im E_{LBEP} also Null ist.
Durch die Verbindung der beiden Punkte entsteht die DB-Linie.

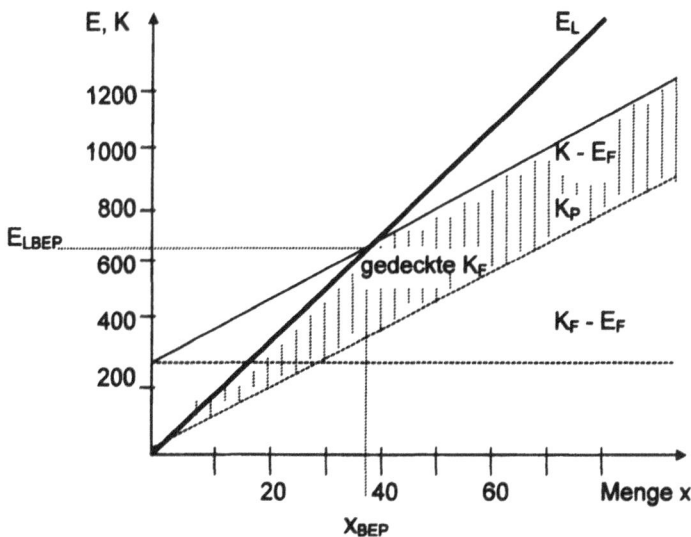

Gewinn-Erlös-Diagramm

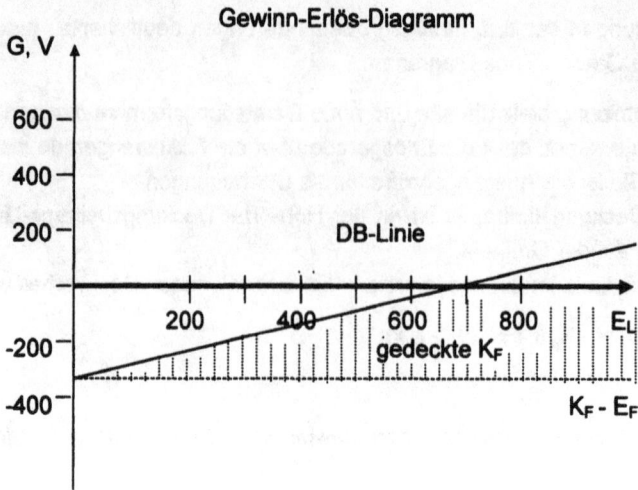

Beispiel

Es folgt nun ein Beispiel für die Anwendung der bisher aufgeführten Formeln. Folgende Kostenpunkte sind bekannt: K1 = (2.000, 5.000); K2 = (10.000, 9.000)

(Die x-Werte stellen die Beschäftigung, die y-Werte die Kosten dar.)

Angestrebt ist ein leistungsabhängiger Erlös von: E_L = (8.000, 12.000)

1. Ermittlung des Preises:

$$E_L = p \cdot x$$

$$12.000 = p \cdot 8.000$$

$$p = 1,50$$

2. Kostenauflösung (zur Ermittlung der Funktion):

$$k_p = \frac{K2 - K1}{x2 - x1}$$

$$k_p = \frac{9.000 - 5.000}{10.000 - 2.000}$$

$$k_p = 0,5$$

$$K = K_F + k_p \cdot x$$

$$5.000 = K_F + 0,5 \cdot 2.000$$

$$K_F = 4.000$$

$$K = 4.000 + 0,5x$$

3. Ermittlung des x_{BEP}:

$$E = K$$

$$\text{bzw. } p \cdot x = K_F + k_p \cdot x$$

$$1,5\,x = 4.000 + 0,5x$$

$$x_{BEP} = 4.000$$

4. Ermittlung des E_{BEP}:

$$E_{LBEP} = p \cdot x_{BEP}$$

$$E_{LBEP} = 1,5 \cdot 4.000$$

$$E_{LBEP} = 6.000$$

5. Ermittlung der Sicherheitsstrecke:

$$S = \frac{E_{EPLAN} - E_{EBEP}}{E_{EPLAN}} \cdot 100$$

$$S = \frac{12.000 - 6.000}{12.000} \cdot 100$$

$$S = 50\,\%$$

6. Direkte Ermittlung des E_{BEP}:

$$1,5\,(p) = 100\,\%$$

$$1\,(p - k_p) = 66\,2/3\,\%$$

$$E_{LBEP} = \frac{K_F}{DB_{ST}} \cdot 100$$

$$E_{LBEP} = \frac{4.000}{66\,2/3} \cdot 100$$

$$E_{LBEP} = 6.000$$

2.4.1. Die einheitsbezogene Betrachtung des BEP

Die einheitsbezogene Betrachtung des BEP ist eine Alternative zur bisherigen Erlös-bzw. Gesamtkostenbetrachtung. Der BEP lässt sich nicht nur für eine Leistungsart (im Diagramm: E, K), sondern auch für eine Leistung (im Diagramm: p, k) darstellen.

Bei einer späteren Analyse lassen sich dann Änderungen von Verwertungsmenge, Preis und Kosten auf den BEP und auf den Gewinn je Leistungseinheit darstellen.

Beispiel

Ein Unternehmen hat folgendes Ergebnis erwirtschaftet:

Leistungserlöse:	8.000 · 1,50 = 12.000	100 %	
- K_p	8.000 · 0,50 = 4.000	33 1/3 %	
= DB	8.000	66 2/3 %	
- K_F (bereinigt)	4.000	33 1/3 %	
= Gewinn	4.000	33 1/3 %	

$$E_{LBEP} = \frac{4.000}{66\ 2/3} \cdot 100 = 6.000$$

Der Einheitsbezogene BEP errechnet sich wie folgt:

Preis pro Einheit	1,50
- k_p	0,50
= DB_{ST}	1,00

Unter dem Einfluss des Degressionseffektes der fixen Kosten - nach Korrektur mit förderungsbedingten Erlösen - je Leistungseinheit (k_f) entwickeln sich die Kosten je Leistungseinheit und Einheitsgewinne folgendermaßen:

	1000	2000	3000	4000	5000
p	1,5	1,5	1,5	1,5	1,5
k_p	0,5	0,5	0,5	0,5	0,5
k_f	4,-	2,-	1,3	1,0	0,8
- k	4,5	2,5	1,8	1,5	1,3
= g	- 3,0	- 1,0	- 0,3	0,0	+ 0,2

$$\uparrow$$
$$BEP$$

Diese Zahlenwerte sind in der nachfolgenden Grafik aufbereitet. Es zeigt sich, dass der x_{BEP} dort liegt, wo der Preis gleichhoch wie die Kosten je Leistungseinheit ist.

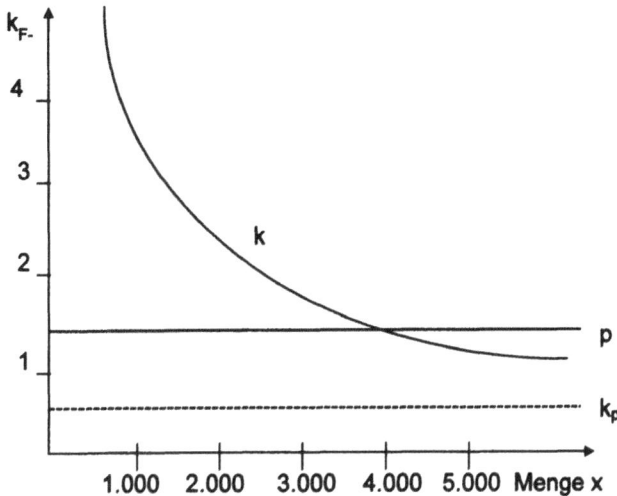

2.4.2. Der BEP in Abhängigkeit von Bezugsgrößenänderungen

a) Preisänderungen

Der x_{BEP} errechnet sich nach der Formel

$$x_{BEP} = (K_F - E_F) \div (p - k_p) \,.$$

Durch diese Beziehung wird ersichtlich, dass der Divisor kleiner wird, wenn der Preis sinkt und demnach die BEP-Menge größer wird. Steigt hingegen der Preis, so wird der Divisor größer, die BEP-Menge kleiner. Eine andere Erläuterung könnte sein: Die Differenz aus Preis und proportionaler Einheitskosten bestimmt den einheitsbezogenen Deckungsbeitrag. Wird der Preis höher, wird der einheitsbezogene Deckungsbeitrag größer und damit die Steigung der Deckungsbeitragslinie steiler. Der BEP ist eher erreicht.

Mit einer Preisänderung ändern sich aber auch die leistungsabhängigen Erlöse (p·x).

Das bedeutet, dass sich im Gegensatz zu den weiteren Bezuggrößenänderungen eine **Preisänderung** bei gleicher relativer Veränderung **über Deckungsbeitrag und Erlösanpassung stärker auf den Gewinn auswirkt als die anderen einfachen Änderungen**.

Diese Preisänderung kann im Gesundheitswesen allerdings aufgrund der Fallpauschalen und Budgetsätze nur eine sehr untergeordnete Bedeutung haben!

Die folgende Grafik stellt mit dem Subskriptum „0" eine beliebige Ausgangssituation dar. Mit dem „1" sind dann die Auswirkungen einer Preiserhöhung, mit dem Subskriptum „2" die Resultate einer Preissenkung aufgezeichnet.

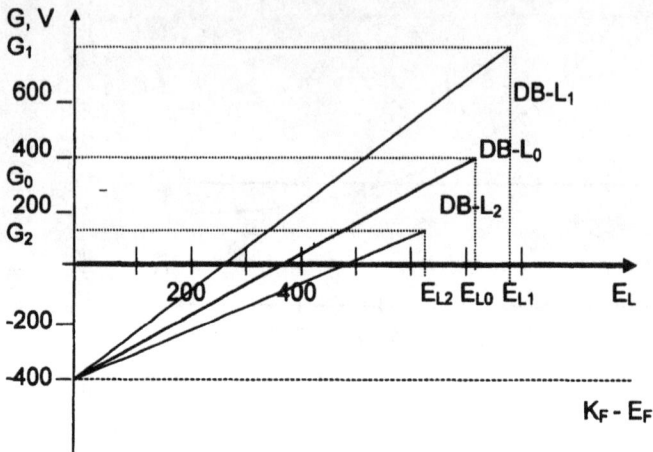

b) Absatzmengenänderungen

Die Formel zeigt, dass sich eine Mengenänderung nicht auf den BEP auswirkt, lediglich die Erlöspunkte verschieben sich:

$$x_{BEP} = (K_F - E_F) \div (p - k_p) \, .$$

Die folgende Grafik stellt mit dem Subskriptum „0" eine beliebige Ausgangssituation dar. Mit dem Subskriptum „1" sind dann die Auswirkungen einer Mengenerhöhung, mit dem Subskriptum „2" die Resultate einer Mengensenkung aufgezeichnet.

Das Instrument einer Mengenänderung kann allerdings im Rahmen des Versorgungsauftrages bei Krankenhäusern nur eine untergeordnete Bedeutung haben!

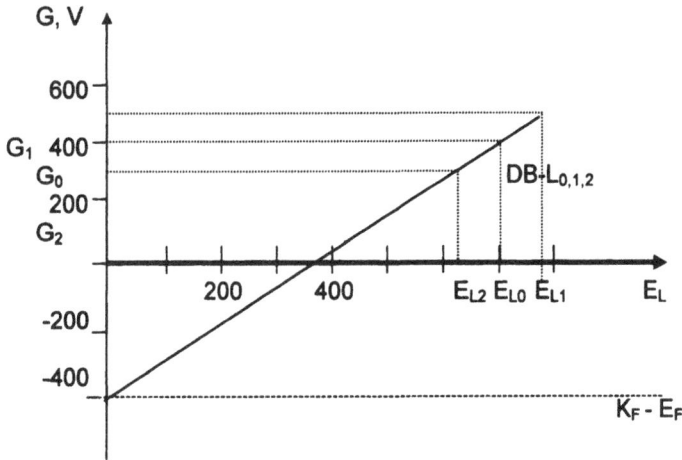

c) Änderungen der proportionalen Kosten

Unsere Ausgangsbeziehung macht deutlich, dass bei Sinken der proportionalen Kosten (k_p) der Nenner größer wird und die BEP-Menge demnach kleiner. Steigen die proportionalen Kosten je Leistungseinheit, so wird die BEP-Menge größer:

$$x_{BEP} = (K_F - E_F) \div (p - k_p) \, .$$

Die Differenz aus Preis und proportionaler Einheitskosten bestimmt den einheitsbezogenen Deckungsbeitrag. Werden die einheitsbezogenen proportionalen Kosten z.B. kleiner, wird der einheitsbezogene Deckungsbeitrag größer und damit die Steigung der Deckungsbeitragslinie steiler. Der BEP ist eher erreicht.

Die folgende Grafik stellt mit dem Subskriptum „0" eine beliebige Ausgangssituation dar. Mit dem Subskriptum „1" sind dann die Auswirkungen einer Proportionalkostenerhöhung, mit dem Subskriptum „2" die Resultate einer Proportionalkostensenkung aufgezeichnet.

Nur das Instrument einer Kostenänderung kann aber bei allen Institutionen des Gesundheitswesens von Bedeutung sein.

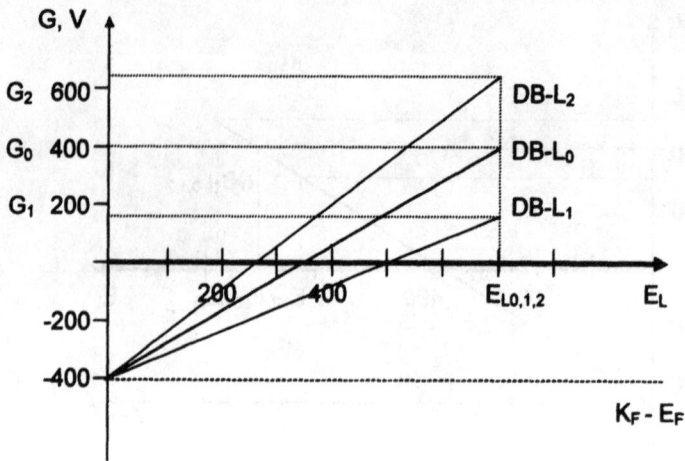

d) Änderungen der um die förderungsabhängigen Erlöse bereinigten fixen Kosten

Die Formel lässt wiederum erkennen, dass bei steigenden um die förderungsabhängigen Erlöse bereinigten fixen Kosten der Dividend größer wird, und sich daher die BEP-Menge erhöht und umgekehrt:

$$x_{BEP} = (K_F - E_F) \div (p - k_p) \ .$$

Der einheitsbezogene Deckungsbeitrag ändert sich nicht, damit bleibt die Steigung der Deckungsbeitragslinie bei allen Änderungen erhalten, lediglich ihre Lage verschiebt sich in Höhe der Fixkostenänderung.

Auch dieses Instrument einer Kostenänderung kann bei allen Institutionen des Gesundheitswesens von Bedeutung sein.

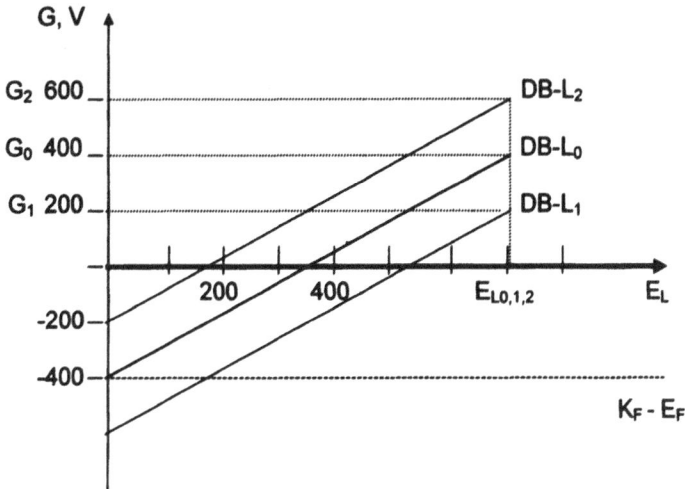

2.4.3. Die Break-Even-Analyse für einen Maschinenplatz

Wenn aufgrund verschiedener Leistungsfaktoren mit verschiedenen Kosten- und Erlös-funktionen eine Aussage bezüglich des BEP für eine Leistungsart gemacht werden soll, reicht eine durchschnittliche Funktion nicht aus.

In diesem Fall muss mit verschiedenen Kosten- und Erlösfunktionen und BEPs als Teilaussage argumentiert werden.

Ein Beispiel für eine Teilaussage ist dann die Maschinenplatzanalyse.

Beispiel

In der o.a. Kostenstelle Radiologie wurden eine konventionelle Röntgenanlage und ein Spiral-Computertomograph eingesetzt. Der Maschinenstundensatz für den Spiral-Computertomograph wurde als Plangröße bei 2.712 Jahresstunden mit 253,43 € er-mittelt.

Auf Vollkostenbasis müssen pro Maschinenstunde mindestens 253,43 € berechnet werden, um die Fixkosten und proportionalen Kosten bei einer Beschäftigung von 2712 Std/Jahr - nach eventueller Berücksichtigung von förderungsbezogenen Erlösen - zu decken. Man kann hier auch von einer langfristigen „Teil-"preisuntergrenze sprechen.

Um eine BEP-Analyse durchführen zu können, bedarf es einer leistungsbezogenen Erlösgeraden. Stellvertretend wird in diesem Fall zunächst dieser Vollkostenverrechnungssatz (nach Abzug von förderungsbezogenen Erlösen) verwendet. Durch analytische Kostenauflösung wird folgende Kostenfunktion für den Maschinenplatz ermittelt:

$$K = 144.902 \, € + 200 \, € \cdot \text{Maschinenstunden}$$

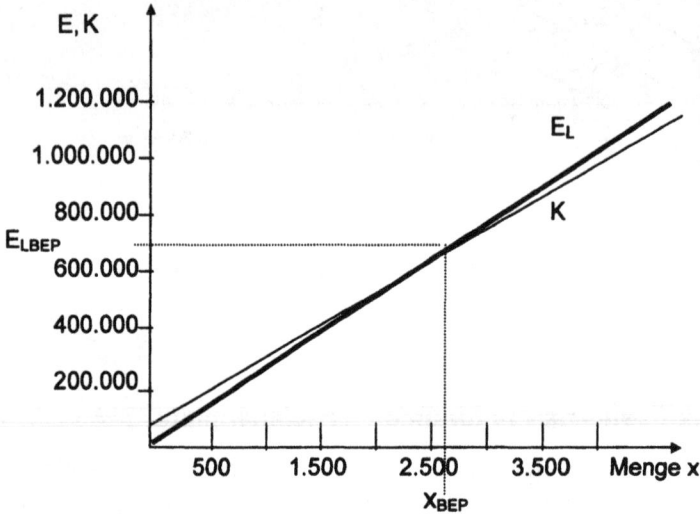

Wird auf den Vollkostenverrechnungssatz 253,43 € ein Gewinnzuschlag von 20 % verrechnet, so ergibt sich der neue BEP:

Verkaufspreis pro Masch-Std	304,12
- prop. Kosten pro Masch-Std	200, --
= Deckungsbeitrag	104,12

$$BEP = 144.902 \, € \div 104,12 = 1.392 \text{ Maschinenstunden}$$

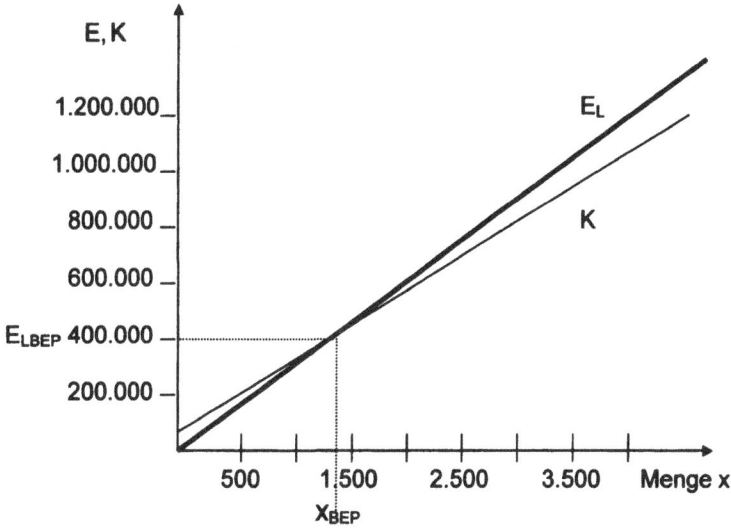

2.4.4. Die Break-Even-Analyse für eine Gesamtunternehmung mit mehreren Leistungsarten

Ausgehend von der Überlegung, dass die gesamten - um evtl. förderungsbezogene Erlöse gekürzten - fixen Kosten des Betriebes und die leistungsbezogenen Erlöse jeder Leistungsart (LA) bekannt sind, ermittelt man Kombinationen von möglichen Leistungsarten, die Gewähr leisten, dass der gesamte Deckungsbeitrag größer oder gleich Null ist. Die folgende Grafik zeigt beispielhaft die Vorgehensweise.

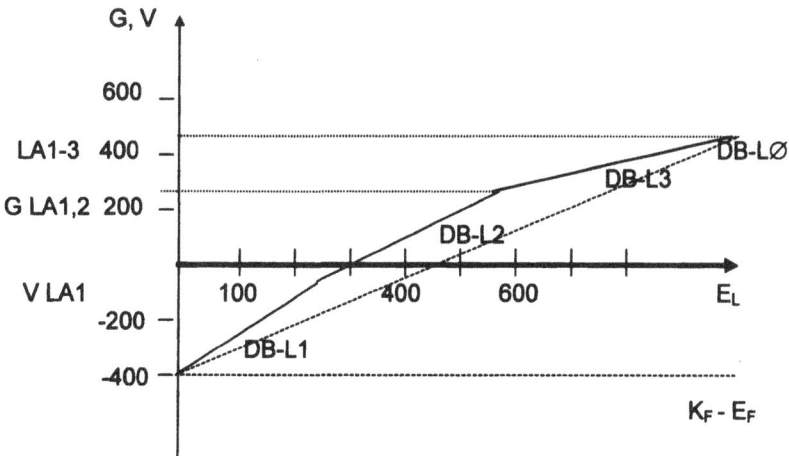

Die individuellen Deckungsbeitragslinien der einzelnen Leistungsarten werden aneinandergereiht.

Interpretation der Grafik

- Leistungsart 1 erbringt einen Deckungsbeitrag, der nicht alle (bereinigten) fixen Kosten deckt. Würde nur Leistungsart 1 erbracht, entstände insgesamt ein Verlust.
- Wird zusätzlich Leistungsart 2 produziert, so erbringen beide einen Gewinn.
- Leistungsart 3 bringt einen zusätzlichen Gewinn.

Die fixen Kosten wären gedeckt, sofern mindestens Leistungsart 1 und 2 erbracht werden. Auch wäre eine Kombination von Leistungsart 1 und 3 oder 2 und 3 möglich.

Weiter gehende Aussagen ermöglicht dieses Modell nicht. Schweizer, Hettich und Küpper weisen auf die „Bestimmung alternativer Absatzmengenkombinationen, die dem BEP entsprechen" hin. Man ermittelt die Funktion aller Linearkombinationen, die die Break-Even-Bedingung erfüllen:

$$G = \sum_{i=1}^{n} DB_{Sti} \cdot x_i - K_F + E_F = 0$$

Beispiel

Ein Unternehmen stellt die Leistungsarten A (k_{pA} = 16 / p_A = 20) und B (k_{pB} = 10 / p_B = 18) her. Die gesamten fixen Kosten betragen 18.000 €, die förderungsbezogenen Erlöse 2.000 €.

$$G = (20 - 16)\, x_A + (18 - 10)\, x_B - 18.000 + 2.000 = 0$$

$$4\, x_A + 8\, x_B = 16.000$$

$$x_A = -2\, x_B + 4.000 \;\rightarrow\; x_B = -1/2\, x_A + 2.000$$

Im Koordinatensystem sind alle möglichen Kombinationen der beiden Leistungsarten ablesbar, bei der die Gesamtkosten gerade noch gedeckt werden.

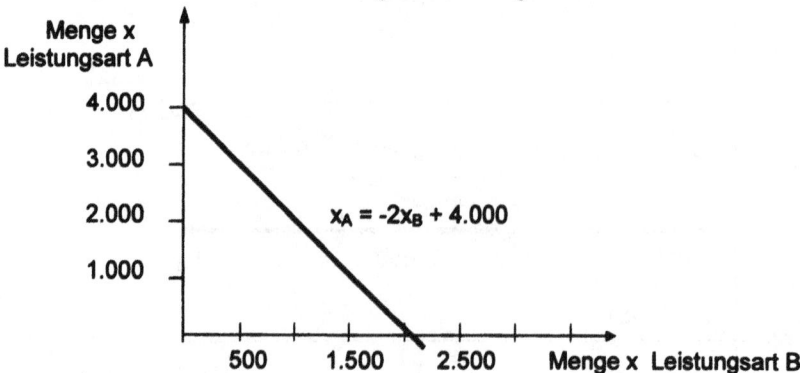

3. Teilkostenrechnung - Deckungsbeitragsrechnung

3.1. Einführung in die Teilkostenrechnung

Die Auffassung, dass die Fixkosten einen Kostenträger nicht belasten dürfen, da sie selten mit ihm in direkten Zusammenhang gebracht werden können, setzte sich mit der Entwicklung und Anwendung der Teilkostenrechnung durch.

Grundlage ist also hier nicht nur die Trennung von zeitabhängigen und leistungsabhängigen Kostenbestandteilen unter dem Aspekt einer veränderten Beschäftigungsgröße, sondern auch die alleinige Weiterverrechnung der leistungsabhängigen Kosten auf die Kostenträger bzw. auf die Leistungsarten; die restlichen Kosten werden dabei lediglich im Rahmen einer betrieblichen Ergebnisrechnung in erweiterten Abrechnungskreisen berücksichtigt.

Das gleiche Schicksal kommt den Erlösen zu. Soweit die Erlöse - bei investitionsgeförderten Organisationen - aufgeteilt sind in Erlöse, die im Rahmen der Leistungserbringung (E_L) anfallen, sind sie Kostenträger und Leistungsarten zuzurechnen. Dies können sein: Krankenhausleistungen (Pflegesätze, DRG-Fallpauschalen, Erlöse aus vor- und nachstationärer Behandlung), Wahlleistungen, Ambulante Leistungen und Nutzungsentgelte in Krankenhäusern, bzw. Pflegeleistungen (ambulant, teilstationär, vollstationär, Kurzzeitpflege) u.a. bei Pflegeinstitutionen.

Bei nichtgeförderten Institutionen handelt es sich in jedem Fall um reine leistungsbezogene Erlöse.

Förderungsbezogene Erlöse (E_F) aus der abschreibungsgemäßen Auflösung der Sonderposten als periodengemäße Zuschüsse werden ebenfalls im Rahmen einer betrieblichen Ergebnisrechnung in erweiterten Abrechnungskreisen berücksichtigt.

Während in der Vollkostenrechnung bisher alle Kosten und Erlöse auf die Kostenträger verrechnet wurden - ohne Kosten- und Erlösauflösung (z.B. K : x = k → konstante Größe) oder mit Kosten- und Erlösauflösung (z.B. K_f : x + k_p) -, werden in der Teilkostenrechnung dem Kostenträger nur proportionale Kosten und leistungsbezogene Erlöse zugerechnet. Hier steht der Anspruch der Kosten- und Leistungsverursachung im Vordergrund.

Die Vollkostenrechnung legte bisher ihr Schwergewicht auf die Seite der Kosten bzw. Leistungen. Die Teilkostenrechnung dagegen aber bezieht die Erlöse im Rahmen von **Deckungsbeiträgen** mit ein.

Verbreitung fand die industrielle Teilkostenrechnung in der BRD seit der Rezession 1966/67. Im Rahmen der Konkurrenz- und Absatzsituationen wurden Preisuntergrenzen und preispolitische Entscheidungen immer wichtiger. In einer freien Marktwirtschaft ist die Preisbildung Sache des Marktes; die Kalkulation liefert nur Zahlen für aus dem Preis abzuleitende Maßnahmen. Welche Kosten werden durch eine bestimmte **wirtschaftliche Aktion** ausgelöst?

Da auch im Gesundheitswesen durch DRG-Fallpauschalen und Budgets eine Preisvorgabe von außen stattfindet, ist die Nutzung der Teilkostenrechnung mit der o.a. Fragestellung auch hier sinnvoll.

Verfahrenstechnisch unterscheidet sich die Teilkostenrechnung von der Vollkostenrechnung nicht. Es werden die gleichen Abrechnungsmethoden in den Bereichen Kostenarten-, -stellen- und -trägerrechnung verwendet.

Die Wichtigkeit von Deckungsbeiträgen für unternehmerische Entscheidungen sei nochmals an einem Beispiel dargestellt.

Beispiel

Ausgangswerte der Vollkostenrechnung

	Erlöse	Kosten	(K_p)	Gewinn
Leistungsart 1	500.000	300.000	(200.000)	200.000
Leistungsart 2	300.000	250.000	(100.000)	50.000
Leistungsart 3	400.000	500.000	(200.000)	-100.000
				150.000

Käme man auf Grund der Vollkostenrechnung zu der Entscheidung, die Leistungsart 3 nicht mehr zu erbringen, müssten Leistungsart 1 und 2 den Fixkostenanteil der Leistungsart 3 (300.000 €) mittragen, da die Fixkosten zu insgesamt 550.000 € weiter anfallen. Das Ergebnis würde lauten:

	Erlöse	Kosten[*]		Gewinn
Leistungsart 1	500.000	500.000		0
Leistungsart 2	300.000	350.000		-50.000
				-50.000

([*] Die Fixkosten wurden anteilig auf Basis der proportionalen Kosten verteilt.)

Die Gewinnsituation verschlechtert sich. Auf Grund der Deckungsbeitragsrechnung würde das Ergebnis lauten:

	Erlöse		proport. Kosten	Deckungsbeiträge
Leistungsart 1	500.000		200.000	300.000
Leistungsart 2	300.000		100.000	200.000
Leistungsart 3	400.000		200.000	200.000
				700.000
			- Fixkosten	550.000
			Gewinn	150.000

Da die Leistungsart 3 mit 200.000 € zur Deckung der Fixkosten beiträgt, ist es kostenrechnerisch ungünstig, auf diese Leistung zu verzichten. (Erst bei einem negativen Deckungsbeitrag wäre die o.a. Entscheidung richtig, da mit jeder erbrachten Einheit der Verlust größer würde.) Die Fixkosten werden hier nur im Rahmen einer Betriebsergebnisrechnung en bloc und nicht kostenträgerbezogen behandelt.

Häufig wird der Deckungsbeitrag als Bruttoerfolg und der sich ergebende Gewinn als Nettoerfolg bezeichnet.

3.2. Die Ermittlung der Teilkosten und leistungsbezogenen Erlöse

Die Verrechnung der Gemeinkosten und förderungsbezogenen Erlöse erfolgt weiter über die Kostenstellen auf die Kostenträger; die Einzelkosten als proportionale Kosten und die leistungsbezogenen Erlöse werden direkt den Kostenträgern zugeschlagen. (Hier existiert keine gegenteilige Vorschrift durch KHBV oder PBV.)

Im Rahmen der Kostenstellenrechnung wird weiter der Betriebsabrechnungsbogen (BAB) benutzt. Allerdings erhält hier jede Kostenstelle drei Spalten, um die Kosten und Erlöse neben dem Gesamtbetrag in proportionale/leistungsbezogene und fixe/förderungsbezogene nach dem Verfahren der Kostenauflösung unterteilen zu können. (Beispielhaft sei die Ermittlung von Teilkosten auf Basis proportionaler Kosten dargestellt.)
Bei der innerbetrieblichen Leistungsabrechnung werden dann nur die proportionalen Kosten auf die Hauptkostenstellen verteilt.

Die Kalkulationssätze werden für die proportionalen Gemeinkosten der Hauptkostenstellen ermittelt. Nur dieser Teil der Kosten soll auf die Kostenträger verrechnet werden.

Beispiel

Kost.-Stellen	Kost.-Arten	Hilfskostenstellen		Hauptkostenstellen	
Ko.-arten	K K_P K_F	Gebäude K K_P K_F	...	Innere Med. K K_P K_F	...
Gemeinkostenmaterial ...					
Su. d. primär verteilt. Gemeinkosten Umlage	K K_P K_F	K K_P K_F $-K_P$ $-K_P$ $\longrightarrow$		K K_P K_F $+K_P$ $+K_P$	
Su. d. primär u. sekundär verteilten GK		K_F - K_F		K K_P K_F	
förderungsbezogene Erlöse		E_F - E_F		E_F - E_F	
Zuschlagsbasis (Pat.or.Geh.)				K_P	
Kalk.sätze					

Der BAB für Teilkostenrechnungen auf Basis der Einzelkostenzurechnung wird entsprechend aufgebaut, ohne allerdings Zuschlagssätze zu ermitteln oder Verteilungen nach Schlüsseln vorzunehmen. Eine Beschreibung der Teilkostenrechnungen auf Basis der proportionalen und Einzelkosten erfolgt im nächsten Abschnitt.

3.3. Die Deckungsbeitragsrechnung als Periodenrechnung

In der Periodenrechnung werden Deckungsbeiträge für Leistungsarten ermittelt, mit eventuell weiterer Differenzierung.

Deckungsbeiträge wurden bisher definiert als Differenz aus leistungsartbezogenen Erlösen abzüglich der leistungsartbezogenen proportionalen Kosten, die der Abdeckung von Fixkosten dienen.

Wie schon oben dargestellt, können die Leistungsarten und die erbringenden Kostenstellen (Abteilungen in den Institutionen) kosten- und leistungsbelastet identisch sein. Es ist jedoch auch durchaus denkbar, dass in einer Kostenstelle oder in einem Kostenstellenbereich mehrere Leistungsarten - z.B. als Therapien in Krankenhäusern - erbracht werden.

Die o.a. Definition ist im weiteren zu eng gefasst:
Deckungsbeiträge sind die Differenzen aus den leistungsbezogenen Leistungsart-Erlösen abzüglich der Leistungsart-Kosten, die kostenrechnerisch im Rahmen der Wirtschaftlichkeit zurechenbar sind. Sie dienen der Abdeckung der wirtschaftlich nicht zurechenbaren Restkosten, gegebenenfalls differenziert in Stufen.

Auf eine **Leistungsart** bezogen lassen sich die Kosten also in

- proportionale Einzelkosten (Sachgüterverbrauch)
- fixe Einzelkosten (fester Forschungsetat für die Leistungsart)
- proportionale Gemeinkosten (Stromverbrauch)
- fixe Gemeinkosten (Miete)

unterteilen.

Diese Gemeinkosten lassen sich aber noch **stufenweise** je nach Verrechnungsart als fixe Gemeinkosten oder als Einzelkosten innerhalb des Betriebes abdecken. Unter dem Gesichtspunkt der **Leistungsnähe** lassen sich folgende Hierarchien erstellen:

Fixe Gemeinkosten	Einzelkosten
- Leistungsgruppengebundene Fixkosten	- Leistungsgruppengebundene Einzelkosten
- kostenstellengebundene Fixkosten	- kostenstellengebundene Einzelkosten
- kostenstellenbereichsgebundene Fixkosten	- kostenstellenbereichsgebundene Einzelkosten
- betriebsgebundene Fixkosten	- betriebsgebundene Einzelkosten

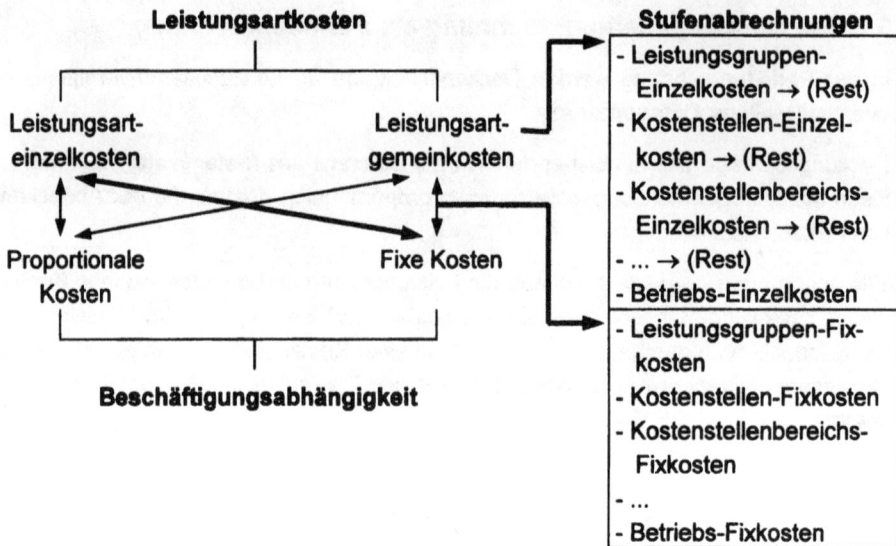

Kostenstellen-, Kostenstellenbereichs- und betriebsgebundene Einzelkosten lassen sich entsprechend dem BAB entnehmen (siehe BAB-Darstellung).

Beispiel

Ein Betrieb weist folgende Kosteneinteilung auf:

	Leistungsgruppe A,B				Gesamt
	Leist.-Art A	Leist.-Art B	Summe	Leist.-Art C	
leistungsbezogene Erlöse	50	30	80	60	140
Leistungsart-EK					
- proportional	15	10	25	30	55
- fix[*]	5	2	7	8	15
Leistungsgruppen-EK					
- proportional	(2)	(3)	5	-	5
- fix[*]	-	-	2	-	2
betriebliche EK					
- proportional	(12)	(7)	(19)	(11)	30
- fix[*]	-	-	-	-	10
Betriebsgewinn					23

[*] um förderungsbezogene Erlöse bereinigt

Anmerkung
Die Abrechnung erfolgt weiter im Umsatzkostenverfahren. Hier handelt es sich um das Umsatzkostenverfahren auf Teilkostenbasis.

Die Teilkostensysteme lassen sich dann aber aufgrund der gesamten Kostenzuordnungen wie folgt unterteilen:

a) **Systeme, bei denen eine Abrechnung nach proportionalen Kosten im Vordergrund steht:**

Lediglich proportionale Kosten werden den leistungsbezogenen Erlösen der Leistungsarten gegenübergestellt. Die Deckungsbeiträge bei Mehrleistungsfertigung werden aufsummiert. Dann werden die um förderungsbezogene Erlöse bereinigten Fixkosten im Rahmen der Betriebsergebnisrechnung zur Ermittlung des Gewinns entweder „en bloc" (einstufig) oder mehrstufig abgezogen.

Verfahren 1:

   leistungsbezogene Erlöse
- **proportionale Einzel- und Gemeinkosten**
   _____

   Deckungsbeitrag

Diese Form wird in der Literatur allgemein zur ersten Erläuterung der Deckungsbeitragsrechnung genutzt. Man spricht von der direct-costing-method, marginal-costing-method oder von der Grenzkostenrechnung.

Nachteile dieses Verfahrens sind:
- Es wird zu stark auf die Beschäftigungsabhängigkeit und teilweise zu wenig auf eine echte Zurechenbarkeit geachtet.
- Grundsätzlich lassen sich die bereinigten Fixkosten speziellen Bezugsobjekten zurechnen. Sie müssen also nicht einstufig behandelt werden.

Verfahren 2:

   leistungsbezogene Erlöse
- **proportionale Einzel- und Gemeinkosten**
- **fixe - um förderungsbezogene Erlöse bereinigte - Einzelkosten**
   _____

   Deckungsbeitrag

Hier wird das Grenzkostenverfahren um fixe, direkt zurechenbare, bereinigte Leistungsartenkosten erweitert.

Es wird als **Fixkostendeckungsrechnung** oder **mehrstufiges Direct-Costing** oder **Deckungserfolgsrechnung** bezeichnet.

Die weiteren bereinigten Fixkosten werden dann im Rahmen der vorgestellten Hierarchie stufenweise mit ihren differenzierten Deckungsbeiträgen als Beitrag zum Betriebsergebnis aufgeschlüsselt.

Die Erfolgsstruktur des Leistungsprogramms wird deutlicher. Entscheidungen im Bereich Leistungsverwertung und Leistungserbringung werden qualifizierter.

Anhand des obigen Kosten-Einteilungsbeispiels ergibt sich die Abrechnung:

	Leist.-Art A	Leist.-Art B	Leist.-Art C
leistungsbezogene Erlöse	50	30	60
- proportionale Leistungsartkosten			
Einzelkosten	15	10	30
Gemeinkosten	14	10	11
Deckungsbeitrag 1	21	10	19
- fixe Leistungsarteinzelkosten *)	5	2	8
Deckungsbeitrag 2	16	8	11
- fixe Leistungsgruppeneinzelkosten *)	2		
Deckungsbeitrag 3	22		11
- fixe betriebliche Einzelkosten *)	10		
Deckungsbeitrag 4 = Betriebsgewinn	23		

*) um förderungsbezogene Erlöse bereinigt

b) Systeme, bei denen eine Einzelkostenabrechnung im Vordergrund steht:

Bei diesen Verfahrensweisen sollen nur **direkt zurechenbare** Kosten berücksichtigt werden, da auch bei proportionalen Gemeinkosten eine verursachungsgemäße Zuordnung auf Leistungsarten nicht möglich ist. Eine solche Zuordnung kann nur über entsprechende Schlüssel erfolgen. Ein verursachungsgerechtes Bild wird dadurch verzerrt.

Verfahren 3:

> **leistungsbezogene Erlöse**
> - **proportionale Einzelkosten**

> **Deckungsbeitrag**

Dieses Verfahren ist sehr grob. Es wird genutzt, wenn eine Kostenauflösung zu aufwendig ist, oder wenn der Aussagewert der Gemeinkosten nicht sehr groß ist. Dieses vereinfachte Verfahren bietet sich auch durchaus an, um z.B. Ärzte oder andere betriebswirtschaftliche Laien an Abteilungsdeckungsbeiträge heranzuführen.

Verfahren 4:

> **leistungsbezogene Erlöse**
> - **proportionale und fixe** - um förderungsbezogene Erlöse bereinigte -
>   **Einzelkosten**

> **Deckungsbeitrag**

Hier werden auch die - um förderungsbezogene Erlöse bereinigten - Fixkosten berücksichtigt, die sich der Leistungsart zurechnen lassen.

Nun ist aber eine Einzel- und Gemeinkostenrechnung nicht absolut nur auf Leistungsarten anwendbar. Sie kann bezugsgrößenmäßig als **relative Einzelkostenrechnung** über Leistungsgruppen bis hin zur Gesamtbetriebsabrechnung vorgenommen werden. Die Leistungsartgemeinkosten werden dann als Einzelkosten auf der untersten möglichen hierarchischen Stufe verrechnet. Anhand des obigen Einteilungsbeispiels wird die relative Einzelkostenrechnung als Betriebsergebnisrechnung wie folgt aufgebaut:

	Leist.-Art A	Leist.-Art B	Leist.-Art C
leistungsbezogene Erlöse	50	30	60
- Leistungsart-Einzelkosten			
proportional	15	10	30
fix *)	5	2	8
Deckungsbeitrag 1	30	18	22
- Leistungsgruppen-Einzelkosten			
proportional	5		
fix *)	2		
Deckungsbeitrag 2	41		22
- betriebliche Einzelkosten			
proportional	30		
fix *)	10		
Deckungsbeitrag 3 = Betriebsgewinn	23		

*) um förderungsbezogene Erlöse bereinigt

3.4. Die Teilkostenrechnung als Einheitsrechnung

Während in der Vollkostenrechnung die Kalkulation die Aufgabe hatte, die Selbstkosten eines Kostenträgers als langfristige Preisuntergrenze zu ermitteln, soll in der Teilkostenrechnung festgestellt werden, welche Alternative für die Realisierung einer betrieblichen Aktion bei einem bestimmten vorgegebenen Preis gegeben ist (Beurteilung nach dem Bruttoerfolg des Deckungsbeitrages).

Die Vollkostenrechnung eignet sich eher im Bereich einzelner Leistungen, wo Kostenzuschläge kalkuliert werden müssen.
Die Teilkostenrechnung sollte generell im Bereich der normalen Leistungserbringung im Gesundheitswesen eingesetzt werden, wo weniger beeinflussbare Preise aufgrund der Budgets und Fallpauschalen vorliegen. Auch hier ist eine unwirtschaftliche Verwendung der knappen Haushaltsmittel ein existenzgefährdendes Risiko, bzw. bietet ein effizienter Umgang mit den Leistungsfaktoren erhebliche unternehmenspolitische Chancen. Das Controlling kommt deshalb ohne eine kostenträgerbezogene Kalkulati-

on, anhand der die Deckungsbeiträge der einzelnen Fallpauschalen bzw. Budgets ermittelt werden können, nicht mehr aus. Eine Unternehmensstrategie der Spezialisierung – im Einklang mit dem Versorgungsauftrag – auf bestimmte Leistungen kann daher nicht nur als Mittel zur Kostensenkung eingesetzt werden, sondern hohe Deckungsbeiträge erwirken auch hohe Gewinne.

Hohe Deckungsbeiträge sind vor allem bezüglich des Auftrages einer bedarfsgerechten Versorgung zur Subventionierung von Leistungen mit geringen oder negativen Deckungsbeiträgen wichtig.

Bei der Bewertung zu bilanziellen Herstellungskosten ist rechtlich in jedem Fall von der Vollkostenrechnung auszugehen, obschon Fixkosten verursachungsgemäß nicht im Zusammenhang mit der Erbringung einer Leistung stehen (bestenfalls als Leistungsarteinzelkosten einer Leistungsart).

Die **Methoden** der Kalkulation **ändern sich** - wie schon erwähnt - **nicht**. Nur proportionale Kosten bzw. Einzelkosten werden auf die Kostenträger verrechnet.

Lediglich im Rahmen der Zuschlagskalkulation werden zwei Verfahren, aufgrund ihrer Vorgehensweise, unterschieden:
Bei der **progressiven** Kalkulation beginnt man mit den proportionalen Materialkosten und addiert die proportionalen Fertigungskosten dazu, um die proportionalen Selbstkosten zu erhalten.
Abgezogen vom Preis ergibt sich der Deckungsbeitrag je Einheit.

Bei den retrograden Verfahren geht man vom Marktpreis in umgekehrter Reihenfolge vor.

3.5. Teilkostenrechnung – Prozesskostenrechnung

Im Rahmen der Vollkostenrechnung wurde schon das System der Prozesskostenrechnung mit seinen Vorteilen gegenüber der klassischen Kostenstellen- und Kostenträgerrechnung schon erläutert.

Wegen der relativen Steigerung der Gemeinkosten in den Dienstleistungsbetrieben fest – vor allem in den direkt die Leistungen unterstützenden und sonstigen indirekten Bereichen muss auch im Gesundheitsbereich versucht werden, den Einsatz der Betriebsmittel sinnvoll, d.h. bei gegebenem Qualitätsstandard, zu reduzieren. Durch die Festlegung und Optimierung der einzelnen Prozesse werden aber nicht nur die Vorgänge transparent gemacht, sondern es lassen sich **Kosten verursachungsgerecht –** als Strukturkosten – zuordnen.

Bei der klassischen Vollkostenrechnung werden die Gemeinkosten einschließlich der Fixkosten über Schlüssel indirekt auf die Leistungen verrechnet. Meistens stehen mehrere Gemeinkostenschlüssel alternativ zur Verfügung, so dass die Auswahl und Anwendung einer dieser Schlüssel immer mit Willkür behaftet ist. Bei der Anwendung kommt es zu Ungenauigkeiten, da die Verrechnung nicht verursachungsgemäß erfolgt, und nur eine rechnerische Abhängigkeit von Kosten und Bezugsgröße besteht. Diese Problematik wurde bei den Nachteilen der Vollkostenrechnung näher dargestellt.

Bei der klassischen Deckungsbeitragsrechnung (Deckungsbeitragsoptimierung) mit Abrechnung nach proportionalen Kosten wird dagegen zu wenig auf eine echte Zurechenbarkeit der Kosten auf Kostenträger bzw. Leistungsarten geachtet, denn hier steht zu stark die Beschäftigungsabhängigkeit im Vordergrund. Bei der Abrechnung nach relativen Einzelkosten wird zwar die Kostenverursachung in den Vordergrund gerückt, aber es wird auf die Darstellung des Kostenzusammenhanges zwischen Leistung und Beschäftigung verzichtet. Es werden damit ebenfalls keine Aussagen zum Leistungsbezug der Gemeinkosten vorgenommen.

Das führt aber bei den bisher dargestellten klassischen Abrechnungssystemen auf Voll- und Teilkostenbasis im Rahmen einer Strukturkostenoptimierung zu schwerwiegenden Nachteilen.

Mit Hilfe der Prozesskostenrechnung können nun die Kosten im direkt die Leistungserstellung unterstützenden Bereich, aber auch gerade die Kosten der indirekten Bereiche, besser geplant und gesteuert werden.

Hierbei geht es letztlich nicht um die Frage „Vollkostenrechnung, Teilkostenrechnung oder Prozesskostenrechnung". Sämtliche Kostenrechnungssysteme müssen integriert zum Einsatz kommen, auf der Basis einer **„Analytische Vollkostenrechnung"**, differenzierbar nach Teil- und Prozesskosten.

Sämtliche Vollkosten werden hier getrennt in proportionale Einzel- und Gemeinkosten, sowie fixe Einzel- und Gemeinkosten; proportionale Gemeinkosten werden unterteilt in leistungsmengeninduzierte und sonstige proportionale; fixe Kosten werden den Gruppen prozessunabhängige und sonstige leistungsmengenneutrale Kosten zugeordnet.

Ziel der allgemeinen Prozesskostenrechnung ist,

-   die Gemeinkosten vor allem in den leistungsunterstützenden Bereichen besser zu erkennen,
-   eine rationellere Nutzung der Leistungsfaktoren zu ermöglichen,
-   sowie Kapazitätsauslastungen aufzuzeigen,
-   sie genauer nach ihrer Verursachung auf Kostenträger zu verrechnen.

Diese Verrechnung der Prozesskosten auf Kostenträger ist verursachungsgerechter als die reine Gemeinkostenzuordnung nach Zuschlagsätzen auf Basis der Einzel- bzw. Herstellkosten (Proportionalisierung). Besonders problematisch aber ist eine solche Verteilung dann, wenn überhaupt kein Wirkungszusammenhang zwischen Inanspruchnahme der Kosten und Leistungsumfang der Kostenträger erkennbar wird, da diese Kosten zeitabhängig sind.

Entsprechend der klassischen **Teilkostenrechnung** sollte bei diesen leistungsmengenneutralen, fixen Kosten auf eine Kostenträgerverrechnung verzichtet werden. Die Kosten von Prozessen, die nicht direkt auf die Leistung bezogen werden können, wie z.B. Sozial-Betreuung von Patienten, Lieferantenpflege etc., gehen in die Restgemeinkosten ein, die über eine Deckungsbeitragsrechnung abgedeckt werden können.

Im Rahmen einer **Proportionalkostenrechnung** werden proportionale Leistungsart-Gemeinkosten im Gegensatz zur klassischen Proportionalkostenrechnung soweit möglich über Prozesskostensätze verteilt; eine stufenweise modifizierte Fixkostendeckung kann die den Leistungsarten nicht nach Inanspruchnahme zurechenbaren Kosten im Rahmen einer Betriebsabrechnung hierarchisch den Deckungsbeiträgen gegenüberstellen.

	Leistungsart	Leistungsart	Leistungsart
Erlöse - proportionale Leistungsarteinzelkosten - Leistungsart-Prozesskosten - restliche proportionale Leistungsart-Gemeinkosten			
Deckungsbeitrag 1 - prozessunabhängige Leistungsart-Kosten			
Deckungsbeitrag 2 - prozessunabhängige Leistungsgruppen-Kosten			
Deckungsbeitrag 3 - prozessunabhängige betriebliche Kosten			
Deckungsbeitrag 4 = Betriebsgewinn			

3.6. Steuerungsbeispiele auf der Basis entscheidungsrelevanter Kosten

Als **entscheidungsrelevante Kosten** werden allgemein die Kosten bezeichnet, die aufgrund einer wirtschaftlichen Aktion anfallen, bzw. wegfallen. Hierbei ist zu berücksichtigen, dass sie kurzfristig innerhalb der gegebenen Kapazitäten häufig mit den proportionalen Kosten übereinstimmen. In anderen Fällen können auch Fixkosten mit zu den relevanten Kosten gehören.

Wie oben erwähnt, ist eine unwirtschaftliche Verwendung der knappen Haushaltsmittel im Gesundheitswesen ein existenzgefährdendes Risiko, bzw. bietet ein effizienter Umgang mit den Leistungsfaktoren erhebliche unternehmenspolitische Chancen. Eine Unternehmensstrategie der Spezialisierung auf bestimmte Leistungen im Einklang mit dem Versorgungsauftrag – als Beispiel eine Art der wirtschaftlichen Aktionen – kann daher nicht nur als Mittel zur Kostensenkung eingesetzt werden, sondern hohe Deckungsbeiträge erwirken auch hohe Gewinne. Hohe Deckungsbeiträge aber sind vor allem im Rahmen einer bedarfsgerechten Versorgung zur Subventionierung von Leistungen mit geringen oder negativen Deckungsbeiträgen wichtig.

Aufgabe des Controlling ist hier also die aktive Gestaltung der Leistungsstruktur und damit der einzusetzenden Leistungsfaktoren hinsichtlich der Wirtschaftlichkeit.

„Welchen Behandlungsmix kann das Haus unter Beachtung der verfügbaren Ressourcen, der erzielbaren Mengen und der vorgegebenen Preise durch Fallpauschalen und Budgets anbieten?"

Hier einige Beispiele:

3.6.1. Bestimmung der Preisuntergrenze

Die Bestimmung einer Preisuntergrenze ist immer dann notwendig, wenn die Geschäftsleitung gezwungen ist, Entscheidungen aufgrund von Kostensituationen zu treffen, die anhand der DRG-Fallpauschalen oder sonstigen Budgets zu beurteilen sind. Weitere Gründe liegen im Bereich der Preise von Zusatzleistungen oder Nebenleistungen.

Von einer **langfristigen Preisuntergrenze** spricht man, wenn die o.a. Vergütungen von Leistungen zu kostendeckenden Erlösen führen. Die Leistungserbringung kann unter diesem Aspekt unbeschadet fortgeführt werden, Reinvestitionen sind möglich und der Arbeitnehmerstamm bleibt erhalten.

Beispiel

In unserem o.a. Betrieb ergab sich ein Gewinn von 23 Geldeinheiten. Man rechnet bei der Leistungsart A (100 Leistungen) mit einer Vergütungsminderung durch den externen Kostenträger in noch unbekannter Höhe. Bei sonst gleichen Bedingungen lässt sich die Vergütung um 0,23 Geldeinheiten (23/100) senken, bevor der Betrieb in die Verlustzone gerät.

Mit der **kurzfristigen Preisuntergrenze** werden gerade die proportionalen Kosten gedeckt. Die Leistungserbringung kann kurzfristig aufrecht erhalten werden, da die fixen (um förderungsbezogene Erlöse bereinigten) Kosten grundsätzlich auch bei Einstellung weiter anfallen. Auch fixe Leistungsart-Einzelkosten, wie z.B. Forschungsbudgets, lassen sich nicht in jedem Fall kurzfristig ändern! Vertragsänderungen oder Wiederinbetriebnahmen von Maschinen nach Stilllegungen würden ebenfalls Kosten verursachen.

In bestimmten Wettbewerbssituationen (ich denke vor allem hier an den Kurbereich) kann es ebenfalls notwendig sein, **Zusatzleistungen** zu möglichst niedrigen Preisen anzunehmen. Als Zusatzleistungen sollen solche Leistungen definiert werden, die aufgrund besonderer Aufträge über die erwartete Leistungserbringung auf Basis der langfristigen Preisuntergrenze hinausgehen (**Zusatzauftrag** in der Industrie).

Hierbei ist zu unterscheiden, ob die vorhandenen Kapazitäten für die Zusatzleistung ausreichen, oder ob Investitionen zur Kapazitätserweiterung vorgenommen werden müssen:

- Im ersten Fall wird jede € eines Deckungsbeitrages bei einer Vergütung über den proportionalen Kosten zu einer Erhöhung des Gewinns führen. Die bereinigten Fixkosten sind ja durch die „normale" Leistung mit ihren Deckungsbeiträgen abgedeckt.
- Im zweiten Fall muss der Deckungsbeitrag aus der Vergütung, abzüglich der proportionalen Kosten und der anteiligen (um die förderungsbezogenen Erlöse bereinigten) Fixkosten der Kapazitätserweiterung, positiv sein (mindestens 0 €), damit sich die Zusatzleistung lohnt.
  Zu beachten ist dabei aber, dass nicht nur zusätzliche bereinigte Fixkosten für die Dauer des Auftrages anfallen können, sondern dass Maschinen anschließend nicht weiter nutzbar sind, oder dass Arbeitnehmer aus rechtlichen und sozialen Gründen nicht ohne weiteres anschließend entlassen werden können!

Nebenleistungen entstehen in den o.a. Nebenkostenstellen. Sie gehören nicht zum eigentlichen Leistungsprogramm.

Bei Krankenhäusern handelt es sich um Leistungen in sonstigen Einrichtungen (nicht unerlässliche Personaleinrichtungen, wie z.B. Wohnheime und Kindertagesstätten, Ausbildungsstätten, Lehr- oder Forschungsstätten u.a.) oder bei Ausgliederungen aus abrechnungstechnischen Gründen - vom Gesetzgeber als Kostenabzug bei der Berechnung der Pflegesätze verlangt - (z.B. ambulante Leistungen - Nebentätigkeiten - der Ärzte).

Bei Pflegeeinrichtungen kann es sich ebenfalls o.a. Personaleinrichtungen handeln oder z.B. um den Verleih von Pflegehilfsmitteln.

Wesentlich ist, dass der Anfall der Nebenleistungen nicht eigentlicher Betriebszweck - mit dem Kriterium „Langfristige Preisuntergrenze" - ist. Nebenleistungen, die bei anderen Institutionen als Hauptleistungen erbracht werden, lassen sich ebenfalls, da innerhalb der vorhandenen Kapazität die Hauptleistungen die (bereinigten) Fixkosten tragen, zu Grenzkostenpreisen anbieten. Damit kann der Preis bzw. die Vergütung deutlich unter dem der Konkurrenz liegen.

3.6.2. Bestimmung des optimalen Leistungsprogramms

Grundsätzlich wird die Leistungsart mit dem höchsten Deckungsbeitrag pro Einzelleistung (absoluter Deckungsbeitrag) auch zum höchsten gesamten Deckungsbeitrag führen. Wenn also keine Kapazitäten begrenzt sind, wird die Entscheidung in welcher Reihenfolge Leistungsarten zu erbringen sind, immer von der Höhe des absoluten Deckungsbeitrages abhängen.

Beispiel

Leistung	verwertbare Menge	DB je Leist.	Gesamt-DB	Rangfolge
1	100	5,–	500,–	3
2	150	20,–	3.000,–	1
3	200	10,–	2.000,–	2
			5.500,–	

Wenn aber die Kapazitäten in irgendeiner Form begrenzt sind, reichen die Zahlen z.B. für eine gewinnmaximale Entscheidung nicht mehr aus.

Fortsetzung des Beispiels

Für die notwendigen Spritzen stehen nur 460 Ampullen des notwendigen Medikamentes zur Verfügung. Die Leistungen benötigen je Einheit:

Leistungsart	Ampullen
1	1
2	10
3	4

An diesen Engpass muss die Leistungserbringung angepasst werden. Hieraus ergibt sich ein Leistungskoeffizient von 1 Ampulle / Verbrauch je Einheit.

Leistungsart	Leist.koeffizient
1	1
2	0,1
3	0,25

Bezieht man den absoluten Deckungsbeitrag auf den Koeffizienten, so ergibt sich ein relativer Deckungsbeitrag je Leistung.

Die höchsten relativen Deckungsbeiträge werden uns aufgrund des Engpasses den maximalen Gewinn bringen.

Leistung	absol. DB	Leist.Koeff.	rel. DB	Rangfolge
1	5,–	1	5,–	1
2	20,–	0,1	2,–	3
3	10,–	0,25	2,50	2

In dieser Reihenfolge lassen sich folgende Leistungsmengen herstellen:

Leistung	Menge	verbrauchte Medizin	absoluter DB	Gesamt-DB
1	100	100	5,–	500
2	./.			
3	90	Rest: 360	10,–	900
		höchstmöglicher DB =		1.400

Neben Engpässen im Bereich der Sachgüter sind weitere im Bereich der Betriebsmittel (aufgewendete Zeiten) oder der Arbeitsleistungen denkbar. Auch können gleichzeitig mehrere Engpässe auftreten oder sich abwechseln. Dann lässt sich das optimale Programm nicht mehr manuell ermitteln, man muss die Verfahren des Operations Research anwenden.

Ein optimales Leistungsprogramm muss nicht unbedingt unter dem Aspekt der Gewinnmaximierung gesehen werden! Gerade im Gesundheitswesen werden andere Unternehmensziele, wie z.B. Versorgungsauftrag, Beschäftigungssicherung für Arbeitskräfte, Angebotsstabilität in der Realität wichtiger sein.

Ein zusätzliches Problem ist eine Abhängigkeit der Leistungen untereinander, wenn bestimmte Leistungen nur zusammen mit anderen erbracht werden können, oder wenn bestimmte Mindestmengen von Leistungen - aus welchen Gründen auch immer - erbracht werden müssen.

3.6.3. Eigenleistung oder Fremdbezug

In einem Unternehmen ergibt sich häufig die Frage, ob bestimmte Leistungen oder Teilleistungen im Betrieb selbst erbracht oder zugekauft werden sollen.

Die Entscheidungen lassen sich auf der Basis relevanter Kosten rechnerisch lösen, wobei die Wirtschaftlichkeit der einzelnen Alternativen verglichen wird.

Soweit genügend freie Kapazitäten zur Verfügung stehen, werden die Fremdbezugskosten - bewertet zu Anschaffungskosten (Preis minus Preisschmälerungen plus Anschaffungsnebenkosten) - den proportionalen Kosten der Eigenleistung gegenübergestellt.

Beispiel

	Anschaffungskosten		100,-- €
-	proportionale Kosten der Eigenleistung:		
		Materialkosten	30,-- €
		Fertigungskosten	40,- €
=	Differenz: Vorteil der Eigenleistung		30,- €

Bei einer Eigenleistung werden neben dem möglichen Kostenvorteil auch die Kapazitäten besser genutzt.

Ist jedoch eine Investition erforderlich, so müssen auch die zusätzlichen - um förderungsabhängige Erlöse korrigierte - Fixkosten (wie Abschreibungen, Kapitalbindungskosten etc.) im Rahmen der Eigenleistung berücksichtigt werden.

Es sei nochmals daran erinnert, dass diese Fixkosten auch nach Beendigung dieser Eigenleistung weiter anfallen können, wobei nicht alle den anderen Kostenträgern zugerechnet werden können (siehe Zusatzleistungen). Diese müssen also das Entscheidungsergebnis ebenfalls beeinflussen.

Eine BEP-Analyse der zusätzlichen Fixkosten nach Abzug von Förderungserlösen hilft bei der Beurteilung der kritischen Leistungsmenge. Der Deckungsbeitrag je Einheit aus der Differenz zwischen Anschaffungskosten bei Fremdbezug und den proportionalen Kosten als Kostenersparnis dient der Abdeckung dieser entsprechenden Fixkosten.

Beispiel

Ausgangsdaten wie oben; die zusätzlichen Fixkosten belaufen sich auf 7.000 € je Periode, die förderungsabhängigen Erlöse auf 4.000 €; es werden 500 Leistungen aufgrund der Planung in einer Periode benötigt.

Vergleich:

	Anschaffungskosten bei Fremdbezug:	100 €
-	proportionale Kosten der Eigenleistung:	70 €
=	Differenz: Kostenersparnis je Leistungseinheit 30 €	

$BEP = 3.000 \div 30 = 100$

Bei 100 Leistungen sind die zusätzlichen korrigierten Fixkosten durch die Kostenersparnis gedeckt.

Eine weitere Entscheidungssituation ist gegeben, wenn im Rahmen eines Engpasses bei einer bestimmten geplanten Eigenleistung auf die Erbringung einer anderen bisherigen Leistung verzichtet werden muss. Jetzt fließen auch die Opportunitätskosten für den Nutzenentgang in die Entscheidung mit ein.

Beispiel

Anschaffungskosten der neuen Leistung bei Fremdbezug	100 €
Kosten der neuen Eigenleistung - proportionale Kosten	70 €
bei geplanter Leistungsmenge von	1000
Entgangener Deckungsbeitrag der ersetzten Leistung	60 €
Zeit für ersetzte Leistung	2,0 Std
Zeit für neue Leistung	0,5 Std
Die Opportunitätskosten belaufen sich je Einheit auf:	15 €

- absoluter DB (alte Leistung) = 60 € → relativer DB = 30 €;
- demnach betragen die Opportunitätskosten je neue Leistung = 15,- €.

	proportionale Kosten	70 €
+	Opportunitätskosten	15 €
=	gesamte Kosten der neuen Eigenleistung	85 €

	Anschaffungskosten der neuen Leistung bei Fremdbezug:	100 €
-	gesamte Kosten der neuen Eigenleistung	85 €
=	Differenz: Vorteil der neuen Eigenleistung	15 €

3.6.4. Entscheidung über eine vorzeitige Ersatzinvestition

Im Folgenden soll über den Ersatz eines älteren (noch nicht abgeschriebenen) Gerätes entschieden werden. Durch hohen Materialverbrauch (Kontrastmittel, Folien) und hohe Reparaturanfälligkeit ist es für den Betrieb unwirtschaftlich geworden.

Im Vergleich werden die Kosten gegenübergestellt, die aufgrund des Ersatzes des alten Gerätes anfallen bzw. die aufgrund der Neubeschaffung zusätzlich entstehen.

Beispiel

	altes Gerät	neues Gerät
Materialverbrauch für 1.000 Leistungen	3.000 €	2.400 €
zusätzliche Fixkosten	1.800 €	2.800 €
förderungsabhängige Erlöse	1.500 €	2.000 €

$$BEP = \frac{(K_{F\,neu} - E_{F\,neu}) - (K_{F\,alt} - E_{F\,alt})}{k_{p\,alt} - k_{p\,neu}} = \frac{800 - 300}{3,00 - 2,40} = \frac{500}{0,60} = 833,33 = 834$$

Die zusätzlichen Fixkosten werden aufgrund der Kostenersparnis von 0,60 € je Leistung bei 834 Einheiten gedeckt sein. Die Sicherheitsstrecke beträgt nur 16,6 %.

3.6.5. Die liquiditätsorientierte Preisuntergrenze

Als Ergänzung der Finanzplanung lässt sich die Strukturierung des bereinigten Fixkostenblocks auf der Basis der Ausgabewirksamkeit vornehmen. Besonders bei angespannter Liquiditätslage kommt den Zahlungsvorgängen mehr Bedeutung zu als den Kosten.

Werden die Deckungsbeiträge nach Zahlungen aufgeschlüsselt, kann der Betrieb jederzeit die Preisuntergrenze für die ausgabewirksamen Kosten der Leistungsarten, Leistungsgruppen usw. erkennen.

3.7. Vollkosten- und Teilkostenrechnung in der Gegenüberstellung

Betrachtet man die unterschiedlichen Informations- und Steuerungsziele des internen Rechnungswesens, so geht es letztlich nicht um die Frage, Vollkostenrechnung oder Teilkostenrechnung, bzw. Teilkostenrechnung oder Prozesskostenrechnung. Sämtliche Kostenrechnungssysteme müssen integriert zum Einsatz kommen. Ausgangspunkt muss eine **„Analytische Vollkostenrechnung"** sein, differenzierbar nach Teil- und Prozesskosten.

Es werden sämtliche Vollkosten nach den für die jeweilige Verrechnung erforderlichen Teilkostenaspekten zur Optimierung von Deckungsbeitrags- und Strukturkosten analysiert.

Deckungsbeitragsoptimierung	Strukturkostenoptimierung
- die variablen Leistungskosten vom Fix-kosten-Block	- die leistungsmengeninduzierten von den leistungsmengenneutralen Kosten
- die ausgabewirksamen von den nicht ausgabewirksamen (kalkulatorischen) Fixkosten	- die leistungsmengenneutralen von den prozessunabhängigen (Gemein-)Kosten

3.7.1. Gemeinsamkeiten

Gemeinsamkeiten zwischen der Vollkostenrechnung (VKR) und der Teilkostenrechnung (TKR) lassen sich ohne besondere Schwierigkeiten in zwei Bereichen aufzeigen.Beide Kostenrechnungssysteme haben die gleiche Aufbaustruktur. Sie gliedern sich in Kostenarten-, Kostenstellen- und Kostenträgerrechnung.

Die Kostenträgerrechnung lässt sich noch einmal in die zwei Teilbereiche Kostenträgerstückrechnung für Kalkulationszwecke und die Kostenträgerzeitrechnung für die Betriebsergebnisrechnung unterteilen.

Die zweite Gemeinsamkeit liegt im Zeitbezug der Kosten. Istkosten, Normalkosten und Plankosten lassen sich theoretisch in beiden Systemen berechnen. Einschränkungen sind hier durch die Praxis gegeben, da in der TKR die Normalkostenrechnung praktisch ohne Bedeutung ist. Hier wird in der Regel mit Istkosten (Direct-Costing, Einzelkostendeckungsrechnung) und mit Plankosten (Grenzplankostenrechnung) gearbeitet.

3.7.2. Unterschiede

Einer der gravierendsten Unterschiede liegt in der grundlegenden Orientierung der Kostenrechnungssysteme. Während die VKR leistungsorientiert ist, ist die TKR vergütungsorientiert. Was bedeutet dies aber im Einzelnen? In der VKR werden die Kosten möglichst auftragsbezogen und am Leistungsablauf orientiert gesammelt und über Kostenstellen den Kostenträgern voll zugerechnet. Auf diese Weise werden die gesamten Selbstkosten der Leistungen auf die einzelnen Kostenträger umgelegt. Ausgangspunkt hierfür war die Überlegung, dass die Leistungserbringung nur dann sinnvoll ist, wenn die Vergütung zumindest die vollen Selbstkosten deckt. Auf der Basis der so ermittelten Selbstkosten können dann in Bereichen ohne vorgegebene Vergütungen (Budgets oder DRG-Fallpauschalen) Preisverhandlungen geführt bzw. Überlegungen über einen durchsetzbaren Preis angestellt werden (langfristige Preisuntergrenze).

Im Gegensatz hierzu wird in der TKR die Leistungsvergütung durch Budgets oder DRG-Fallpauschalen von externen Kostenträgern als ein vorgegebenes Datum betrachtet. Wichtig ist in erster Linie, dass die beschäftigungsabhängigen Kosten - also die Kosten, die durch die eigentliche Leistung und nicht durch die Betriebsbereitschaft verursacht werden - durch diese Vergütungen gedeckt werden. Man spricht in diesem Zusammenhang auch von vermeidbaren Kosten. Eine der Aufgaben der TKR ist es, diese Kosten so genau wie möglich zu ermitteln. Über diese erste Forderung hinaus ist über diese Vergütung ein Deckungsbeitrag zu erzielen, der die periodenabhängigen Kosten - die allerdings um förderungsabhängige Erlöse bereinigt werden - deckt. Im Vergleich zu den vermeidbaren Kosten spricht man hier von unvermeidbaren Kosten. Aufgabe der TKR ist es, die Höhe der Deckungsbeiträge der einzelnen Leistungen des Leistungsprogramms als Grundlage für unternehmerische Entscheidungen zu ermitteln. Die in der TKR errechneten variablen Selbstkosten je Leistungseinheit geben die kurzfristige Preisuntergrenze an.

Kurzfristige Auslastungsveränderungen führen je nach Kostenrechnungssystem zu total unterschiedlichen Ergebnissen.

Während ein mit der Vollkostenrechnung arbeitendes Unternehmen bei rückläufiger Beschäftigung schnell in die Gefahr gerät, sich aus dem Markt zu kalkulieren, ist diese Gefahr bei Anwendung der TKR kaum gegeben. Durch die Proportionalisierung der fixen Kosten in der VKR steigen bei rückläufiger Beschäftigung die Selbstkosten pro Einheit, und die Preise des Unternehmens müssten sich genau entgegengesetzt zu marktabhängigen Vergütungen (höhere Nachfrage bei niedrigerem Preis) entwickeln, während in der TKR durch den Verzicht auf die Fixkostenproportionalisierung die Selbstkosten unabhängig von Auslastungsveränderungen sind. Hier ergibt sich ein geringerer Deckungsbeitrag.

Die TKR ermöglicht also das Festlegen einer kurzfristigen Preisuntergrenze, da es durchaus sinnvoll sein kann, über einen gewissen Zeitraum ein Leistung zu erbringen, bei der durch die erzielbare Vergütung gerade noch die proportionalen Kosten gedeckt werden.

Ein wie soeben für TKR beschriebener Fall weist auf den nächsten Bereich hin, in dem sich TKR und VKR unterscheiden: die Fristigkeit der Kosteninformationen.

Informationen der TKR eignen sich besonders für kurzfristige Entscheidungen, da es für ein Unternehmen sinnvoll sein kann, trotz fehlender voller Kostendeckung, über einen begrenzten Zeitraum mit seinen Leistungen am Markt zu bleiben. Diese Entscheidung fußt auf der Überlegung, dass die um Förderungserlöse bereinigten fixen Kosten unvermeidbar und kurzfristig nicht zu beeinflussen sind. Andersherum betrachtet kann aber kein Unternehmen langfristig gesehen auf volle Kostendeckung verzichten, ohne erheblich an wirtschaftlicher Substanz zu verlieren.

Für langfristige Entscheidungen eignet sich die VKR, da auf lange Sicht auch die fixen Kosten zu beeinflussen sind (z.B. Kapazitätsabbau).

Durch mehrere Komponenten bedingt lassen sich Vorteile der betrachteten Kostenrechnungssysteme für einzelne Leistungsarten aufzeigen. Die VKR eignet sich grundsätzlich für einzelne Leistungen bzw. am Markt von anderen nicht angebotene Leistungsarten. Diese Erkenntnis leitet sich zum einen aus dem größeren Spielraum bei der Preisfindung und zum anderen aus der Tatsache ab, dass hier ein Großteil der Wertverzehre als Einzelkosten für die jeweilige Leistung erfasst werden können. Die Verzerrung der Kosteninformationen durch die Schlüsselung, eines der Hauptargumente gegen die VKR, ist dadurch nicht mehr so groß.

Der fehlende Vergütungsspielraum im allgemeinen Gesundheitswesen lassen die TKR aber hier als besonders geeignet erscheinen. Durch die für die Leistungserbringung erforderlichen Anlagen entsteht ein hoher Anteil an fixen Kosten, der durch Proportionalisierung und Schlüsselung erhebliche Verzerrungen verursachen kann und somit zu gefährlichen Fehlinformationen führt. Dieser Gefahr kann man durch Anwendung der TKR ausweichen.

In der Kosteneinteilung und -zurechnung liegt ein weiterer Unterschied zwischen VKR und TKR.

In der VKR werden die Einzelkosten direkt und die Gemeinkosten über verschiedene Schlüssel den Kostenträgern zugerechnet. Es erfolgt also eine volle Umwälzung aller Kosten auf die Kostenträger.

Die TKR unterscheidet in variable (proportionale) Kosten, sie sind beschäftigungsabhängig und werden den Kostenträgern direkt oder indirekt zugerechnet, und in fixe Kosten, diese sind beschäftigungsunabhängig und werden den Kostenträgern nicht zugerechnet. Bei linearen Gesamtkostenverläufen sind die variablen Kosten identisch mit den Grenzkosten. Im Gegensatz zur VKR erfolgt in der TKR nur eine teilweise Zurechnung der Kosten auf die Kostenträger.

Durch die nur teilweise Zurechnung der Kosten auf die Kostenträger wird in der TKR die in der VKR vorgenommene volle Proportionalisierung aller Kosten vermieden. Die Verrechnung der fixen Kosten erfolgt hier in der Betriebsergebnisrechnung unter zeitlichem Aspekt.

Während in der VKR die Kosten streng nach dem Verursachungsprinzip verrechnet werden, gilt dieses in der TKR nur für die variablen Kosten. Für die fixen Kosten gilt in der TKR das so genannte Tragfähigkeitsprinzip. Dieses Prinzip sagt aus, dass man die nur der Unternehmung als Ganzes zurechenbaren Kosten den verschiedenen Leistungen nach der Höhe des von ihnen erzielten Deckungsbeitrags zunächst anteilig vorgibt bzw. vorgeben kann.

Ein weiterer erheblicher Unterschied der beiden Systeme liegt in der Bewertung der Bestände und im Einfluss der Bestandsbewertung auf das Betriebsergebnis.

In der TKR werden die am Periodenende noch in Behandlung stehenden Patienten in Krankenhäusern zu variablen Herstellkosten bewertet. Dies hat zur Folge, dass die Bestandsveränderungen erfolgsneutral bleiben, da die fixen Kosten immer der Periode zugerechnet werden, in der sie entstanden sind. Ein derartiger Ansatz ist steuerrechtlich nicht zulässig, er darf nur in der Handelsbilanz vorgenommen werden. Die Bewertung zu vollen Herstellkosten in der VKR bewirkt eine Verschiebung der fixen Kosten zwischen den Abrechnungsperioden. Bestandszunahmen bewirken, dass das ermittelte Ergebnis weniger schlecht aussieht, während Bestandsminderungen für eine weniger hohe Verbesserung des Ergebnisses sorgen.

Beide Kostenrechnungssysteme liefern Ergebnisse je Leistungsart und Leistungsgruppe. Die VKR weist hierbei Nettoergebnisse (Gewinn/ Verlust) aus, während die TKR Bruttoergebnisse (Deckungsbeiträge) aufweist. Beiden Systemen kann man das Nettoergebnis des Unternehmens entnehmen.

VIII. Die Bedeutung der EDV für die Kostenrechnung

1. Allgemeine Aussagen

Ein hohes Informationsbedürfnis einerseits, der Kostendruck und damit letztlich die betriebswirtschaftliche Unternehmensstrategie gegenüber den anderen Anbietern andererseits verlangen den Einsatz moderner Informationstechniken. Beides wird durch den Gesetzgeber mit dem Gesundheitsstrukturgesetz verstärkt, das die Institutionen geradezu zu betriebswirtschaftlichen Handeln und zur genauesten Dokumentationen aller Leistungen an Patienten zwingt.

Die Nutzung moderner Informationstechniken erfolgt durch das Arbeiten mit externen Datenbanken und Standardprogrammen, die Vernetzung der Einzel- und Insellösungen in den Betrieben sowie den Einsatz von Multimedia zur besseren (sinnvolleren) Darstellung von Fakten und Abläufen, der Nutzung von Softwareengineering und Programmiersprachen zur individuellen Datenaufbereitung. Aber auch dieser gesamte Einsatz muss sich wiederum vor dem Hintergrund einer kostenbewussten Unternehmensführung ergeben.

Die Unternehmen sind dazu veranlasst, eine aussagefähige, entscheidungsorientierte Kostenrechnung aufzubauen.

Entscheidungsorientiert bedeutet hierbei, dass die aus der Kostenrechnung gewonnenen Zahlen als Grundlage für unternehmerische Entscheidungen dienen, die als Folgen sich verändernder Bedingungen auf dem Markt oft unter großem Zeitdruck getroffen werden müssen.
Um mit der oftmals gebotenen Schnelligkeit reagieren zu können, werden hohe Anforderungen an die Kostenrechnung als Instrument der Entscheidungsvorbereitung gestellt.

Alle wichtigen Kostendaten müssen durch einen schnellen und einfachen Zugriff über die Fachabteilungen jederzeit abrufbar sein.

Die Datenerfassung muss rationell durchzuführen sein.

Trotz der vorher aufgestellten Forderungen muss das System zuverlässige Daten liefern, die der Entscheidungsfindung dienen.

Zur Erfüllung aller dieser Aufgaben ist der Einsatz der EDV in der Kostenrechnung geradezu ein zwingendes „MUSS", was durch die Entwicklungen der letzten Jahre - insbesondere im Zusammenwirken EDV/Kostenrechnung - eindeutig belegt werden kann.

Die Dialogverarbeitung ermöglicht den Fachabteilungen einen unmittelbaren Zugriff auf alle zur Entscheidung eines Falles relevanten Kostendaten. Durch die Datenerfassung vor Ort kann immer auf aktuelle Daten zugegriffen werden, und es tritt zusätzlich noch ein Rationalisierungseffekt ein.

Die Möglichkeit des Einsatzes von Datenbankensystemen macht Informationen, die sonst nur periodenweise zur Verarbeitung an die Kostenrechnung weitergeleitet wurden, sofort verfügbar und macht so die ermittelten Daten noch aussagefähiger und genauer.

Der Preisverfall der Hardware und eine zunehmende Standardisierung der Software sowie die Vielzahl unterschiedlicher Anlagenkonfigurationen rücken die Kosten für die Installation eines solchen Systems in einen Bereich, der für viele Unternehmen im Bereich des Zumutbaren liegt.

Nicht zuletzt ermöglicht die Schnelligkeit, mit der auf DV-Anlagen Daten verarbeitet werden können, Simulationsrechnungen mit denen man Auswirkungen von Budget- und Gehaltsänderungen abschätzen und die Planung verbessern kann.

Der Einsatz der EDV in der Kostenrechnung ermöglicht die Ermittlung tagesgenauer Informationen und gestaltet die Kostenrechnung von einer weit gehend periodenbezogenen Rechnung zu einem nachfrage- bzw. ereignisbezogenen Berichtswesen um.

Während in der Finanzbuchhaltung und pagatorischen Kosten- und Leistungsrechnung das Minimum des Verarbeitungsaufwands durch gesetzliche Vorschriften gegeben ist, die Kriterien für die Softwareauswahl weit gehend durch unterschiedliche Ablauforganisationen bestimmt werden, ist der Unternehmer in Bezug auf Art und Umfang seiner betriebswirtschaftlichen Kostenrechnung weit gehend frei.

Anforderungen an eine Software lassen sich umfassend und vollständig beschreiben, wenn man die Einführung eines - neuen - Systems unterstellt.

Entscheidend für eine Softwareauswahl ist es, dass dann schon ein betriebswirtschaftliches Konzept für die Kostenrechnung vorliegt.
In einem solchen Konzept sollte eine längerfristige Perspektive enthalten sein, die Lernprozesse ermöglicht, da keine Neuerung ohne einen gewissen Lernaufwand eingeführt werden kann.

Wenn in einem Unternehmen die Entscheidung für die Einführung der DV-gestützten Kostenrechnung angefallen ist, erhebt sich die Frage:
Wie weit ist ein in der Auswahl befindliches Softwareprodukt in der Lage, die Anforderungen des bereits bestehenden Konzepts zu erfüllen, und ist es stufenweise ausbaubar?

Als weitere Fragen kommen unabhängig vom Bezug zur Kostenrechnung die folgenden hinzu:
- Wie passen geplante Soft- und Hardware zueinander?

- Ist eine permanente Pflege der Hardware und insbesondere der Software gewährleistet?
- Kommen dem Anwender Weiterentwicklungen in der Software über die heute verfügbaren Lösungen hinaus sofort zugute?

Diese Fragen sind mit Sicherheit nicht nur im Zusammenhang mit der Kostenrechnung zu stellen, dürfen bei der Behandlung eines solchen Themas aber auch nicht außer Acht gelassen werden.

Nachfolgend sollen die einzelnen Kriterien, die für die Auswahl der Kostenrechnungs-Software von Bedeutung sind, in einer logischen Abfolge betrachtet und behandelt werden.

2. Auswahlkriterien für die Software

2.1. Ausbaustufen

Die folgenden Merkmale dienen lediglich zur Grobgliederung und sind ein Anhalt dafür, ob die Leistung der betrachteten Software dem organisatorischen Ablauf des geplanten Kostenrechnungssystems entspricht:

1. Istkostenrechnung
   - mit aktuellen Istwerten (Istmenge, Istpreis)
   - mit Verrechnungspreisen (Istmenge, Verechnungspreis)

2. Vollkostenrechnung und Teilkostenrechnung
   - als Proportionalkostenrechnung mit stufenweiser Fixkostendeckung
   - als relative Einzelkostendeckung

3. Plankostenrechnung
   - als reine Grenzplankostenrechnung
   - mit paralleler Vollkostenrechnung
   - mit Primärkostenrechnung (Anzahl der möglichen Primärkostengruppen)

Bei der einfachsten Form der Kostenrechnung, der Istkostenrechnung, können bei der Istkostenermittlung aktuelle Istpreise oder alternative Verrechnungspreise, z.B. bei Sachgütern, zugrunde gelegt werden. Die Istkostenrechnung gibt Aufschluss über Höhe und Verteilung der realisierten Kosten und eignet sich z.B. zur Nachkalkulation.

Wesentliche Informationen entstehen, wie oben dargestellt, durch die Typen der Teil-kostenrechnungen. Diese zusätzlichen Erkenntnisse sind gerade im Bereich der Ent-scheidungsorientierung auf Basis der Proportionalkosten oder auf Basis der Einzel-kosten notwendig.

Durch die Gegenüberstellung von Ist- und Plankosten, wie dies in der Plankostenrech-nung der Fall ist, lassen sich wesentlich mehr Informationen gewinnen. Hierbei ermög-licht die flexible Plankostenrechnung eine Anpassung an schwankende Istbeschäfti-gungen, was bei der starren Plankostenrechnung nicht der Fall ist. Es werden wirk-same Kostenkontrollen ermöglicht.

In der Grenzplankostenrechnung erfolgt eine nach fixen und proportionalen Anteilen getrennte Kostenplanung. Während in der reinen Grenzplankostenrechnung nur die proportionalen Kostenbestandteile bis auf die Kostenträger verrechnet werden, werden in einer weiteren Ausbaustufe auch Vollkosteninformationen mit erfasst und zur Ent-scheidungsfindung herangezogen.
Eine weitere Ergänzung der Plankostenrechnung stellt die Primärkostenrechnung dar, in der die Selbstkosten der Kostenträger oder innerbetrieblicher Leistungen in primäre Kostenbestandteile differenziert werden.

2.2. Nummernkreise

Wichtig ist es, in diesem Komplex bei der Betrachtung der Software darauf zu achten, dass Anpassungsmöglichkeiten der Feldlängen vorhanden sind, und ob Kontierungs-nummern vom Anwender frei gestaltet werden kann. Strengere Vorgaben durch die Software können sich hier sehr nachteilig auf die Gestaltung eines aussagekräftigen Nummernsystems auswirken.

Entscheidende Bedeutung kommt auch den Fragen zu:
- Wie tief kann gegliedert werden?
- Wie groß ist die Anzahl der Hierarchieebenen bei Kostenarten, Erlösarten, Kostenstellen und Kostenträgern?
- Wie viel Kostenarten lassen sich maximal pro Kostenstelle, Kostenträger abrech-nen?
- Wie groß ist die Anzahl der Teilperioden pro Geschäftsjahr?

Die Beantwortung dieser Fragen gibt Aufschluss darüber, ob das betrachtete System von der Kapazität her überhaupt in der Lage ist, die ihm zugedachten Aufgaben zu übernehmen.

Bei der Nixdorf-Software COMET wurden diese Anforderungen z.B. dadurch erfüllt, dass eine Anpassung nicht auf herkömmlichen Weg der Programmänderung, die sehr fehleranfällig ist, erfolgt, sondern dass die Programme durch Parameter aktiviert und funktionsfähig werden. Dies ist die Grundlage dafür, bei einer Vielzahl von Anwendern alle betrieblichen Erfordernisse zu erfüllen.

2.3. Datenübernahme / Dateneingabe

Wenn das betrachtete Programm Teil einer integrierten Softwarefamilie ist, oder ein gemeinsames Datenbanksystem zugrunde liegt, ist eine wichtige Voraussetzung für eine aussagefähige und wirtschaftliche Kostenrechnung gegeben. Für diesen Teilbereich stellen sich die folgenden Fragen:
- Ist ein Zugriff auf bzw. die direkte Übernahme von Daten aus den vorgelagerten Bereichen wie z.B. Finanzbuchhaltung, Materialwirtschaft, Lohn- und Gehaltsbuchhaltung usw. möglich?
- Existieren Hilfen zur maschinellen Umsetzung nicht eingabegerechter Daten?
- Wird die manuelle Dateneingabe im Stapelbetrieb, als reine Dialogerfassung oder als Dialogerfassung mit Vorprüfung durchgeführt?

Um innerhalb der Kostenrechnung Daten erfassen und Abgrenzungen sowie Berichtigungen vornehmen zu können, ist eine Dialogerfassung zweckmäßig.
Dadurch ist eine weit gehende visuelle Kontrolle der eingegebenen Daten möglich. Das Programm sollte im Fehlerfall eine entsprechende Meldung auf dem Bildschirm ausgeben und nach einer erneuten Eingabe verlangen. Eine komfortable Bedienerführung erleichtert die Einarbeitung der Bedienungskräfte und macht spezialisierte EDV-Operatoren überflüssig.
Die ausgeprägte Dialogverarbeitung öffnet das System für die direkte Anwendung durch Sachbearbeiter und Führungskräfte.

2.4. Kostenstellenrechnung

Für eine aussagefähige Kostenstellenrechnung sind eine klare Verantwortungszuord-
nung und Stellengliederung sowie eine strukturgleiche Kostenartengliederung für Plan-
und Istkosten notwendig. Zur Planung und Abrechnung werden für jede Kostenstelle
Kostenstellenzeilen gebildet, die in verdichteter Form die in den Stellen anfallenden
Kostenarten enthalten.

Wichtige Auswahlfragen für die Softwareauswahl sind in diesem Bereich:
- Wie hoch ist die Anzahl der Kostenstellenzeilen pro Kostenstelle?
- Ist eine wahlfreie Zuordnung von Kostenarten zu Kostenstellenzeilen möglich?
- Sind Zwischensummen frei definierbar?
- Können statistische Kostenstellenzeilen eingerichtet werden?

a) Stellenkostenplanung

Zu Beginn einer Kostenplanung erfolgt die Festlegung der Planbezugsgrößenmengen
pro Kostenstelle. Zu untersuchen ist, ob mehrere Bezugsgrößen pro Stelle notwendig
sind bzw. mit Hilfe der Software realisiert werden können.
Die einzelnen Arbeitsschritte können durch eine Reihe von Hilfsfunktionen unterstützt
werden. So kann die Anzeige von Bezugsgrössen- und Kostenartentabellen die
Festlegung von Bezugsgrößen und Kostenartenzeilen für die Kostenstellen erleichtern.
Es können Vergleichswerte aus dem Vorjahr angezeigt und zur Kostenauflösung
Regressionsrechnungen verwendet werden. Damit die Planung überprüfbar ist und als
Grundlage für Abweichungsanalysen und die Planung nachfolgender Perioden ver-
wendet werden kann, ist es zweckmäßig, wenn die Berechnungsgrundlagen, Annah-
men und sonstigen Hinweise im Klartext im System gespeichert werden können und
abrufbar sind.

Da die erstmalige Kostenplanung sehr zeitaufwendig ist und viel Erfahrung erfordert, ist
in jedem Fall zu prüfen, ob der Anbieter über entsprechendes Know How und Personal
verfügt, um hier unterstützend eingreifen zu können.

Obwohl die Kostenplanung eine weit gehend manuelle Tätigkeit ist, kann auch hier
eine wertvolle Unterstützungsfunktion durch die EDV erfolgen. Es können Routinearbeiten durch das System erledigt werden, und das Fachpersonal kann sich auf die
eigentlichen Anforderungen konzentrieren.
Um dem Problem der innerbetrieblichen Leistungsverrechnung wirksam begegnen zu
können, sollte die geplante Erstellung bzw. Inanspruchnahme innerbetrieblicher Leistungen kostenstellenweise online eingegeben und mit beliebigen Bezugsgrößen ver-

knüpft werden können. Zuletzt sollten sowohl während als auch nach Abschluss der Kostenplanung verschiedene Auswertungen abrufbar sein.

b) Kostenstellenabrechnung

Nach abgeschlossener Leistungserfassung sollten durch das Softwaresystem automatisch folgende Schritte durchgeführt werden können:
- Bewertung der in der Abrechnungsperiode geleisteten Einheiten mit proportionalen, fixen und ggf. partiellen Kostensätzen,
- Ermittlung der indirekten Bezugsgrößenmengen und
- Sollkostenermittlung für alle Kostenstellen.

Vor dem eigentlichen Soll-Ist-Vergleich müssen die Innenauftragsverrechnung und die innerbetriebliche Leistungsverrechnung erfolgen.
Die Weiterverrechnung von Innenaufträgen sollte wahlfrei erfolgen können und weitgehend automatisch vom Programm durchgeführt werden können. Bei größeren Aufträgen sollten Zwischenabrechnungen und ein Plan-Ist-Vergleich vorgesehen sein.
Bei der innerbetrieblichen Leistungsverrechnung sollte nicht nur das einfache Stufenleiterverfahren, sondern auch eine iterative Rechnung vorgesehen sein. Je nach Kostenrechnungssystem können weitere Verrechnungsarten erforderlich sein; dies ist im Einzelfall zu prüfen.

Die Ermittlung der Zuschlagssätze sollte automatisch durch das System erfolgen. Abweichungen zwischen Soll und Ist sollten sowohl über Kostenträger als auch über das Betriebsergebnis verrechnet werden können.
Berichtsausgaben müssen vom Inhalt wie auch vom Aufbau her vom Anwender weitgehend individuell gestaltet werden können; ein ideales Hilfsmittel ist ein Listgenerator oder eine Abfragesprache, die eine Anzeige auf dem Bildschirm genauso ermöglicht, wie auch einen Ausdruck.

In einigen Softwaresystemen sind standardmäßig Quartalsberichte, Zeitvergleiche, Hochrechnungen auf das Jahresist (Forecast), Übersichten über kritische Abweichungen sowie Auswertungen nach Verdichtungsstrukturen und Kosteneigenschaften vorgesehen.

2.5. Erfolgsrechnung

Zur Erfolgsrechnung gehören die Ermittlung der Leistungen in der Abrechnungsperiode, eine Bestandsrechnung und eine Deckungsbeitragsrechnung, bei der Erlöse und Kosten nach verschiedenen Merkmalen zugeordnet und ausgewertet werden können. Voraussetzung hierfür ist eine Erlösrechnung, in der Erlöse, Zuschläge und Schmälerungen abgespalten werden.

Für eine wirksame Erfolgsanalyse ist in beiden Fällen eine Rechnung nach dem Umsatzkostenverfahren notwendig.

Während bei der Berechnung für die reinen Leistungsarten keine Bestandsabgrenzung von Patienten, die am Periodenende noch in Behandlung sind, erfolgen muss, sondern nur Istabsatzmengen zugrunde gelegt werden, werden bei der geschlossenen Erfolgsrechnung die begonnenen Leistungen (unfertige Erzeugnisse) zu Teil- bzw. Vollkosten bewertet.

Während das erste Verfahren schnell und mit vertretbarem Aufwand nach einer Vielzahl von Merkmalen differenzierbare Deckungsbeiträge liefert, erhält man beim zweiten und relativ aufwändigen Verfahren die Möglichkeit, eine genaue Abstimmung zwischen Erfolgsrechnung und GuV der FIBU vornehmen zu können.

Kernstück der Erfolgsrechnung ist die Deckungsbeitragsrechnung. Für den Anwender ist wichtig zu prüfen, wie viele hierarchische Stufen (z.B. zur Fixkostenzurechnung) realisiert, und wie viele Parallelhierarchien (z.B. Abrechnung auf Basis variabler Kosten und Einzelkosten) aufgebaut werden können.

Als Mindestauswertungen sollte das betrachtete System Plan-Ist-Vergleiche, Abweichungen, kumulierte Istzahlen und ggf. eine Hochrechnung auf das voraussichtliche Jahres-Ist vorsehen.

Als weitere Auswertungen im Rahmen der Erfolgsanalyse können Break-Even-Analysen zur Bestimmung von Gewinnschwellen hilfreich sein.

2.6. Kalkulation

Da die Kalkulation ein sehr schwierig zu standardisierendes Gebiet ist, ist zunächst zur Beurteilung folgende Frage zu stellen:

-    Ist das Softwareprodukt auf bestimmte Leistungs- oder Produktionsstrukturen ausgerichtet: Einzelleistungen, Leistungen in Serien oder Sorten?

Ergibt sich aus der Beantwortung dieser Fragen eine generelle Eignung des Produktes für den vorgesehenen Verwendungszweck, sind die folgenden Fragen zu stellen, um

eine Vergleichbarkeit mit anderen, ebenfalls grundsätzlich geeigneten Produkten, her-
zustellen:
- Wie viel Kalkulationszeilen sind maximal vorgesehen?
- Ist eine wahlfreie Zeilendefinition möglich?
- Können wahlfreie Rechenoperationen (Grundrechenarten) und Zeilenverknüpfun-
  gen durchgeführt werden?
- Ist eine parallele Vollkosten- und Teilkostenkalkulation möglich?

a) Kalkulation bei Einzelleistungen

Bei Einzelleistungen gliedert sich die Kalkulation in zwei Gebiete, die Vorkalkulation
und die Nachkalkulation (siehe dort).
Bei dieser Art der Kalkulation ist ein Softwaresystem erstrebenswert, dass die Erstellung der Vorkalkulation im Dialog ermöglicht und diese Arbeit u. U. noch dadurch
erleichtert, dass ähnliche Leistungsaufträge gesucht werden können, in denen dann
eventuell nur noch einige Positionen geändert werden müssen.
Vom System her sollten mehrere Kalkulationsschemata vorgegeben sein, um einen
möglichst hohen Grad an Flexibilität zu erreichen. Für die Vorkalkulation sollten die
Daten für Sachgüterverbrauch sowie Arbeitsgänge und die Zuschlagssätze der Kostenstellenrechnung im Zugriff sein.
Zusätzlich sollte das System Zwischen- und Prognosekalkulationen standardmäßig
vorsehen.
Für die Nachkalkulation erscheint eine individuelle Steuerung von Art und Umfang der
Auswertungen sinnvoll, auch sollte hierbei geprüft werden, inwieweit der Aufbau der
Auswertungen individuell gestaltet werden kann.

b) Kalkulation bei Leistungen in Serien und Sorten

Am Periodenanfang werden durch eine Plankalkulation für alle standardisierten
Leistungen die geplanten Herstell- und Selbstkosten ermittelt. Ändern sich während
der Periode die Standards oder andere geplante Faktoren und machen eine Anpassung erforderlich, so erfolgt diese über eine so genannte Sollkalkulation. Anstelle einer
regelmäßigen Nachkalkulation ist hier meist die direkte Übernahme der Abweichungen
in die kurzfristige Erfolgsrechnung vorgesehen.
Für die Plankalkulation ist ein Zugriff auf Stücklisten und Arbeitsabläufe notwendig.

Eine Sollkalkulation sollte durch Beschäftigungsänderungen automatisch ausgelöst werden, dabei aber selektiv für einzelne Teile des Leistungsprogramms möglich sein, wobei aber Folgeänderungen automatisch hochgerechnet werden sollten.

2.9. Spezielle Unterstützungsfunktionen für Planung und Kontrolle

a) Simulationsrechnungen

Mit Hilfe von Simulationsrechnungen kann untersucht werden, wie sich Kosten, Erlöse, Deckungsbeiträge oder Gewinne ändern, wenn sich zum Beispiel Gehalts- oder Sach-güterkosten verändern oder innerbetriebliche Veränderungen im Leistungsprozess vor-genommen werden.

Durch das Berechnen verschiedener Alternativen lassen sich verschiedene Größen hinsichtlich ihrer Auswirkungen auf das Betriebsergebnis untersuchen, und Informatio-nen für unternehmerische Entscheidungen gewinnen.
Um Simulationsrechnungen durchführen zu können, muss im System die Möglichkeit vorhanden sein, Stamm- und Bewegungsdaten der laufenden Jahresplanung, die ja nicht verändert werden dürfen, in einen eigenen Kreis zu übernehmen.

b) Abfragesprachen für den Endbenutzer

Eine Abfragesprache eröffnet dem Anwender die Möglichkeit, unabhängig von den übrigen Auswertungen der Kostenrechnung, die durch die Programminstallation in gewissem Sinne starr sind, individuelle Analysen und Datenverknüpfungen vorzuneh-men. Die Abfragen können für einmalige Problemstellungen verwendet oder gespei-chert werden und so jederzeit abrufbare Zwischenberichte produzieren.

Beurteilungsmerkmale sind vor allem der Sprachenaufbau und der Sprachumfang. Auf einfache Sprachregeln und Benutzerfreundlichkeit (= einfache Handhabung) ist hier besonders Wert zu legen. Als Mindestanforderungen an den Sprachumfang sollte die Fähigkeit zur Suche, Selektion und zum Sortieren von Daten gestellt werden.

VIII. Anhang

Literaturverzeichnis

1. Buggert, Technik der Kosten- und Leistungsrechnung, 2. Auflage, Winklers Verlag, Darmstadt 1987

2. Controller Verein e.V., Controller-Statements, Instrumente, Prozess-kostenrechnung, Gauting/München 2001

3. Haberstock, Kostenrechnung I, 8. Auflage, S+W Steuer- und Wirtschaftsverlag, Hamburg 1987

4. Haberstock, Kostenrechnung II, 7. Auflage, S+W Steuer- und Wirtschaftsverlag, Hamburg 1986

5. Haufe, Controlling Office, Haufe Verlag, Freiburg 2004

6. Hentze/Kehres, Kosten- und Leistungsrechnung in Krankenhäusern, Systematische Einführung, 3. Auflage, Verlag W. Kohlhammer, Stuttgart, Berlin, Köln 1996

7. Keun, Einführung in die Krankenhaus-Kostenrechnung, Betriebswirt-schaftlicher Verlag Dr. Th. Gabler, Wiesbaden 1996

8. Koch, Buchhaltung und Bilanzierung in Krankenhaus und Pflege, b.i.b.Fachbücher, 3. Auflage, Erich Schmidt Verlag, Berlin 2004

9. Koch, Kosten- und Leistungsrechnung, R. Oldenbourg Verlag, 6. Auflage, München Wien 1997

10. Koch (Verena), Fallpauschalen im Krankenhauswesen: Eine ökono-mische Analyse der Einführung von DRG-Pauschalen in Deutschland (Diplomarbeit), Göttingen 2001

11. Korzilius, Krankenhaus-Management, Aufbrechen verkrusteter Strukturen, in: Deutsches Ärzteblatt, 1995, Heft 19

12. Praxis des Rechnungswesens, Haufe Verlag, Freiburg 2004

13. Piehl, Ristok, Pflege-Buchführungsverordnung, Ein Arbeitsbuch für ambulante und teil-/vollstationäre Pflegeeinrichtungen, Lambertus-Verlag,Freiburg im Breisgau 1996

14. Schmelzer, Klask, Die Bedeutung der Deckungsbeitragsrechnung zur Kostenkontrolle durch den Arzt und deren Konsequenzen auf die Belegungsplanung, in: das Krankenhaus, 10, 1995

15.   Schlüchtermann, Gorschlüter, Ausgewählte Aspekte eines modernen Kostenmanagements, in Adam, Dietrich (Hrsg.), Krankenhausmanagement, Schriften zur Unternehmensführung, Band 59, Gabler Verlag, Wiesbaden 1996

16.   Gesetze und Verordnungen: Krankenhausfinanzierungsgesetz, Sozialgesetzbuch XI, Bundespflegesatzverordnung, Krankenhaus-Buchführungsverordnung, Pflege-Buchführungsverordnung, Abgrenzungsverordnungen

17.   Voelker, Gaedicke, Graf, Patientenpfade als Ausweg, Überleben mit den DRGs durch Ablauf- und Kostentransparenz, in: Deutsches Ärzteblatt, Jahrgang 1998, Heft 23

aktuelle Bücher von Joachim Koch:

1.   Koch, Zmavc, Betriebswirtschaftlehre der Heilberufe I, Vereinfachte Buchführung für Gewinn- und Steuergestaltung, Erich Schmidt Verlag, Berlin 2002

2.   Koch, Zmavc, Betriebswirtschaftlehre der Heilberufe II, Kosten- und Leistungsrechnung zur Eigenkontrolle der Praxistätigkeit, Erich Schmidt Verlag, Berlin 2002

3.   Koch, Buchhaltung und Bilanzierung in Krankenhaus und Pflege, Finanzbuchführung mit EDV, 3. Auflage, b.i.b.Fachbücher, Erich Schmidt Verlag, Berlin 2004

4.   Koch, EDV-gestützte Buchführung in der Industrie, b.i.b.Fachbücher, einschl. DOS-Software Finanzbuchhaltung JOKO-FIBU, Erich Schmidt Verlag, Berlin 1999

5.   Koch, Jahresabschluss, Bewertung und Bilanzanalyse, b.i.b.Fachbücher, einschl. DOS-Software Anlagenverwaltung JOKO-AVW, Erich Schmidt Verlag, Berlin 1998

6.   Koch, Betriebswirtschaftliches Kosten- und Leistungscontrolling in Krankenhaus und Pflege, Oldenbourg Verlag, München - Wien 2004

7.   Koch, Kosten- und Leistungsrechnung, R. Oldenbourg Verlag, 6. Auflage, München - Wien 1997

8.   Koch, Einnahmen-Ausgaben-Rechnung mit PC, einschl. Software JOKO-EA, Version 3., Oldenbourg Verlag, München - Wien 1994

Sachverzeichnis